Doris Reisinger
Was ist ein Original?

D1698382

**Edition Moderne Postmoderne**

**Doris Reisinger**, geb. 1983, studierte in Rom, Freiburg i.Br. und Erfurt Philosophie und katholische Theologie. Sie ist mit Veröffentlichungen zum Thema sexueller und spiritueller Missbrauch in der katholischen Kirche bekannt geworden. Ihre Dissertation in Analytischer Philosophie verfasste sie am Philosophischen Seminar der Westfälischen Wilhelms-Universität Münster bei Reinold Schmücker.

Doris Reisinger

# Was ist ein Original?

## Eine Begriffsbestimmung jenseits genieästhetischer Stereotype

[transcript]

Diese Arbeit wurde vom Cusanuswerk gefördert und am Philosophischen Seminar der Westfälischen Wilhelms-Universität als Dissertation angenommen.

**Bibliografische Information der Deutschen Nationalbibliothek**
Die Deutsche Nationalbibliothek verzeichnet diese Publikation in der Deutschen Nationalbibliografie; detaillierte bibliografische Daten sind im Internet über http://dnb.d-nb.de abrufbar.

**© 2020 transcript Verlag, Bielefeld**

Umschlaggestaltung: Kordula Röckenhaus, Bielefeld
Druck: Majuskel Medienproduktion GmbH, Wetzlar
Print-ISBN 978-3-8376-4989-5
PDF-ISBN 978-3-8394-4989-9
https://doi.org/10.14361/9783839449899

Gedruckt auf alterungsbeständigem Papier mit chlorfrei gebleichtem Zellstoff.
Besuchen Sie uns im Internet: *https://www.transcript-verlag.de*
Unsere aktuelle Vorschau finden Sie unter *www.transcript-verlag.de/vorschau-download*

# Inhalt

# Danksagung

Diese Arbeit verdankt sich neben einer Reihe bemerkenswerter Zufälle und glücklicher Umstände vor allem dem mir entgegengebrachten Vertrauen und der Unterstützung vieler wunderbarer Menschen.

Zu den Zufällen gehört der Umstand, dass ich im Juli 2013, in der Endphase meines Theologiestudiums, gerade an einer Ferienakademie des Cusanuswerkes in Münster teilnahm als ich die Entscheidung fällte, nicht in Theologie zu promovieren und ein Mitstipendiat mich darauf aufmerksam machte, dass man mit einem Abschluss in Theologie auch eine Promotion in Philosophie in Angriff nehmen könne. Dass Prof. Dr. Reinold Schmücker, den ich an jenem 29. Juli 2013 um 10:44 Uhr das erste Mal per Mail kontaktierte (weil ich eben gerade in Münster war), mir schon um 10:55 Uhr am selben Tag antwortete und mich, eine ihm bis dahin vollkommen unbekannte Studentin, für den folgenden Tag zu einem Gespräch über ein mögliches Promotionsprojekt in sein Büro einlud, betrachte ich als außergewöhnliche Freundlichkeit und als einen Glücksfall, die vielen Menschen auf der Suche nach einer geeigneten Betreuung für ein Promotionsprojekt nicht zuteil wird. Dass er mich in den Wochen darauf intensiv in der Themenfindung und Erarbeitung eines Exposés sowie in der Beantragung eines Promotionsstipendiums unterstützte, rechne ich ihm ebenso hoch an wie die große Freiheit, die er mir in den folgenden Jahren in der Arbeit an diesem Projekt gewährte.

Ein besonderer Dank gebührt auch Prof. Dr. Niko Strobach, der mir, deren logische Vorbildung im Wesentlichen in der Scholastik stehengeblieben war, mit bemerkenswerter Freundlichkeit auf den ersten Schritten hin zu einem besseren Verständnis aktueller formaler Logik und Sprachphilosophie zur Seite stand, sich bereit erklärte das Zweitgutachten zu übernehmen und mir in der Endphase der Arbeit wertvolle Hinweise gab.

Schließlich danke ich allen Teilnehmenden des Kolloquiums, in dem ich regelmäßig Gelegenheit hatte, meine Thesen und Überlegungen zur Diskussion zu stellen. Ohne ihre Einwände und Anmerkungen hätte ich viele entscheidende Ideen nicht entwickeln können. Namentlich erwähnen möchte ich an dieser Stelle insbesondere Amrei Bahr, Bernadette Collenberg-Plotnikov, Timo Dresenkamp, Martin Hoffmann, Eva-Maria Jung, Thomas Kater, Nicolas Kleinschmidt und Johannes Müller-Salo.

Auch habe ich dem Cusanuswerk zu danken, das meinen Antrag bewilligte und mir ein Stipendium gewährte, das diese Arbeit möglich machte.

Besonders dankbar bin ich, dass ich während der Promotionsphase Mutter werden konnte ohne dass das Nachteile für mein Promotionsvorhaben mit sich gebracht hätte. Das verdanke ich nicht nur einer gut ausgebauten Betreuungsinfrastruktur. Froh bin ich auch, dass weder mein Betreuer noch das Cusanuswerk noch irgendjemand sonst meine Schwangerschaft und Mutterschaft zum Anlass nahmen, meine Leistungsbereitschaft anzuzweifeln oder mein Promotionsprojekt in Frage zu stellen, im Gegenteil. Das sollte selbstverständlich sein. Aus Gesprächen mit anderen Promovierenden weiß ich, dass es das leider nicht überall ist. Umso dankbarer bin ich, auf Personen gestoßen zu sein, die in dieser Frage so reflektiert und sensibel waren, wie sie es waren.

# 1  Das Problem des Originals

## 1.1  Das Ziel der Untersuchung

Wenn wir von einem Gegenstand sagen, er sei ein Original, dann kann damit vielerlei gemeint sein. Aber nicht nur das: Es kann derart unklar erscheinen, was Originale sind und was ihre Originalität[1] ausmacht, dass selbst ein Kunstlexikon sich dazu veranlasst sieht, den Begriff zum »Problem« zu erklären.[2] Diesem Problem ist die vorliegende Arbeit gewidmet, deren Ziel es ist, den Begriff des Originals zu explizieren.

## 1.2  Exposition des Problems

Schlägt man »Original« in einem Handbuch, Lexikon oder Wörterbuch nach, stößt man selbst in einem sehr kurzen Eintrag stets auf eine Reihe sehr verschiedener möglicher Bedeutungen, wie beispielsweise »Urexemplar«, »vom

---

1   Als »Originalität« bezeichne ich im Folgenden immer *die Eigenschaft eines Dinges, ein Original zu sein*. Ich folge damit ausdrücklich nicht der Praxis mancher Autorinnen, die zwischen zwei Bedeutungen von »Originalität« unterscheiden, die sie ungefähr folgendermaßen definieren: 1. Originalität bezeichnet die Fähigkeit, Neues (Originelles) zu schaffen, sowie die Eigenschaft bestimmter Gegenstände, sich einem solchen originellen Schaffen zu verdanken. 2. Originalität bezeichnet den Status/die Eigenschaft eines Gegenstandes, ein Original zu sein. Ich verzichte konsequent auf diese Unterscheidung. Erstens erweist sie sich als nur scheinbar hilfreich, wenn es darum geht, die Bedeutung von »Original«/»Originalität« zu klären. Und zweitens wäre es unzulässig, diese Unterscheidung an dieser Stelle vorzunehmen, nämlich solange noch unklar ist, was ein Original überhaupt ist und ob keine, alle oder vielleicht nur bestimmte Originale etwas mit (kreativen) Schaffensakten zu tun haben, und – wenn ja – was genau.

2   »Insgesamt ist das Problem O[riginal] noch nicht ausreichend geklärt«, Lexikon der Kunst 1975, 645.

Künstler eigenhändig angefertigt«, »keine Fälschung«, »Urtext«, »echtes Exemplar«, »eigentümlich«, »Unikat« und so weiter. Wenn wir uns nur diese wenigen Bedeutungen vor Augen führen (die Liste ließe sich verlängern), ist unmittelbar ersichtlich, dass beispielsweise ein Unikat nicht eigenhändig von einer bestimmten Künstlerin angefertigt sein muss, dass auch eine Fälschung ein Unikat sein kann, dass ein echtes Exemplar weder eigentümlich noch ein Unikat sein muss und dass es sich bei einem Urtext oder einem Unikat sehr wohl um Fälschungen handeln könnte. Wir haben also eine Liste sehr verschiedener Bedeutungen vor uns, von denen prima facie nicht sicher ist, welche Bedeutung wann zum Tragen kommt. Das ist zwar bei Wörterbucheinträgen nichts Ungewöhnliches, denn in aller Regel kann vorausgesetzt werden, dass ein sprachmächtiger Wörterbuchnutzer zur richtigen Anwendung etwa mehrdeutiger Begriffe – um einen solchen scheint es sich hier auf den ersten Blick zu handeln – ohne Weiteres imstande ist. Wir würden daher wohl annehmen, die genaue Bedeutung von »Original« durchaus angeben zu können, sobald wir nur wüssten, in welchem Kontext gerade von einem Original die Rede ist. Das Wort kann ja auf sehr verschiedene Arten von Gegenständen[3] bezogen werden, und offensichtlich hängt seine Bedeutung von der Art des Gegenstandes ab, auf den wir es jeweils beziehen: Wenn wir sagen, wir lesen Shakespeare im Original, verwenden wir das Wort in einem anderen Sinn, als wenn wir vom Original einer Urkunde sprechen; wir nennen den Literaturkritiker Marcel Reich-Ranicki in einem ganz anderen Sinne ein Original als die im Louvre ausgestellte *Mona Lisa* und so weiter. Sobald klar ist, auf welche Art von Gegenstand wir uns gerade beziehen, meinen wir zu wissen, was »Original« bedeutet. Das könnte uns zur Annahme verleiten, dass schon eine Begrenzung des Redebereichs zur Lösung des vermeintlichen Problems genügen würde.

Beschränken wir uns also versuchsweise auf eine ganz bestimmte Kategorie von Gegenständen, sagen wir auf Musikinstrumente. Der Satz: »Das ist ein Original« scheint sowohl bei einem Steinway als auch bei einer Stradivari grundsätzlich die gleiche Bedeutung zu haben. Ausgesagt wird, dass diese Instrumente eine bestimmte Herkunft besitzen. Bei genauerem Hinsehen wird aber deutlich, dass der Sinn, den »Original« in einem Satz über eine Stradivari annimmt, ein anderer ist als der in einem Satz über einen Steinway.

---

3 Ich verwende »Gegenstand« in einem sehr weiten Sinn, der unter anderem auch abstrakte Gegenstände einschließt. Vgl. Künne 2007.

Im ersten Fall ist von einem Instrument die Rede, das von einem bestimmten Menschen, nämlich dem 1737 in Cremona verstorbenen Geigenbauer Antonio Giacomo Stradivari, eigenhändig hergestellt wurde. Geigen, die nach dem Tod des großen Meisters produziert wurden, können daher keine originalen Stradivaris sein.[4] Im zweiten Fall handelt es sich um ein Instrument, das von einer bestimmten Firma, nämlich der 1853 in New York von Heinrich Engelhard Steinweg und seinen Söhnen gegründeten *Steinway & Sons*, produziert wurde. Dass Herr Steinweg die meisten Steinways, die heute existieren, niemals auch nur persönlich zu Gesicht bekommen haben dürfte, spielt für die Originalität der Flügel und Klaviere keine Rolle. Selbst wenn man sich auf ein und dieselbe Kategorie von Musikinstrumenten beschränkt, sagen wir auf Geigen, behält »Original« diese Mehrdeutigkeit. Anders als eine Stradivari ist beispielsweise eine Suzuki kein von einem bestimmten Geigenbauer handgefertigtes, sondern ein in der *Kiso Suzuki Violin Company* hergestelltes Instrument. Wie das vorige ist auch dieses Beispiel ein Indiz dafür, dass das, was wir mit »Original« meinen, nicht so sehr von der *Art* des so bezeichneten Gegenstandes abhängt, sondern vielleicht eher davon, was am jeweiligen einzelnen Gegenstand als Qualitätsmerkmal geschätzt wird.

Wenn wir diesem Indiz folgen und probehalber einmal annehmen, »Original« sei eine Art Qualitätssiegel, dann scheinen die bis hierher vorgestellten Beispiele nicht mehr unbedingt ein Problem zu veranschaulichen. Denn es ist ja in allen genannten Fällen möglich – freilich mithilfe einiger Recherche –, sehr genaue Angaben darüber zu machen, was »Original« jeweils bedeutet. Ausgehend von diesen Beispielen könnte man also zu dem Schluss kommen, das ganze Problem bestünde darin, dass die Bedeutung von »Original« davon abhängt, welche Eigenschaften an verschiedenen Gegenständen als wertvoll erachtet werden. Man könnte darauf verweisen, dass das in vielen Fällen auch den rechtlichen Schutz beispielsweise von Bezeichnungen und Produktionsverfahren impliziert, dass die genaue Kenntnis der jeweiligen Standards und Bestimmungen Spezialisten vorbehalten ist und die meisten Personen sich damit begnügen, mit »Original« eine gewisse Werthaftigkeit zu assoziieren. Kurz: Ein Original wäre demnach einfach ein Ding mit bestimmten, von Spezialisten genau darlegbaren Eigenschaften, die dieses Ding wertvoll machen. Solche Eigenschaften, von denen es abhängt, ob ein bestimmter Gegenstand als Original bezeichnet wird, werde ich im Folgenden *originalstatusbegründende*

---

4  Auch wenn sie ein Stradivari-Label tragen und vielleicht von einer ähnlichen Qualität sind wie echte Stradivaris. Vgl. Smithsonian Institution 2007.

*Eigenschaften* nennen. Es scheint also offensichtlich so zu sein, dass manche Gegenstände andere originalstatusbegründende Eigenschaften besitzen als andere, und das braucht kein Problem zu sein. Würden wir an dieser Stelle keine weiteren Fragen stellen, schiene das Problem also relativ schnell gelöst, wir könnten einfach sagen: »Original« ist eine Art Qualitätsprädikat, eine Bezeichnung, die Gegenständen vorbehalten ist, die einen besonderen Qualitätsstandard erfüllen.

Tatsächlich ist das Problem aber etwas diffiziler. Denn wenn wir uns gezielt eben jenen Gegenständen zuwenden, deren Originalität in besonderem Maße mit ihrer Qualität zusammenzuhängen scheint, nämlich Werken der bildenden Kunst, gerät die Annahme, Originalität sei eine Art Qualitätssiegel, schnell in den Verdacht allzu großer Schlichtheit. Von einem Kunstwerk zu sagen, es sei ein Original, kann zwar vielerlei bedeuten, es bedeutet aber wohl nicht automatisch eine besondere Qualität des so benannten Kunstwerkes. Zudem variiert die Bedeutung von »Original« je nach Gattung und Kunstwerk. In manchen Fällen ist gemeint, dass es sich bei einem bestimmten Werk um ein Unikat handelt. Das gilt zum Beispiel für die *Mona Lisa* oder für Picassos *Mädchen mit der Taube*. Von manchen Kunstwerken, die wegen ihres Stils und ihrer Einzigartigkeit berühmt sind, gibt es aber durchaus mehrere Originale, zum Beispiel von Albrecht Dürers *Rhinozeros*. Das liegt natürlich daran, dass es sich bei diesem Werk um einen Holzschnitt handelt und dass es von einem Holzschnitt in aller Regel mehrere Drucke gibt. Erstaunlich ist doch aber, dass sich die Originalität dieser Drucke offensichtlich von der der zuvor genannten Gemälde unterscheidet. Das heißt, dass von einem Druck eben nicht nur ein einziges Exemplar, nämlich das erste, als Original gilt. Vielmehr kann es mehrere Originale ein und desselben Holzschnittes geben, während mehrere Exemplare eines Gemäldes nicht ebenso gleichermaßen als Originale gelten, sondern in aller Regel als Kopien oder Repliken ausdrücklich vom Original des Gemäldes unterschieden werden. Aber auch Drucke verdanken ihren Originalstatus nicht allein ihrer Herkunft von einer bestimmten Druckplatte. Beispielsweise gelten nur jene Drucke des *Rhinozeros* als Originale, die von Dürer selbst oder zu Dürers Lebzeiten nach seinem Willen gemacht worden sind, nicht aber jene, die etwa in betrügerischer Absicht ohne sein Wissen hergestellt wurden, und auch nicht jene, die nach seinem Tod entstanden sind, obgleich man annehmen kann, dass diese, was ihre künstlerische Qualität angeht, den ersteren nicht unbedingt unterlegen sind. Die Autorisierung des Urhebers scheint also, wenn es um Drucke geht, eine originalstatusbegründende Eigenschaft zu sein. Bei Gemälden scheint das wiederum anders zu sein: Wir halten in aller Regel nur ein einziges Gemälde für das Original eines bestimmten Werkes, wie etwa der *Mona Lisa*. Nun könnte man einwenden, dieser Vergleich sei sinnlos, schließlich wäre der Unterschied zwischen zwei *Mona Lisas* wohl deutlich größer als der zwischen zwei Drucken des *Rhinozeros*, weil Holzschnitte und Ölgemälde mit verschiedenen Techniken gefertigt werden. Es liegt also nahe anzunehmen, dass die originalstatusbegründenden Eigenschaften einzelner Werke von der Gattungsart abhängen, der sie angehören.

Ganz so einfach scheint es aber nicht zu sein, denn auch innerhalb einer bestimmten Gattung lässt sich nicht ohne Weiteres sagen, was ein Werk eben dieser Gattung zum Original macht. Beispielsweise ist die kunstwissenschaftliche Definition von »Originaldruck« nicht nur von jeher umstritten, sondern sie wird aufgrund immer neuer Druck-Techniken derzeit besonders kontrovers diskutiert. Zeitgenössische Druckgrafiken können daher als ein Beispiel dafür dienen, wie schwierig es mitunter sein kann, die Originalfrage im konkreten Einzelfall zu beantworten, einfach weil auch unter Kunstwissenschaftlern Uneinigkeit darüber herrscht, welche Bedingungen ein Druck überhaupt erfüllen muss, um den Status eines Originals zu haben.[5] Dagegen erscheint diese Frage in der Malerei eindeutig zu beantworten zu sein: Hier sind es eigenhändige Werke, die als Originale gelten. Aber auch der Status der Eigenhändigkeit als der klassischen originalstatusbegründenden Eigenschaft von Malereien ist nicht so unumstritten, wie es auf den ersten Blick scheinen mag.

Nun ist die Festlegung der originalstatusbegründenden Eigenschaften von Werken bestimmter Gattungen primär ein kunstwissenschaftliches Problem und eher kein philosophisches. Es gibt aber Fälle, in denen die Originalfrage zu einem im Vollsinn philosophischen Problem wird. Erstaunlicherweise bleibt die Vieldeutigkeit des Begriffs nämlich auch dann bestehen, wenn von ein und demselben Gegenstand gesprochen wird. Sagt man von einem bestimmten Werk der bildenden Kunst, von einem Gemälde Renoirs, einer Skulptur Genzkens, einer Fotografie Leibovitz' oder einer Druckgrafik Hokusais, es handele sich hierbei um ein Original, steht oft immer noch nicht eindeutig fest, was damit eigentlich gemeint ist. Ist gemeint, dass es sich um ein Werk genau dieser Künstlerin handelt oder dass es sich um ein *eigenhändig* oder *ausschließlich* von ihr angefertigtes Werk

---

5  Einen Einblick in kunstwissenschaftliche Diskussionen rund um die Definition von *Originaldruck* bietet Gilmour 2008.

handelt? Bedeutet es, dass es sich bei diesem Werk um keine Fälschung, Kopie oder Reproduktion handelt oder dass es sich um ein Werk einer bestimmten Epoche, Schule oder Stilrichtung handelt oder dass es sich um ein exemplarisches Werk handelt?

Wenn wir den Louvre betreten, um das Original der *Mona Lisa* zu sehen, könnten wir dann genau sagen, was es bedeutet, dieses Bild ein Original zu nennen? Ist es deswegen ein Original, weil es Leonardo da Vinci zum Urheber hat? Wäre die *Mona Lisa* auch dann noch ein Original, wenn wir feststellen würden, dass es sich bei ihr um das Werk eines anderen Künstlers handelt? Und würde es dabei eine Rolle spielen, wie berühmt oder begabt oder bedeutend dieser andere Künstler wäre? Hängt ihr Originalstatus in irgendeiner Weise davon ab, dass sie ein Werk von hoher künstlerischer Qualität ist, oder würden wir sie auch dann als Original bezeichnen, wenn sie gründlich misslungen wäre? Meinen wir, wenn wir die *Mona Lisa* als Original bezeichnen, vielleicht nichts anderes, als dass sie zeitlich *vor* ihren zahlreichen Kopien entstanden ist, sodass auch eine von ihr nicht zu unterscheidende Kopie nur deswegen keinen Originalstatus erhält, weil sie zeitlich *nach* ihr entstanden ist? Was aber wäre, wenn sie eine von Leonardo da Vinci angefertigte Kopie einer Arbeit eines Unbekannten wäre?

Es scheint, dass wir – solange wir die Frage nicht ausdrücklich reflektieren – dazu neigen davon auszugehen, der Begriff des Originals impliziere sowohl eine gewisse ästhetische (respektive kulinarische, literarische oder sonstige) Qualität als auch die »Aura« einer legendären Urheberin und deren unnachahmbare künstlerische Handschrift und obendrein womöglich auch noch die physische Einzigartigkeit des Werkes sowie seine möglichst vollkommene Präzedenzlosigkeit. Dabei gibt es zwischen allen diesen Merkmalen keinen notwendigen Zusammenhang, sodass wir verwirrt sind, sobald eines dieser scheinbar zusammengehörigen Merkmale wegfällt: Kann ein misslungenes Kunstwerk eines berühmten Künstlers ein Original sein? Kann eine ausgezeichnete Werkstattarbeit ein Original sein? Kann eine stilistische Imitation ein Original sein? Kann es von einem Werk mehrere Originale geben? Können in manchen Fällen vielleicht sogar Kopien Originale sein? Zudem scheinen wir kurioserweise fast ausnahmslos an Gemälde zu denken, wenn wir von Originalen sprechen, sodass sich die Frage stellt: Können auch eine Oper, ein Gedicht, ein Popsong, ein Werk der Konzeptkunst, ein Auto, ein Einkaufszettel, ein Regierungsbeschluss oder ein Waschpulver Originale sein, und wenn ja, wie definiert sich ihre Originalität?

## 1.3 Vorgehensweise der Untersuchung

Die vorliegende Untersuchung gliedert sich in zwei Teile. Der erste Teil (Kapitel eins bis fünf) besteht in einer Auseinandersetzung mit der Begriffsgeschichte und einigen einschlägigen Klärungsversuchen und Debatten rund um »Original«.[6] Der zweite Teil (Kapitel sechs bis zehn) besteht in einer systematischen Explikation von »Original«. Wobei ich unter einer Explikation eine Untersuchung des Bedeutungsgehalts eines Ausdrucks in Anlehnung an Carnap meine, deren Ergebnis dem Bedeutungsgehalt des Wortes im gewöhnlichen Sprachgebrauch so ähnlich wie möglich ist, aber zur Wahrung der Exaktheit und Einfachheit »beträchtliche Unterschiede« zwischen beiden zulassen kann.[7] Dabei berücksichtige ich ausdrücklich nicht jedwede Verwendung eines den Begriff des Originals repräsentierenden Wortes, gleich in welcher Sprache. Vielmehr nehme ich nur die Sprachen in den Blick (nämlich im Wesentlichen die des europäische Sprachraums in der Zeit vom Hochmittelalter bis in die Gegenwart), in dem sich ebenjene Auseinandersetzungen und die auf den ersten Blick problematische Vieldeutigkeit ergeben haben, deren Feststellung den Ausgangspunkt dieser Untersuchung bilden. Auch wenn ich nicht auf jede in diesem Raum vorkommende Sprache eigens eingehen kann, gehe ich davon aus, dass das Explikat, das das Ergebnis dieser Untersuchung ist, sich in jedem Sprachraum als fruchtbar erweist, in dem es vergleichbare Auseinandersetzungen und Schwierigkeiten in der Verwendung des Begriffes des Originals gibt.

---

6 An manchen Stellen verwende ich Anführungszeichen (»Original«) wie Sellar'sche dot quotes (·Original·). Diese halbhoch gesetzten Punkte vor und nach einem Wort gehen auf Wilfrid Sellars zurück. Er gebraucht sie, um deutlich zu machen, dass nicht nur das Wort in der verwendeten Sprache (»Original«) gemeint ist, sondern auch entsprechende Wörter in anderen Sprachen. So kann man sich mit ·Original· beispielsweise sowohl auf das deutsche »Original« als auch auf englisch »original« und lateinisch Wort »originale« beziehen, ohne zu behaupten, dass hinter allen drei Worten derselbe Begriff steht. Weil ich hier keinen Raum habe, in die Debatte über die Existenz von Begriffen einzusteigen, möchte ich daher an dieser Stelle festhalten, dass ich ausdrücklich nicht behaupte, dass »original«, »originale« und »Original« auf denselben Begriff verweisen. Zugleich gehe ich davon aus, dass diese drei Wörter eine hinreichend ähnliche Bedeutung haben, um über sie gemeinsam etwas aussagen zu können. Wenn ich also im Folgenden etwas über die Bedeutung von »Original« sage, ist die Bedeutung entsprechender Wörter anderer Sprachen mitgemeint. Vgl. Sellars 1963.

7 Carnap 1959, 15.

Es gibt zwar eine ganze Reihe Auseinandersetzungen mit genieästhetischen Originalvorstellungen, sowohl in den Kunst- und Kulturwissenschaften als auch in der Philosophie.[8] Zudem sind gerade in jüngerer Zeit auch zahlreiche Auseinandersetzungen mit »Fälschung« und »Kopie« veröffentlicht worden.[9] Es gibt aber bisher kaum Literatur, die sich *systematisch* mit dem Begriff des Originals befasst. Wenn in den genannten Zusammenhängen von Originalen die Rede ist, wird in der Regel stillschweigend *vorausgesetzt*, dass »Original« entweder einfach der Gegenbegriff zu »Kopie« oder »Fälschung« ist oder aber so etwas wie ein »geniales« oder besonders kreatives Kunstwerk – was auch immer das sein soll. Es scheint dagegen praktisch keine Arbeiten zu geben, die der Frage nachgehen, was ein Original eigentlich sei. Dieser Umstand bewegt mich dazu, am Ausgangspunkt der vorliegenden Untersuchung zunächst einen Blick auf die Begriffsgeschichte zu werfen. Diese erweist sich zudem – weit davon entfernt, an dieser Stelle ein bloßer Lückenbüßer zu sein – als durchaus erkenntnisleitend.

Wenn ich im zweiten Kapitel einen kurzen Überblick über einige zentrale Momente der Begriffsgeschichte gebe, wird deutlich werden, wie sich das Spektrum der jeweils »original« oder »Original« genannten Gegenstände seit dem Hochmittelalter nach und nach erweitert. Um besser zu verstehen, wie diese Ausweitung vor sich geht, und vor allem der Frage nachzugehen, inwiefern mit dieser Ausweitung auch ein Bedeutungswandel einhergeht, werde ich in den darauffolgenden Kapiteln im ersten Teil der Arbeit einige Momente der Geschichte gleichsam heranzoomen und dabei der Frage nachgehen, was genau bestimmte Vertreter einzelner Phasen der Begriffsgeschichte meinen, wenn sie einen Gegenstand »original« oder »Original« nennen. Der erste Schwerpunkt wird dabei im dritten Kapitel auf der Geburtsstunde des »Originals« liegen. An dieser Stelle verlasse ich die Ebene der bloßen Darstellung der Begriffsgeschichte, um zwischen der Bedeutung von »original« und jener von »Original« zu unterscheiden und dabei *en détail* nachzuvollziehen, wie die Entstehung des Substantivs mit der Entstehung des »Problems Original« einhergeht. Im vierten Kapitel befasse ich mich dann mit genieästhetischen Originalkonzepten und ihrer Entwicklung sowie Versuchen ihrer Überwindung im 20. Jahrhundert. Hierbei wird insbesondere deutlich, wie das Erbe

---

8  Vgl. beispielsweise Krauss 1996, Saur 1984, Fehrmann, et al. 2004, Majetschak 2006, Mensger 2012, Boehm 2014 und Mathieu 2015.

9  Vgl. beispielsweise Dutton 1983, Deecke 1999, Irvin 2007, Nida-Rümelin und Steinbrenner 2011, von Gehlen 2011, Jaworski 2013, Hick und Schmücker 2016.

der Genieästhetik die Begriffsexplikation einerseits erschwert, andererseits aber auch erst recht erforderlich macht. Im fünften Kapitel zeige ich schließlich exemplarisch auf, wie die Unklarheit von »Original« bis weit hinein in einschlägige philosophische Debatten reicht. Somit wird spätestens am Ende des ersten Teils der Arbeit vollends deutlich werden, dass eine überzeugende Explikation von »Original« notwendig ist und dass sie – will sie wirklich überzeugend sein – entschieden und konsequent auf typische genieästhetische Prämissen verzichten muss, die erstaunlich stark auch noch in philosophische Auseinandersetzungen hineinwirken.

Im zweiten Teil der Arbeit versuche ich dann, eine tragfähige Explikation des Begriffs zu entwickeln. Ich baue diese Explikation auf der Annahme auf, dass »Original« eine wesentlich komplexere Struktur besitzt, als vor allem in klassischen genieästhetischen Kontexten, aber auch in aktuellen philosophischen Debatten angenommen wird. Das heißt, ich gehe davon aus, dass es nicht nur einen Parameter gibt, der in der Explikation eine Rolle spielen muss, sondern mehrere, nämlich neben dem als »Original« bezeichneten Objekt und seiner originalstatusbegründenden Eigenschaft auch einen originalstatusbegründenden Kontext und Gegensatzobjekte, die dadurch gekennzeichnet sind, dass sie die originalstatusbegründende Eigenschaft des »Originals« zu besitzen scheinen, sie aber tatsächlich nicht besitzen. In der Unterscheidung von Originalobjekt und Gegensatzobjekten scheint mir die eigentliche Funktion des Begriffs zu liegen. Diese Parameter und ihr Verhältnis zueinander stelle ich im zweiten Teil der Arbeit ausführlich vor. Abschließend stelle ich die Vorzüge des Explikats dar und führe anhand der klassischen Frage, ob Originale besser sind als Kopien, vor Augen, was das Explikat, im Unterschied zu gängigen Auffassungen über die Bedeutung von »Original«, leisten kann.

# 2 Die Geschichte des Originals: Eine Skizze

Dieses Kapitel soll einen skizzenhaften Überblick über die Geschichte des Begriffs des Originals geben. Es beschränkt sich auf einige wenige Einblicke in die Kontexte, Bedeutungen und Funktionen, die den Begriff in seiner Geschichte geprägt haben. Eine systematische Auseinandersetzung mit einigen besonders aufschlussreichen Aspekten dieser Geschichte erfolgt dann in den nächsten Kapiteln.

## 2.1 Seit dem Hochmittelalter: Urkunden als Originale

Nicht nur das Substantiv »originale«, sondern auch das Adjektiv »originale« ist im klassischen Latein eher ungebräuchlich.[1] Es leitet sich von »origo« ab, einem Substantiv, das in der Antike hauptsächlich dann verwendet wird, wenn es um die Herkunft von Personen geht, beispielsweise darum, ob jemand frei geboren worden ist oder als Sklave.[2] Am Übergang von der Spätantike zum Frühmittelalter entsteht zunächst das Adjektiv »originale«, das namentlich im Zusammenhang mit dem durch Augustinus verbreiteten theologischen Konzept des »peccatum originale«[3] nach und nach Eingang in den allgemeinen Sprachgebrauch findet. Später wird es dann auch in anderen Zusammenhängen verwendet. So taucht es im Codex Iustinianus in einer

---

1 Beide tauchen in gängigen Wörterbüchern zum klassischen Latein nicht auf, so zum Beispiel bei Menge 2005 oder Vischer 2007.

2 In diesem Zusammenhang wird in der Spätantike auch das Adjektiv *originale* hin und wieder verwendet, zum Beispiel in den *Formulae Visigothicae*, die bei der Freilassung von Sklaven verwendet wurden: »Quapropter ingenuum te civemque Romanum esse constituo atque decerno, ut, abstersa a vobis omne originali macula ac fece servili, perfectu gradu fervendo, nullius reservato obsequio, in splendidissimo hominum coetu atque in aulam ingenuitatis plerumque vos esse congaudete«, vgl. Córcoles Olaitz 2006, 342, Anm. 21.

3 Vgl. Hoping 2009.

Wendung auf, in der »originale« sich auf Urkunden bezieht. Dort heißt es, in den Archiven seien nur Abschriften aufzubewahren, die »authentica ipsa atque originalia rescripta et nostra manu subscripta«[4] sind, also Abschriften, die authentisch, ursprünglich und unterzeichnet sind.

»Original« als Substantiv[5] gibt es erstmals im Verwaltungswesen des Hochmittelalters,[6] und zwar ungefähr ab der Mitte des 13. Jahrhunderts. Zu diesem Zeitpunkt sind Kanzleien als Verwaltungsbehörden erstmals weitgehend einheitlich organisiert.[7] Sie entwickeln neue professionelle Arbeitsabläufe, Techniken und Konzepte rund um die schriftliche Fixierung rechtlich geregelter Vereinbarungen. Ein wichtiges Mittel hierbei ist ein in besonderem Maße um Präzision und Eindeutigkeit bemühter Sprachstil,[8] der unter anderem neue verwaltungstechnische Fachbegriffe hervorbringt. So wird auch die bisher zur Bezeichnung der ursprünglichen Abschriften gebräuchliche Wendung »rescriptum originale« von dem neuen Substantiv – erst lateinisch »originale«, später auch deutsch »Original« – abgelöst. Um 1400 ist dieser Ablösungsprozess praktisch abgeschlossen und das Substantiv »originale« allgemein gebräuchlich.

Einhergehend mit der Etablierung der neuen Bezeichnung lässt sich auch ein Bedeutungswandel von der »originalen Abschrift« (rescriptum originale) zum »Original« einer Abschrift (originale) konstatieren. Eine Abschrift einer Urkunde als Original zu bezeichnen, bedeutet zwar – wenn auch nicht mehr

---

4  »Sancimus, ut authentica ipsa atque originalia rescripta et nostra manu subscripta, non exempla eorum, insinuentur«, Codex Iustinianus,1.23.3.

5  Die lange gebräuchliche Wendung *rescriptum originale* wurde nach und nach durch das Substantiv *originale* abgelöst, sodass *originale*, zumeist im Plural *originalia*, ungefähr ab 1400 als Bezeichnung für Originalurkunden in Kanzleien und Schreibstuben allgemein gebräuchlich wird. Dennoch war der Sprachgebrauch lange Zeit nicht einheitlich. Originale wurden bisweilen auch *autentica*, *instrumenta* oder verwirrenderweise *rescripta* genannt, Hageneder 2007, 563. Nach Bresslau kam es auch vor, dass eine beglaubigte Kopie *autenticum* genannt wurde, Bresslau 1958, 89.

6  Vgl. De Ghellinck 1939, Bresslau 1958, Hageneder 2007 sowie Greule 2012.

7  »Kanzleien entstanden überall dort, wo Rechts-, Verwaltungs- oder Wirtschaftsangelegenheiten schriftlichen Niederschlag verlangten. Ihrer Funktion nach waren die Kanzleien bis ins 13. Jahrhundert vor allem Beurkundungsstellen und wandelten sich mit zunehmender Differenzierung der administrativen Anforderungen zu Verwaltungskanzleien.« Dirmeier 2012, 131.

8  »Auch wenn der Kanzleistil mit oft mehrmals verschachtelten Satz-Perioden nicht den modernen Auffassungen von stilistischer Klarheit entspricht, muss den damaligen ›Satzungetümen‹ durchaus das Bemühen um Präzision und Klarheit zugestanden werden.« Meier 2012, 7.

unbedingt –, auch die ursprüngliche Abschrift einer Urkunde zu meinen, es bedeutet aber zugleich auch die rechtliche Gültigkeit dieser Abschrift (was genau diesen Bedeutungswandel und die Etablierung der neuen Bezeichnung im Hochmittelalter auslöst, lässt sich kaum rekonstruieren).[9] Während die sogenannten »originalia« im Hochmittelalter erstmals juristische Beweiskraft besitzen,[10] haben andere Abschriften – »nisi ostendatur originale« – eine solche Beweiskraft nicht.

## 2.2 Seit der Renaissance: Kunstwerke als Originale

In der Renaissance werden erstmals Kunstwerke »Originale« genannt. Zunächst hat es den Anschein, als behielte der Begriff dabei den Sinn, den er auch in der Kanzleisprache hat. Er dient nämlich zur Unterscheidung zwischen Originalwerken und Kopien bzw. Fälschungen.[11] Zugleich aber wandelt sich der Begriff des Originals durch seine Anwendung auf Kunstwerke: »In

---

9 »Très discret semble-t-il au début des chancelleries impériale et ecclésiastique dans l'emploi de *originalia rescripta, originalia documenta*, allait bientôt s'étendre et donner naissance à de nouvelles locutions. Sans refaire par le détail l'histoire du mot entre la période carolingienne et le douzième siècle, il sera plus intéressant de s'arrêter vers le milieu du treizième siècle, ou les premières années du quatorzième (...) A ce moment, les documents de la chancellerie impériale, les actes notariaux, les actes des juridictions civiles ou ecclésiastiques ont continuellement des expressions qui associent l'idée d'authenticité à celle de la teneur originale, de l'exemplaire primitif de l'acte.« De Ghellinck 1939, 98.

10 Im Römischen Recht hatten Urkunden keinen konstitutiven, sondern lediglich deklaratorischen Charakter (Jörs, Kunkel und Wenger 1987), weswegen wohl auch die Originalität von Urkunden keine Rolle spielte. Einer der ersten Rechtstexte, der Originalität als Kriterium für die formelle Gültigkeit einer Urkunde einführt, ist der *Codex Iustinianus*. Mittelalterliche Rechtssätze übernahmen diese Norm nach und nach. Im *Liber Extra*, einer Dekretalensammlung Gregors IX., heißt es beispielsweise »No(ta), quod exemplari non creditur, nisi ostendatur originale« und »Si scripturam authenticam non videmus, ad exemplaria nihil facere possumus«, zitiert nach Hageneder 2007, 565, 568. Hageneder führt dort auch Beispiele für die Umsetzung dieser Maxime an. Die Norm wird in spätere Rechtssammlungen übernommen.

11 Im Mittelalter herrschte die »Praxis nach Musterbüchern zu arbeiten, mit denen gelungene Motive und Kompositionen von Generation zu Generation weitergereicht wurden. Die Frage nach dem Original im modernen Sinne stellte sich also nicht. Der Rekurs auf bereits vorhandene Werke war vielmehr allgemein verbreitet, garantierte er doch für den Auftraggeber einen gewissen Qualitätsstandard und – bei religiöser Kunst nicht unerheblich – ikonographische Glaubwürdigkeit.« Mensger 2012, 33.

einem geistigen Klima, in dem Persönlichkeit, Individualität, Erfindung und künstlerische Handschrift als Qualitätsmerkmale immer bedeutender«[12] werden, bildet sich ein neuer Typus des Künstlers heraus,[13] dazu kommen neue technische Möglichkeiten[14] sowie organisierter Kunsthandel und Sammlertum. Vom »Original« eines Kunstwerkes zu sprechen, impliziert nun zwar in vielen Fällen, auch von einem Gemälde im Unterschied zur Kopie oder von einem echten Exemplar im Unterschied zur Fälschung zu sprechen, aber es bedeutet darüberhinaus immer öfter auch, dieses Exemplar als *künstlerisch höherwertig* gegenüber Kopien oder Fälschungen einzustufen. Kopien oder sonstige Formen der legitimen wie illegitimen Nachahmung oder Aneignung, die zuvor lange Zeit unbestrittener handwerklicher Standard in Kunstwerkstätten waren, erscheinen zunehmend als qualitativ minderwertig.

Dieser Prozess vollzieht sich sehr langsam. Als einer seiner ersten Zeugen kann Leonardo da Vinci gelten, der in seinem *Trattato della Pittura* über die Malerei schreibt, »questa non si copia, come si fa le lettere, che tanto vale la copia quanto l'origine.«[15] Seit Leonardo machen sich Kunstkenner diesen wertenden Begriff des Originals nach und nach zu eigen.[16] Dabei tauchen, wie bei

---

12  Mensger 2012, 34.

13  »Only in the Renaissance – with the emerging idea of the creative genius and a work of art being created with one's own hands – did originality based upon the inventiveness of the artist establish itself.« Gisbertz 2013, 124.

14  »It is no coincidence that these concerns of copying emerged with the advent of new mechanical means of reproducibility.« L. Clark 2013, 136.

15  »Questa [la pittura, Anm. D. R.] non si copia, come si fa le lettere, che tanto vale la copia quanto l'origine. Questa non s'impronta, come si fa la scultura, della quale tal è la impressa qual è l'origine in quanto alla virtú dell'opera. Questa non fa infiniti figliuoli come fa i libri stampati; questa sola si resta nobile, questa sola onora il suo autore, e resta preziosa e unica, e non partorisce mai figliuoli eguali a sé.« Leonardo da Vinci 2000, 3-4. Nicht zufällig ist es das Gemälde, das unter allen Arten von Werken in der Kunst bis heute als der Inbegriff eines Originals gilt. Manche Autoren ziehen eine direkte Linie von diesem Zitat Walter Benjamin. Z. B. Christiane Kruse, die mit Bezug auf o.g. da Vinci-Zitat schreibt: »Von hier aus verbreitet sich der Kunstbegriff des Originals, der im 20. Jahrhundert bei Walter Benjamin im Begriff der Aura kulminiert«. Kruse 2003, 88.

16  Während Marcantonio Michiel Anfang des 16. Jahrhunderts noch »il proprio« statt »l'originale« verwendet – »ein spezifischer Sprachgebrauch, um Kopie und Original zu benennen, hat sich offenbar noch nicht herausgebildet«, – widmet Giulio Mancini der Frage, »che sia originale o copia« einen eigenen Abschnitt in einer Abhandlung aus dem Jahre 1620, und Abraham Bosse hält die Frage nach der Originalität eines Werkes in seinen *Sentiments sur la distinction des diverses manières de peinture, dessin et gravure et des originaux d'avec leurs copies* Mitte des 17. Jahrhunderts schon für eine der drei Hauptaufgaben eines

Marcantonio Michiel im 16. Jahrhundert, Begriffe wie »Original« und »Kopie«
lange Zeit noch gar nicht auf. Zudem wird zu diesem frühen Zeitpunkt zunächst weder der Echtheit und Ursprünglichkeit noch der Neuheit von Kunstwerken eine besonders hohe Bedeutung beigemessen.[17] Erst im Laufe des 17.
Jahrhunderts bürgert sich das Wort »originale« nach und nach in der kennerschaftlichen Literatur ein. Es wird dort zur Bezeichnung bestimmter Kunstwerke verwendet, die wegen ihrer Echtheit in Bezug auf Urheberschaft, Alter
und andere Eigenschaften als besonders wertvoll gelten und deswegen von
Kopien und Fälschungen unterschieden werden. Zugleich werden die kunstwissenschaftlichen Auseinandersetzungen mit der Originalität der Werke, etwa bei Giulio Mancini, immer systematischer und detaillierter. Sie zeigen
nicht nur die große Bedeutung, die der Originalität von Kunstwerken seit
dem 17. Jahrhundert beigemessen wird, sondern geben auch Auskunft über
die Methoden, mithilfe derer *connoisseurs* Fälschungen entlarven und Originale erkennen.[18] Bei Abraham Bosse, in der Mitte des 17. Jahrhunderts, ist
die Frage nach dem Original schließlich zu einer der drei Hauptaufgaben
des Kunstkenners aufgestiegen.[19] Damit nimmt sie einen Rang ein, den sie
im Wesentlichen bis heute innehat. Am Ende dieses Prozesses steht also eine Auffassung des Verhältnisses zwischen Originalen und Kopien als einer
ästhetischen Über- beziehungsweise Unterlegenheit, wobei dieses Verhältnis
anfangs nicht unbedingt so aufgefasst worden war[20]. Im 18. Jahrhundert wird
diese Auffassung durch den Geniekult schließlich noch verstärkt.

---

Kunstkenners. Von da an ist »Original« als ästhetischer Wertbegriff fester Bestandteil der
Kunsttheorie. Vgl. Mensger 2013.

17  Beispielsweise galten Kopien nicht *per se* als Originalen unterlegen. Vielmehr gab es auch
die Meinung, besonders qualitätsvolle Kopien »seien den Originalen vorzuziehen, da sie
in sich zwei Kunstleistungen vereinten: sowohl die Kunst des Erfinders als auch die des
Kopisten.« Mensger 2013, 115.

18  Vgl. Spear 2004, 25.

19  Mensger 2013.

20  »Dabei ist allen Traktaten eine ambivalente Haltung eigen: Zum einen wird die Inferiori-
tät der Kopie (als ›Echo vom Echo‹) eindeutig bestätigt, zum anderen werden Ausnahmen
von dieser Regel benannt: Eine in Malweise und Mimesis gute Nachschöpfung könne es
mit dem Original durchaus aufnehmen; eine Kopie, die Kenner und Maler über ihren
wahren Status zu täuschen vermag, werde sogar als wertvoller eingeschätzt als das Original.« Mensger 2013, 118.

## 2.3    Im Sturm und Drang: Genies als Originale

Im Zeitalter der Aufklärung und des Sturm und Drang erfreut sich das Wort
»Original« einer geradezu inflationären Verbreitung. Zugleich erfährt der Begriff eine weitere folgenschwere inhaltliche Veränderung. Originalität gilt in
der Genieästhetik nicht mehr primär als Merkmal des Kunstwerks, sondern
eigentlich als Merkmal seines genialen Urhebers. Das Genie ist das Original, und seine Originalität besteht in seiner Fähigkeit, ganz aus eigener Kraft
gleichsam *ex nihilo* Neues zu schaffen.[21]

Mit diesem Bedeutungswandel geht eine regelrechte Hochkonjunktur des
Begriffs einher. Denn Originalität, verstanden als distinktive Eigenschaft des
Genies, prägt das Selbstverständnis von Künstlern und Intellektuellen einer
ganzen Epoche.[22] In einem wertenden Sinn von Originalen zu sprechen, bedeutet nun nicht mehr nur, Kopien eine geringere künstlerische Qualität zu
bescheinigen als Originalen, sondern es bedeutet, Nachahmung nicht mehr
wie bisher als eine der wichtigsten Methoden geistigen Arbeitens zu betrachten, sondern als das genaue Gegenteil davon. Diese genieästhetische Auffassung prägt die Rede vom Original bis in unsere Zeit hinein.

Dennoch erfährt die genieästhetische Auffassung von Originalität schon
in der Romantik »Einschränkungen und Abwertungen unterschiedlicher
Art«[23]. Als Beispiel hierfür lassen sich die Gebrüder Grimm anführen, die

---

21  »Im 18. Jahrhundert verändert sich dieses Bild vom letztlich rational verfahrenden, wenn
    auch, wie dann Vasari sagte, mit ›Freiheit‹ an ›Regel, Ordnung, Proportion, *disegno* und
    Stil‹ orientierten Künstler bekanntlich dramatisch. Jetzt erst wird der Künstler zum inno-
    vativen Genie, das *allein von sich aus* Neues und Schönes hervorbringt, wobei von manchen
    Autoren [...] nun sogar im Bruch mit allen überkommenen Kunstregeln der eigentliche
    Ausdruck der individuellen Genialität eines Künstlers gesehen wird.« Majetschak 2006,
    1174-1175.
22  Es gibt beispielsweise kaum einen namhaften Philosophen der Aufklärung, der den Be-
    griff nicht in sein philosophisches Denken eingebettet und ihn damit seinerseits geprägt
    hätte. Für Kant ist Originalität das Vermögen der Einbildungskraft und die Vermittlungs-
    instanz zwischen Noumenalem und Phänomenalem; für Fichte ist sie ideale Individuali-
    tät, die in ihrer Eigengesetzlichkeit die scheinbare Selbstständigkeit der Außenwelt auf-
    hebt. Schelling hält Originalität für das Vermögen des schöpferischen Individuums, ohne
    Vorgaben seine eigene »Mythologie« zu schaffen und damit die Essenz des Zeitalters zu
    reflektieren. Für Hegel schließlich ist Originalität »wahre Objektivität«, nämlich »Iden-
    tität der Subjektivität des Künstlers und der wahren Objektivität der Darstellung«, Saur
    1984, 1375-1376. Vgl. auch Schmidt 1985, 354-403.
23  Saur 1984, 1376.

das Bild des individuellen Originalgenies bewusst zugunsten einer Ästhetik der ursprungslosen »Volkspoesie« abwerten.[24] Auch Goethe wendet sich im Alter gegen Genie- und Originalitätskult,[25] und besonders scharf tut sich ausgerechnet Nietzsche mit Kritik an der »Originalitätswut« hervor.[26] Schlussendlich bekommt der Begriff auch in der Alltagssprache eine negative Konnotation,[27] und Kunstkenner wie Max Jakob Friedländer beginnen, zwischen dem »genuin Originalen«, das sie als ästhetischen Wertbegriff beibehalten, und dem bloß »Originellen«, das sie als Mode disqualifizieren,

---

24 Jacob Grimm schreibt in diesem Sinn an Achim von Arnim: »Die Volkspoesie tritt aus dem Gemüth des Ganzen hervor; was ich unter Kunstpoesie meine, aus dem Einzelnen. Darum nennt die neue Poesie ihre Dichter, die alte weiß keine zu nennen«, zitiert nach Pabst 2014, 136.

25 Schmidt 1985, 344-353.

26 »Dreiviertel Homer ist Convention; und ähnlich steht es bei allen griechischen Künstlern, die zu der modernen Originalitätswuth keinen Grund hatten. [...] Das, was der Künstler über die Convention hinaus erfindet, das giebt er aus freien Stücken darauf und wagt dabei sich selber daran, im besten Fall mit dem Erfolge, dass er eine neue Convention schafft. Für gewöhnlich wird das Originale angestaunt, mitunter sogar angebetet, aber selten verstanden; der Convention hartnäckig ausweichen heisst: nicht verstanden werden wollen.« Nietzsche 1988, 604-605.

27 Ein Beispiel für eine solche negative Konnotation und zugleich dafür, wie sich in der in der ersten Hälfte des 19. Jahrhunderts verwendeten Bedeutung von »Original« verschiedene Ebenen verschränken, ist der Eintrag »Original« in einem Handwörterbuch von 1833: »Original (von origo, der Ursprung) als Adjektiv bedeutet ursprünglich. Als Substantiv von menschlichen Werken gebraucht bedeutet es das ursprüngliche Werk im Gegensatze von Übersetzungen, Nachahmungen, Copien desselben. Daher sagt man der Originaltext, das Originalbild ec. Es wird aber auch von Menschen selbst gebraucht, wiefern an ihnen etwas Eigenthümliches angetroffen wird. Daher sagt man ein Originaldichter, ein Originalphilosoph, desgleichen ein Originalgeist oder ein Originalgenie. Der letzte Ausdruck ist eigentlich pleonastisch, da das wahre oder echte Genie in seinen Erzeugnissen immer als ursprünglich wirkend (nicht bloß nachahmend) eine gewisse Eigenthümlichkeit zeigt; weshalb auch diese Eigenthümlichkeit selbst Originalität genannt und als eine nothwendige Folge der Genialität betrachtet wird. Da indessen beides auch affectirt werden kann, indem man sich über alle Regeln hinwegsetzt und dadurch leicht in's Seltsame, Ungereimte und Abgeschmackte fällt: so mag es wohl ebendaher gekommen sein, daß man den Ausdruck Original zuweilen auch im schlechten Sinne nimmt. So sagt man z.B. es sei Jemand ein Original von Dummheit, Albernheit, Narrheit, Bosheit ec. und selbst der Ausdruck Originalgenie wird meist in schlechter Bedeutung oder ironisch gebraucht. Übrigens giebt auch die Originalität allein noch keine Bürgschaft für die Wahrheit oder Güte dessen, was in wissenschaftlicher oder künstlerischer Hinsicht auf originale Weise geleistet worden. Man muss sie daher nicht überschätzen.« Krug 1833.

zu unterscheiden.[28] Ab der Mitte des 20. Jahrhunderts unterziehen Philosophen (Gadamer sprach von einer »Geniedämmerung«[29]), Intellektuelle und
nicht zuletzt Kunstschaffende »das so wirkungsmächtige Bild vom künstlerischen Genie, jenem bedauernswerten, weil zu unablässiger Produktivität
verurteilten Subjekt«[30] einer radikalen Kritik, die nach und nach zu einer
Neuentdeckung und Aufwertung nachahmender und aneignender Methoden
künstlerischen Arbeitens führt und in der Folge zu einer Relativierung und
nicht selten auch zu einer entschiedenen Ablehnung von »Original« als
Wertbegriff.[31]

Es sind nicht nur einzelne Künstlerinnen,[32] die sich in ihren Arbeiten mit
Originalität auseinandersetzen, sondern ganze Kunstrichtungen des 20. Jahrhunderts, beispielsweise die *Appropriation Art*, können so verstanden werden,
dass das Original als Reibungsfläche für sie eine maßgebliche Rolle spielt.[33]

---

28  »Merkmal der Originalität ist das dem Werk und allen seinen Teilen eigene individuelle
    Gepräge, sozusagen die Ähnlichkeit des Geschöpfes mit dem Schöpfer. Freilich gibt es ei-
    ne After-Originalität, eine gemachte neben der gewachsenen. Namentlich in einer Zeit,
    in der Ursprünglichkeit und persönliche Eigenart verehrt werden als Voraussetzung ech-
    ten Künstlertums, will jeder, der Pinsel und Stift handhabt, ein Original sein, und wenn,
    wie so häufig, die Kräfte dazu nicht langen, bringt er willlich Originelles hervor, das
    von dem Originalen zu unterscheiden gar nicht leicht ist und den Zeitgenossen oft miß-
    lingt. Das Originale ist fremdartig beim ersten Auftreten, anstößig und unbehaglich, das
    Originelle auffällig und pikant. Jenes hat Dauer und Bestand, gewinnt mehr und mehr
    an Wirkung, dieses ist modisch, ephemer, erweckt bald Überdruß und schwindet rasch
    dahin. Original verhält sich zu originell wie genial zu genialisch. Der original Schaffen-
    de, im besondern das Genie, sucht sich selbst zu genügen, der originell Schaffende ist
    bestrebt, seinen Zeitgenossen zu imponieren oder sie zu verblüffen.« Friedländer 1992,
    150-151.
29  »Es ist eine Art Geniedämmerung eingetreten. Die Vorstellung von der nachtwandle-
    rischen Unbewußtheit, mit der das Genie schafft – eine Vorstellung, die sich immer-
    hin durch Goethes Selbstbeschreibung seiner poetischen Produktionsweise legitimieren
    kann – erscheint uns heute als eine falsche Romantik.« Gadamer 2010, 98.
30  Majetschak hält dieses Bild für »geeignet, die Kunst und den Künstler mit einem Nimbus
    zu umgeben, der das, was in der Arbeit des Künstlers geschieht, gar nicht mehr erkennbar
    macht. Ja [...] vielleicht sollte man sogar sagen, das Bild vom schöpferischen Genie treffe
    auf alles Mögliche zu, nur *nicht* auf den Künstler.« Majetschak 2006, 1180.
31  Exemplarisch hierfür: Krauss 1996.
32  Namentlich Sherrie Levine, Elaine Sturtevant oder auch Sigmar Polke.
33  »Selbst die Appropriation Art, die vermeintlich darauf verzichtet, originell zu sein, lässt
    sich noch als eine der vielen Richtungen bestimmen, in denen es primär darum geht, mit
    einer Konvention zu brechen. Hier besteht die Regelverletzung gerade darin, Originali-
    tät zu verweigern, doch indem der Gestus des Traditionsbruches vehement vorgetragen

Im 21. Jahrhundert betrachten manche dagegen das »Originalitätsdogma« als vollständig überwunden: Imitieren, Rekombinieren und Aneignen sind als Methoden künstlerischer Arbeit weitgehend anerkannt und werden selbstverständlich praktiziert.[34] Nach dieser radikalen Überwindung genieästhetischer Normen entsteht bisweilen der Eindruck, die Rede vom Original sei gewissermaßen gegenstandslos geworden. Wo »Original« weiter verwendet wird, lebt tendenziell auch die genieästhetische Konnotation des Begriffes fort. Das gilt nicht nur in der Reklame, sondern auch in der Kunstrezeption[35] und der kunsthistorischen Forschung.[36]

## 2.4   Das Original im Urheberrecht

Die Entwicklung von »Original« als Wertbegriff geht zunächst Hand in Hand[37] mit der Entwicklung von »Original« als rechtlichem[38] Begriff. Die Überlegenheit, die Originalen seit der Renaissance zugeschrieben wird, schlägt sich auf dem sich damals entfaltenden Kunstmarkt in einem entsprechend höheren ökonomischen Wert nieder. Unter anderem dieser Umstand befördert

wird, wird dem Prinzip des Anders-Seins und daher dem Originalitäts-Imperativ nur einmal mehr gehorcht.« Ullrich 2011, 110.

34 »In der Gegenwart jedoch mehren sich die Zeichen, die auf ein allmähliches Abbröckeln des Originalitätsdogmas hindeuten und es denkbar erscheinen lassen, dass Formen der Nachahmung und ›aemulatio‹ rehabilitiert werden können. So sind ähnliche Phänomene wie Flickr mittlerweile auch innerhalb des Kunstbetriebs zu beobachten, wobei sie, anders als bisher, keine Sanktionen mehr nach sich ziehen, was davon zeugt, dass der originalitätskritische Habitus der Postmoderne mittlerweile auch Wirkung zeigt.« Ullrich 2011, 111.

35 Deecke 1999, 4.

36 Ein Beispiel hierfür ist die Rembrandt-Forschung, der daher mancherseits »Zuschreibungswahn« und »Originalfetischismus« bescheinigt wird, Sauer 2007, 9.

37 »Die Nutzung von Originalität zur Beschreibung der urheberrechtlich relevanten Qualität von Kunstwerken markiert eine Diskussionslinie, die sich parallel zu den Auseinandersetzungen um Originalität als ästhetischem Begriff entfaltet.« Häseler 2010, 642.

38 Ich spreche hier von der Geschichte der rechtlichen Anwendung des Begriffes und nicht von der seiner ethischen Wertung. Die Ächtung von Plagiaten ist als ethische Norm schon im alten Griechenland belegt und wahrscheinlich noch bedeutend älter. Verstöße gegen diese Norm wurden lange Zeit aber nicht rechtlich sanktioniert. Erst seit dem 16. Jahrhundert fand sie einen juristischen Niederschlag, vorher war eine »rechtskulturelle Voraussetzung« für diesen Niederschlag noch nicht gegeben, nämlich das Prinzip persönlicher Individualität als organisatorische Grundlage der Gesellschaft, vgl. Schermaier 2013.

wiederum die Produktion von Fälschungen. Als einer der ersten, dessen Berühmtheit es für ihn zugleich nötig und möglich macht, sich gegen die nicht autorisierte Vervielfältigung seiner Werke zur Wehr zu setzen, gilt Albrecht Dürer.[39] – Urheberrecht im eigentlichen Sinn entsteht aber erst in der Hochzeit der Genieästhetik: »Erst die enge Verbindung zwischen dem Werk und der Individualität seines Autors, wie sie mit der Durchsetzung der Genieästhetik vorherrschend wurde, bildete die Grundlage für den auch juristischen Begriff eines aus der Urheberschaft entstehenden Eigentumsrechts an geistigen Produkten.«[40]

Spätestens mit dem Beginn des 20. Jahrhunderts kann man dagegen von einem Auseinanderdriften von »Original« als ästhetischem Wertbegriff und »Original« als moralisch-rechtlichem Begriff sprechen. Denn die Entwicklung des Urheberrechts steht Ende des 19. Jahrhunderts erst an ihrem Beginn. Die Fragen, was genau geistiges Eigentum ist, wie es sich schützen lässt und wie die Balance zwischen Persönlichkeits- und Verwertungsrechten, zwischen Rechten des Individuums und Rechten der Öffentlichkeit, gewahrt werden kann, wird von Ethikern und Juristinnen also in einer Zeit diskutiert, in der weite Teile der Kunstwelt schon im Begriff sind, sich von jenem genieästhetischen Originalitätsideal zu verabschieden, das den entscheidenden Anstoß zur Entstehung des Urheberrechts gegeben hatte. Ein Grund hierfür kann in der Entwicklung neuer Kunstformen, Techniken und Medien gesehen werden, angefangen von Fotografie und Film bis hin zum *ready made* oder *Remix*. Solche Kunstformen tragen einerseits zur ästhetischen Relativierung des Originalstatus von Kunstwerken bei, haben aber andererseits den juristischen

---

39 »So soll er laut Giorgio Vasari in Venedig Einspruch gegen Kupferstich-Kopien des Italieners Marcantonio Raimondi erhoben haben – eine Episode, die allerdings nicht durch direkte Quellen gesichert ist. Dokumentiert ist jedoch, dass der Nürnberger Rat 1512 tatsächlich gegen den Verkauf von Drucken mit gefälschtem Dürer-Monogramm vorging. Dass Dürer dem Kopieren seiner Werke kritisch gegenüberstand, belegt schließlich auch das Kolophon zur Buchausgabe seines *Marienlebens* von 1511, in dem er die Kopisten als Diebe und Betrüger beschimpft und ihnen vorwirft, fremde Arbeit (*aliene laboris*) und Einfälle (*ingenii*) zu stehlen.« Mensger 2012, 35.

40 Häseler 2010, 643. Als entscheidende Daten nennt Häseler das Jahr 1773, in dem Klopstock zur Subskription für *Die Deutsche Gelehrtenrepublik* aufrief, und den 19. Juli 1793, als die französische Nationalversammlung »das ausschließliche Recht der Autoren, Komponisten, Maler und Graveure, ihre Werke zu verkaufen oder verkaufen zu lassen« verkündete (Häseler 2010, 643). Hinzufügen könnte man mit Koller das Jahr 1735, als »der Maler und Graphiker William Hogarth »im englischen Parlament für seine eigene Druckgraphik das Urheberrecht erstritten (lex Hogarth)« hat, Koller 2007, 53.

Diskurs über das Original und damit auch die Diskussion um den ethisch ge-
botenen Umgang mit nachahmenden und aneignenden Arbeitsweisen voran-
getrieben[41] – einhergehend mit der Frage, welche Werke als Originale gelten
können.

Allerdings geht zumindest das deutsche Urheberrecht bis heute von einem genieästhetisch inspirierten Begriff des Originals aus. Versuchen zur
Durchsetzung einer neuen Definition scheint bislang kaum Erfolg beschie-
den zu sein.[42]

## 2.5   »Original« in philosophischen Debatten

Philosophische Debatten rund um den Begriff des Originals werden seit der
zweiten Hälfte des 20. Jahrhunderts zunehmend komplexer, denn sie setzen
sich nicht mehr nur mit Kopien und Fälschungen, sondern auch mit *ready mades* und der *Appropriation Art* auseinander sowie mit anderen künstlerischen
Strategien, die sich unter dem Schlagwort *Fake*[43] subsumieren lassen.

Grundsätzlich lassen sich zwei Debatten unterscheiden. Die vielleicht etwas ältere Debatte dreht sich um die ästhetische Höherwertigkeit von Originalen. Sie befasst sich mit Fragen wie: Ist Originalität eine ästhetische Eigenschaft von Kunstwerken?, Gibt es einen ästhetischen Unterschied zwischen einem Original und einer von ihm ununterscheidbaren Kopie?, In welchem Verhältnis stehen die Originalität und der Wert eines Werkes zueinander? Oder: Können Kopien oder Fälschungen genauso gut sein wie Originale?
Ein typisches Argument in dieser Debatte lautet beispielsweise, Originalität
sei eine ästhetische Eigenschaft, weil sie das Ergebnis einer künstlerischen
Leistung sei.[44] Dagegen wird beispielsweise argumentiert, dass eine höhere
künstlerische Leistung zwar eine gewisse Überlegenheit des durch sie ermög-

---

41 »Der urheberrechtliche Originalbegriff war ein Modethema, das viele Autoren nach In-
   krafttreten des Urheberrechtsgesetzes im Jahr 1965 bis in die frühen 80er Jahre hinein
   beschäftigte. Auslöser war der Boom bei der Verbreitung von Druckgrafiken und anderen
   Auflagewerken [...]. Die Vielfalt der Techniken und die unterschiedliche Qualität der Produkte führte zu einer belebten juristischen Debatte um den Originalbegriff.« Bullinger
   2006, 106.
42 Vgl. Leistner und Gerd 2008, von Brühl 2010, Schlütter 2012 sowie Peukert 2018.
43 Vgl. Römer 2001.
44 Dutton 1979, Lessing 1983.

lichten Werkes begründen könne, aber nicht unbedingt eine ästhetische.[45] Einige halten Originalität für einen primär historischen Wert, der gerade deswegen in ihren Augen kein ästhetischer Wert sein kann,[46] während Originalität für andere, die offensichtlich eine andere Auffassung davon haben, was »ästhetisch« bedeutet, gerade deswegen als ästhetischer Wert betrachtet werden muss.[47] Manch einer meint, dass Kopien und Fälschungen nicht vergleichbar seien, weil es sich bei ihnen um vollkommen verschiedene Arten von Dingen handele.[48] Dagegen treten nicht wenige für die Gleichwertigkeit von Originalen und äußerlich nicht von ihnen unterscheidbaren Kopien ein.[49]

Die andere Debatte dreht sich um Identitätskriterien von Kunstwerken. Viele Beiträge dieser Debatte beziehen sich auf Nelson Goodmans Unterscheidung zwischen autographischer und allographischer Kunst. Goodman scheint vorauszusetzen, dass »Original« ein Synonym für »authentisches Vorkommnis eines Kunstwerkes« ist (»Let us speak of a work of art as autographic if the distinction between original and forgery of it is significant«)[50]. Seine These ist, dass die Authentizität eines Kunstwerkes in von ihm als autographisch eingestuften Künsten wie der Malerei von der Geschichte des Werkes abhängt, in allographischen Künsten wie der Musik dagegen von der Notation des Werkes.[51] Die Fragen, über die in Bezug auf diese These gestritten wird, lauten unter anderem: Kann man musikalische Werke fälschen?, Hängt Originalität ausnahmslos entweder von der Geschichte oder der Notation eines Werkes ab?, Sind es *types* oder *tokens* von Kunstwerken, die nach Goodman (nicht) gefälscht werden können? Und: In welchem Verhältnis genau steht die Notation oder die Geschichte eines Kunstwerkes zu seinen Vorkommnissen? Janaway vertritt beispielsweise die Auffassung, dass weder die Notation noch die Geschichte eines Werkes allein als Kriterium für die Authentizität einzelner Vorkommnisse genügen könne, weil – angelehnt an Danto[52] – die Frage nach der Authentizität eines bestimmten Vorkommnisses nicht ohne dessen

---

45  Kulka 1981.
46  R. Clark 1984, Vermazen 1991.
47  Lessing 1983, Irvin 2007.
48  Sagoff 1976, Sagoff 2014.
49  Meiland 1983, Stang 2012, Jaworski 2013.
50  Goodman 1988, 113.
51  »Let us speak of a work of art as autographic if and only if the distinction between original and forgery of it is significant; or better, if and only if even the most exact duplication of it does not thereby count as genuine.« Goodman 1988, 113.
52  Danto 1974.

Interpretation möglich wäre.[53] Einige setzen an der Frage an, was überhaupt ein Vorkommnis eines Kunstwerkes ist und in welchem Verhältnis ein Kunstwerk zu seinen Vorkommnissen steht.[54] Stang meint beispielsweise, dass, vorausgesetzt, jedes Kunstwerk wäre ein *type* mit mindestens einem *token*, nur eigentlich der *type* (nicht die *tokens*) das Kunstwerk *ist*, und dass dann nichts der Annahme entgegensteht, dass die Kopien eines Kunstwerkes denselben Status haben könnten wie sein Original, wobei er unter »Original« offensichtlich das jeweils erste *token* eines Kunstwerkes versteht – und nicht ein authentisches Vorkommnis eines Kunstwerkes.[55]

In vielen Beiträgen vermischen sich Fragen der Wertdebatte und der Authentizitätsdebatte. Das liegt nicht zuletzt am unklaren Begriff des Originals, der immer irgendwie »Echtheit«, eine bestimmte zeitliche Relation (Neuheit/Ursprünglichkeit) und einen gewissen (ästhetischen) Wert zu implizieren scheint. Erstaunlicherweise wird dennoch von kaum einem Philosophen der Versuch unternommen, »Original« zu explizieren oder auch nur anzugeben, welches Konzept von »Original« oder von »Originalität« von ihm selbst vorausgesetzt wird. Dabei scheint es offensichtlich, dass eine Debatte, die sich wesentlich um einen Begriff dreht, darunter leiden muss, wenn dieser Begriff ungeklärt bleibt, zumal dann, wenn dieser Begriff auf den ersten Blick eine so große Bandbreite verschiedener Bedeutungen zu besitzen scheint wie »Original«.

Nur in sehr seltenen Fällen wird zumindest explizit auf die Problematik verwiesen.[56] Einen ausdrücklichen Explikationsversuch findet man noch seltener. Beispielsweise formuliert Maria Elisabeth Reicher: »Damit ein Gegenstand ein Original ist, darf er nicht einem anderen Gegenstand nachgebildet sein, und der Hersteller darf nicht die Absicht haben, die Rezipienten über seine Produktionsgeschichte zu täuschen. Weitere Bedingungen für den Status der Originalität gibt es nicht.«[57] Auch wenn Reicher das Verdienst hat, sich im Unterschied zu vielen anderen ausdrücklich um eine Begriffsklärung zu bemühen, trifft das von ihr vorgeschlagene Explikat dennoch nicht auf alle jene Gegenstände zu, die gemeinhin tatsächlich als Originale bezeichnet werden. Es wird unter anderem Gegenständen nicht gerecht, die von ihrem Ur-

---

53 Janaway 1997.
54 Fokt 2013, Davies 2010. Davies unterscheidet beispielsweise zwischen *E-Instances* und *P-Instances*.
55 Stang 2012.
56 Zum Beispiel bei Osborne 1979, vor allem aber bei F. N. Sibley 1985.
57 Reicher 2011, 55.

heber ohne Fälschungsabsicht produziert, aber von einer weiteren Person mit einer Täuschungsabsicht verkauft werden. Man denke an eine zu Übungszwecken angefertigte Kopie eines Renaissancegemäldes, die Jahrhunderte später von einer Betrügerin als Original verkauft wird.[58] Außerdem kann Reichers Explikation auch nicht erklären, was es bedeutet, wenn Kunsthistorikerinnen dem *Mann mit dem Goldhelm* – der ja weder eine Kopie noch eine Fälschung, sondern eine Werkstattarbeit ist – keinen Originalstatus zugestehen.[59]

Natürlich stellt sich die Frage, ob ein Explikat, das tatsächlich allen Aussagen gerecht werden kann, in denen bestimmte Gegenstände als Originale bezeichnet werden, überhaupt möglich ist. Die Fülle verschiedener möglicher Implikationen – wie Einzigartigkeit, Ursprünglichkeit oder Echtheit – scheint eher nahezulegen, dass es sich bei »Original« um einen ganz und gar mehrdeutigen Begriff handelt. Ich möchte dagegen zeigen, dass »Original« tatsächlich nur eine Grundbedeutung besitzt.

---

58  Vgl. dazu Schmücker 2011.
59  Vgl. Nystad 1999.

# 3 Wie das Wort »Original« entstand

Im vorangehenden Kapitel haben wir gesehen, dass die ersten mit dem Adjektiv »original« bezeichneten Gegenstände Urschriften von Urkunden waren und dass aus der Bezeichnung *rescriptum originale* im Laufe des Hochmittelalters das lateinische Substantiv »originale« entstanden ist. Das Substantiv »originale« scheint also aus dem Adjektiv »originale« entstanden zu sein, was wiederum aus dem lateinischen »origo« entstanden ist, das, wie wir weiter oben gesehen haben, neben »Ursprung« auch so viel wie »Abstammung« bedeuten kann. Wir könnten daher annehmen, dass die älteste Bedeutung von »Original« in etwa »ursprüngliches x« wäre, wobei mit »ursprünglich« eine bestimmte Relation zwischen x und dem Entstehungszeitpunkt von x gemeint sein könnte. Dann wäre der Kern der Bedeutung von »Original« eine zeitliche Relation. Ein Original könnte ein zum Zeitpunkt t entstandenes x sein oder auch ein x, das noch eine Eigenschaft F besitzt, die es schon im Moment seiner Entstehung besessen hat.

Die Annahme, dass »Original« im Kern eine zeitliche Relation impliziert, erscheint umso attraktiver, als eine ähnliche Bedeutung nach wie vor zu existieren scheint. Schließlich scheinen wir bis heute Dinge in diesem Sinne als original oder als Originale zu bezeichnen, das heißt, ohne dass dies viel mehr als eine zeitliche Relation zu implizieren scheint. Wenn ein Freund mir seinen Garten zeigt, den er vor einigen Jahren gemeinsam mit seinem Haus erworben und in liebevoller Arbeit kultiviert hat, und mir dann erzählt, wie verwahrlost und verwildert er zuvor gewesen sei, und in diesem Zusammenhang ausruft: »Du hättest den Garten mal im Originalzustand sehen sollen!« – dann impliziert »Original-« in diesem Fall nichts anderes als eine Relation zwischen dem Zustand des Gartens und einem bestimmten Zeitpunkt. Ähnliches gilt für andere Komposita, wie Originalmanuskript oder Originalfarbe. »Original-« – in allen diesen Fällen ein Adjektiv – bedeutet hier schlicht und einfach »zu einem ersten Zeitpunkt«.

Ich möchte diese Bedeutung von »original«, von der wir noch nicht wissen, ob es die einzige Bedeutung von »original« ist oder ob es weitere gibt, im Folgenden die Ursprünglichkeitsbedeutung nennen (gekennzeichnet mit dem Index U: Originalität$^U$, original$^U$). Weil ich glaube, dass Originalität$^U$ eine wesentliche Rolle in der Geschichte des Begriffs spielt, möchte ich in diesem Kapitel den Versuch unternehmen, sie zu explizieren.

## 3.1 Die Bedeutung des Adjektivs »originale« vor der Entstehung des Substantivs »originale«

Zu Beginn des vorangehenden Kapitels sind wir schon der Wendung im Codex Iustinianus begegnet: »authentica ipsa atque originalia rescripta et nostra manu subscripta«.[1] Es lohnt sich, diese Wendung genauer in den Blick zu nehmen. Im Codex Iustinianus ist hier von Urkunden die Rede, genauer von bestimmten Abschriften (rescripta) von Urkunden, die anderen Abschriften (exempla) gegenübergestellt werden. Erstere werden durch drei Attribute charakterisiert: Sie sind authentisch, ursprünglich und »von unserer Hand unterzeichnet«. Wir haben hier also eine Auflistung verschiedener Kriterien vor uns, die die Abschrift einer Urkunde erfüllen musste, um als archivierungswürdig zu gelten. Eines dieser Kriterien ist Ursprünglichkeit: Bei der betreffenden Abschrift sollte es sich um die ursprüngliche Abschrift handeln, um das »rescriptum originale«, und eben nicht um ein sogenanntes »exemplum«, also eine Kopie. Es war offensichtlich üblich, dass von ein und derselben Urkunde mehrere Abschriften existierten. Ob es sich dabei überwiegend um Abschriften handelte, die von ein und derselben Vorlage stammten, oder ob es häufiger der Fall war, dass die später entstandenen Abschriften Kopien der früher entstandenen Abschriften waren, ist leider nicht ohne Weiteres nachvollziehbar. Man kann wohl davon ausgehen, dass die Produktionsweisen von »exempla« auch lange Zeit divergierten, was vielleicht sogar ein Grund für eben diese Regel war, nur »rescripta originalia« in die Akten aufzunehmen. Jedenfalls wird deutlich, welchen Zweck das Adjektiv »originale« hier erfüllt: Es bezeichnet unter allen möglichen Exemplaren einer Urkunde das ursprüngliche, also vermutlich das zuerst entstandene.

---

1 »Sancimus, ut authentica ipsa atque originalia rescripta et nostra manu subscripta, non exempla eorum, insinuentur«, Codex Iustinianus, 1.23.3.

Dass an dieser Stelle drei Attribute zum Einsatz kommen, ist der deutlichste Hinweis darauf, dass »originale« alleine noch nicht die Echtheit und Rechtsgültigkeit der Urkunde implizierte. Zu archivierungswürdigen Exemplaren wurden Abschriften nur, wenn sie die Eigenschaft besaßen, zugleich »originalia«, »authentica« und »nostra manu subscripta« zu sein. Die letzten beiden Eigenschaften hingen offensichtlich nicht notwendig mit der ersten zusammen, sonst hätten sie nicht extra erwähnt werden müssen. Dass sie extra aufgeführt werden, legt zumindest nahe, dass es »rescripta originalia« gegeben haben muss, die nicht authentisch und nicht von der zuständigen Autorität unterzeichnet worden waren. Das heißt, dass die hier gemeinte Originalität anscheinend weder Authentizität noch die diese Authentizität bekräftigende Autorität implizierte. Wie wir sehen werden, ändert sich das, sobald »originale« als *Substantiv* zu einem bürokratischen *Fachbegriff* wird. Solange das nicht der Fall ist, scheint »originale« im verwaltungstechnischen Jargon einfach nur eine Qualifizierung bestimmter Urkundenschriften zu implizieren.

## 3.2 Die Ursprünglichkeitsbedeutung

Es scheint bis heute Fälle zu geben, in denen »original« nichts anderes bedeutet als eine Qualifizierung. Diese Fälle zeichnen sich dadurch aus, dass es sich bei ihnen – wie im Fall des »rescriptum originale« – um Komposita handelt, in denen »original« in der Bedeutung »ursprünglich« verwendet wird. Beispiele hierfür sind unter anderem »Originalmanuskript«, »Originalzustand« oder »Originaltext«. Weil »original« in diesen Fällen nichts anderes als »ursprünglich« bedeutet, macht es auch keinen Unterschied, ob man beispielsweise vom Originalzustand, vom originalen Zustand oder vom ursprünglichen Zustand eines Dinges spricht. Es gibt aber noch einige weitere interessante Aspekte solcher Original-Komposita.

Damit die Rede von einem originalen x überhaupt Sinn ergibt, muss das Nomen, auf das »original« sich bezieht, immer in einer grammatikalischen Abhängigkeit (häufig als Genitivobjekt) eines anderen Nomens stehen. Wenn jemand beispielsweise von einem Originalmanuskript spricht, können wir erst dann wirklich wissen, wovon er spricht, wenn er auch dazu sagt, ob er etwa das Originalmanuskript von Shakespeares Hamlet meint oder das von Austens Pride and Prejudice. Mit anderen Worten: Es genügt nicht, »original« auf einen Gegenstand x zu beziehen, wenn wir von x Originalität[U] aussagen wollen. Eine solche Aussage ergibt nur dann Sinn, wenn auch klar ist, um *wessen x* es geht. Grammatikalisch: Das Adjektiv »original« muss sich auf ein Genitivobjekt (oder allgemein auf ein Objekt in einer Abhängigkeit) eines anderen Nomens beziehen.

Ausgehend von dieser grammatikalischen Analyse lässt sich Folgendes annehmen: Dass x original$^U$ ist, impliziert, dass eine gewisse Relation zwischen x, einem Zeitpunkt t und einem a besteht. Zudem scheinen a und x in einem bestimmten Abhängigkeitsverhältnis zueinander zu stehen. Ich glaube, dass a entweder eine Eigenschaft eines gewöhnlichen Objektes x oder ein Vorkommnis eines Typenobjektes x sein muss. Diese Annahme wird jedenfalls von unserer sprachlichen Praxis gedeckt. Denn während Aussagen über, zum Beispiel, eine Originalpartitur eines Klavierstückes (ein Vorkommnis eines Typenobjektes) oder über die Originalfarbe eines Mercedes (eine Eigenschaft eines konkreten Gegenstandes) durchaus üblich sind, sind Aussagen, in denen »original« nicht auf eine Eigenschaft oder ein Vorkommnis von etwas bezogen wird – beispielsweise Aussagen unter Verwendung von Ausdrücken wie »mein Originaleinfall« oder »Chinas Originalregierung« – völlig ungebräuchlich. Wir können uns zwar vielleicht vorstellen, was damit gemeint sein könnte, aber wir würden das Gemeinte in aller Regel anders zum Ausdruck bringen und dabei das Adjektiv »original« wohl eher nicht gebrauchen. Wenn es sich bei meinem Originaleinfall um meinen ersten Einfall zu einem bestimmten Thema handelt, würde ich wohl eher sagen: »Mein erster Einfall« oder »meine ursprüngliche Idee«. Chinas erste Regierung würden wir wohl in aller Regel genauso bezeichnen. Gegebenenfalls würden wir eher andere Präzisierungen hinzufügen – beispielsweise in Form von Jahreszahlen oder Namen – als das Adjektiv »original«, das in einem solchen Zusammenhang wenig geeignet erscheint, das Gemeinte auf den Punkt zu bringen. – Wenn meine bisherigen Annahmen richtig sind, spielen für Originalität$^U$ also drei Parameter eine Rolle: Entweder ein Zeitpunkt $t_0$ und eine *Eigenschaft G* eines x oder ein Zeitpunkt $t_0$ und ein *Vorkommnis g* eines *Typenobjekts x*.

### 3.2.1 Originalität$^U$ von kontingenten Eigenschaften von x

Wenn »original« sich auf eine *Eigenschaft G* eines x bezieht, dann meinen wir G als Eigenschaft von x in dem Moment, in dem G Eigenschaft von x ist – oder war. Wir können vom Originalzustand eines Gartens oder von der Originalfarbe eines Fahrrads sprechen. Wenn G eine originale Eigenschaft von x ist, dann ist damit G zu einem Zeitpunkt gemeint, zu dem x G (noch) besitzt. Das kann der Zeitpunkt der Entstehung oder des Stattfindens von x sein oder der Zeitpunkt vor einer Veränderung von x, durch die x G verliert. Wenn G die Farbe meines Fahrrades ist und ich mein Fahrrad habe neu lackieren lassen, weil mir das Altrosa, das es hatte, als ich es geschenkt bekam, nicht gefiel, dann kann ich dieses Altrosa als die Originalfarbe meines Fahrrades bezeichnen. Ebenso kann mein Freund den Zustand seines Gartens in dem Moment, in dem er ihn in Besitz nimmt, als Originalzustand bezeichnen. Diesen Zustand verliert der Garten, indem mein Freund ihn kultiviert. Der Originalzustand wird also durch einen anderen Zustand, in diesem Fall durch einen erfreulicheren, abgelöst. Man kann das G von x also nicht nur im Rückblick als original bezeichnen, sondern auch schon zu einem Zeitpunkt, in dem x G noch besitzt, vor der Neulackierung oder vor der Kultivierung. Vom originalen G zu sprechen bedeutet also nicht, dass x G im Moment der Aussage nicht mehr besitzt, sondern nur, dass G von x im Moment $t_0$ gemeint ist.

Es fällt auf, dass das originale G nicht immer das älteste G von x bezeichnen muss, dass $t_0$ also nicht notwendigerweise den ersten Moment der Existenz von x bezeichnet. Dennoch ist mit $t_0$ immer ein bestimmter *erster Moment* gemeint. Es liegt also nahe, neben x und G noch eine weitere Determinante anzunehmen, und zwar einen Zeitraum t. Dieser Zeitraum kann, muss aber nicht die Dauer der Existenz von x sein. Er kann auch kleiner sein. In jedem Fall ist $t_0$ der erste Moment von t, und das originale G von x ist das innerhalb von t erste G von x. Wenn t sich vom Entstehungsmoment von x bis zu einem bestimmten Zeitpunkt innerhalb der Existenz oder bis zum Ende der Existenz von x erstreckt, dann ist das originale G von x das G im Entstehungsmoment von x. Wenn t mit einem späteren Zeitpunkt der Existenz von x beginnt, zum Beispiel mit dem Moment, in dem x in den Besitz einer bestimmten Person kommt – so wie der Garten meines Freundes oder mein Fahrrad –, dann ist das originale G das G im Moment der Inbesitznahme von x. – Mein Freund kann vielleicht gar nicht wissen, wann der Garten, den er erworben hat, entstanden ist und wie er damals ausgesehen hat. Er muss es auch nicht wissen, um in sinnvoller Weise vom Originalzustand seines Gartens sprechen zu können. Wenn er das tut, kann jeder, der ihm zuhört, sich vorstellen was er meint, nämlich den Zustand seines Gartens in dem Moment $t_0$, in dem er diesen Garten erworben hat. Seine Zuhörerinnen erfassen offenbar intuitiv, dass sich seine Aussage auf den Zeitraum t bezieht, in dem der Garten im Besitz meines Freundes ist, und dass der Zeitpunkt $t_0$ der erste Moment innerhalb dieses Zeitraums t ist.

Auch wenn x noch das G besitzt, das es im Moment seiner Entstehung besessen hat, muss G wenigstens potentiell austauschbar sein. Das heißt: Nicht jede beliebige Eigenschaft G von x kann als original$^U$ bezeichnet werden. Denn von einem originalen$^U$ G von x zu sprechen, impliziert, dass dieses G von einem anderen G abgelöst werden kann. Das kann es aber nur, wenn x auch ohne das originale$^U$ G weiter existieren kann. Wäre G eine essentielle Eigenschaft von x, würde der Verlust von G aber das Ende von x bedeuten. Originale$^U$ Eigenschaften können daher nur solche Eigenschaften sein, die ein Gegenstand verlieren kann, ohne dass er dadurch zu existieren aufhörte: Der Zustand eines Hauses, die Farbe eines Fahrrads, die Bemalung einer Puppe.

Wenn G eine Eigenschaft von x ist, haben wir es zwar mit Originalität$^U$ zu tun, aber nicht mit einem Original. Denn die originale$^U$ Entität, um die es in diesem Fall geht, ist eine Eigenschaft. Und das Ding, welches die originale Eigenschaft besitzt, wird durch seine originale$^U$ Eigenschaft nicht selbst zum Original. Das heißt: Weder die originale$^U$ Eigenschaft von x noch x als Träger einer originalen$^U$ Eigenschaft sind Originale.

### 3.2.2    Originalität$^U$ von Vorkommnissen von x

Das ist anders, wenn wir vom ersten Vorkommnis eines Typenobjektes x sprechen, sagen wir vom ursprünglichen g von x. Denn bei einem ersten Vorkommnis eines x haben wir es in einigen Fällen tatsächlich mit einem Original zu tun. Auch wenn nicht alle Originale Erstvorkommnisse sind und umgekehrt, scheinen Erstvorkommnisse sowohl in begriffsgeschichtlicher als auch in begriffsanalytischer Hinsicht besonders aufschlussreich zu sein, weil nämlich vermutlich die ältesten Originale Erstvorkommnisse sind, weswegen ich mich eingehender mit ihnen beschäftigen möchte.

Wenn g ein Vorkommnis von x ist, dann ist x notwendigerweise ein Typenobjekt, ein abstrakter Gegenstand, von dem es mehrere konkrete Vorkommnisse geben kann. Eine Urkunde ist zum Beispiel ein Typenobjekt. Eine Ausfertigung dieser Urkunde ist ein solches Vorkommnis, das heißt: Es ist ein konkreter Gegenstand aus Papier und Tinte. Das g dieses Typenobjektes x wäre dann sein Erstvorkommnis, also das älteste Exemplar dieser Urkunde, ihre Urschrift.

Es ist möglich, dass es von einem solchen x mehrere Erstvorkommnisse gibt. Voraussetzung hierfür ist, dass diese gleichzeitig entstanden sind. Mit »gleichzeitig« meine ich: Nicht nacheinander. Die Möglichkeiten moderner Produktionsverfahren sorgen dafür, dass das gar nicht selten vorkommt. Wenn eine neue Briefmarke oder ein neuer Dichtungsrahmen das erste Mal hergestellt wird, dann kann man davon ausgehen, dass nicht eine Marke nach der anderen gedruckt und nicht ein Dichtungsrahmen nach dem anderen gegossen wird, sondern dass jeweils mehrere Vorkommnisse gleichzeitig fertiggestellt werden. Ein x kann also mehrere Erstvorkommnisse haben, nämlich mehrere gleichzeitig entstandene originale$^U$ Vorkommnisse.

Gleich ob es ein Erstvorkommnis gibt oder mehrere – es gilt:

Ein Erstvorkommnis ist ein zeitlich erstes Vorkommnis eines Gegenstandes.

Beispiele für Erstvorkommnisse sind neben der Urschrift einer Urkunde auch das Originalmanuskript einer Partitur oder die zuerst gegossenen Dichtungsrahmen eines bestimmten Typs. Dass in jedem dieser Fälle ein *Erstvorkommnis* gemeint ist, heißt auch: Der Zeitraum t, von dem der Zeitpunkt $t_0$ abhängt, in dem das Erstvorkommnis von x entsteht, ist hier – anders als im Falle der originalen Eigenschaft G von x – nicht variabel, sondern er ist notwendig mit dem Zeitraum der Existenz von x identisch.

## 3.3   Das Substantiv »originale« als game changer

Es fällt auf, dass wir, auch wenn wir einen bestimmten Gegenstand g als das Erstvorkommnis eines x bezeichnen, wesentlich mehr aussagen, als wenn wir von einem originalen$^U$ G eines x sprechen. Im letzten Fall sagen wir: Das Ding x besitzt die Eigenschaft G im Moment $t_0$ (der der erste Moment innerhalb des Zeitraumes t ist). Wenn man so will, geht es hier also wirklich nur um eine bestimmte zeitliche Relation, nämlich um die Beschaffenheit eines x zu einem bestimmten Zeitpunkt. Über das x selbst wird dabei nicht mehr ausgesagt als eben, dass es zu einem bestimmten Zeitpunkt eine bestimmte kontingente Eigenschaft besitzt.

Im zweiten Fall drücken wir aber wesentlich mehr aus als eine zeitliche Relation. Dann sagen wir nämlich: Das Ding g ist ein erstes Vorkommnis eines bestimmten Gegenstands x. Auch hier spielt eine zeitliche Relation natürlich eine Rolle. Weil es aber nicht bloß um den *Zustand* eines x oder seines g zu einem bestimmten Zeitpunkt geht, sondern um ein zu einem bestimmten Zeitpunkt entstandenes *Vorkommnis von x* ist das Substantiv »Original«, wenn man so will, ein *game changer*: Denn um zu wissen, welche Dinge genau Erstvorkommnisse von x sind, müssen wir nicht nur wissen, zu welchem

Zeitpunkt sie entstanden sind, sondern wir müssen auch wissen, welche Bedingungen ein Gegenstand erfüllen muss, um ein Vorkommnis von x zu sein.

Was also macht ein Original zum Original? Das Adjektiv »original« hat zwei verschiedene Bedeutungen – »ursprünglich« und »echt« –, wobei anscheinend in jedem Fall, in dem ein Ding als »original« bezeichnet wird, genau eine dieser beiden Bedeutungen vorliegt. Beim Substantiv »Original« scheint es aber nicht so einfach zu sein. Denn erstens gibt es keine reinen Ursprünglichkeitsoriginale, weil eben »Original« als Substantiv – selbst wenn ein Erstvorkommnis gemeint ist, und in anderen Fällen erst recht – immer auch impliziert, dass dieses Original in einem bestimmten Sinne echt ist, wir also die Bedingungen kennen müssen, unter denen es beispielsweise ein Vorkommnis eines bestimmten Typenobjektes ist. Und zweitens gibt es wohl auch keine reinen »Echtheits-Originale«, denn es sind ja sehr viele Dinge in verschiedener Hinsicht »echt«, ohne dass sie deshalb als Originale bezeichnet werden würden. Zu einem bestimmten ersten Zeitpunkt entstanden zu sein oder echt zu sein, sind also offensichtlich keine hinreichenden Bedingungen für den Originalstatus. Aber sind sie vielleicht notwendige Bedingungen?

Immerhin können wir an dieser Stelle schon sagen, dass zeitliche Relationen für die Bedeutung des Substantivs »Original« keine entscheidende Rolle spielen. Denn zum einen gibt es viele Originale, deren Originalität nicht von zeitlichen Relationen abhängt, und zum anderen müssen, wie ich im Folgenden zeigen werde, schon die »originalia« der hochmittelalterlichen Kanzleisprache nicht mehr unbedingt Erstvorkommnisse einer bestimmten Urkunde sein, um Originale zu sein.

### 3.3.1    Von den rescripta originalia zu den originalia

Die Funktionen mittelalterlicher Urkunden im europäischen Raum waren Begründung, Beweis und Ausübung von Rechten.[2] Diese Funktionen erfüllten Urkunden freilich schon lange Zeit vor der Entstehung des Begriffs des Originals, aber erst ca. ab dem 13. Jahrhundert war auch von »originalia« – und nicht mehr nur von »rescripta originalia« – die Rede, und interessanterweise

---

2  Steinacker 1975, 3. Vollständig lautet Steinackers Definition: Urkunden sind »schriftliche Aufzeichnungen, die in verschiedener Weise dem Beweis, der Begründung, der Ausübung von Rechten dienen können und bestimmte, von der Geschichte des Rechts und des geistigen Lebens, insbesondere des Schriftwesens, abhängige, daher nach Zeit und Ort wechselnd, äußere und innere Formmerkmale besitzen.«

wurden Originalurkunden auch erst mit der Etablierung dieses Begriffs zu vollwertigen juristischen Beweismitteln.[3] Im Frühmittelalter dagegen hatten Urkunden alleine – gleichgültig ob es sich um Originale oder Kopien handelte – noch keine juristische Beweiskraft. Diese kam ihnen höchstens in Verbindung mit Zeugenaussagen oder anderen Beweismitteln zu.[4]

Man kann davon ausgehen, dass das Substantiv »originale«[5] spätestens um 1400 ein feststehender Begriff im mittelalterlichen Verwaltungswesen ist.[6] Dieser Begriff kann als Frucht einer bürokratischen Professionalisierung betrachtet werden. Wirtschaftlicher Aufschwung führt ebenso wie zunehmende politische Auseinandersetzungen dazu, dass im Hochmittelalter nicht nur die Zahl geschlossener Verträge deutlich ansteigt, sondern dass auch ihrer rechtlichen Regelung und Verbindlichkeit größere Bedeutung beigemessen wird als zuvor. Es kommt in der Folge zu einer Vereinheitlichung verwaltungstechnischer Verfahren, bei der mittelalterliche Kanzleien eine Schlüsselrolle einnehmen. Sie etablieren neue bürokratische Standards, verwaltungstechnische Verfahren und Fachbegriffe. Ein Ergebnis dieser Entwicklung ist die deutliche und nachhaltige juristische Aufwertung der nun als »originalia« bezeichneten Urkunden. Direkte persönliche Zeugenschaft zur

---

3  »Très discret semble-t-il au début des chancelleries impériale et ecclésiastique dans l'emploi de *originalia rescripta*, *originalia documenta*, allait bientôt s'étendre et donner naissance à de nouvelles locutions. Sans refaire par le détail l'histoire du mot entre la période carolingienne et le douzième siècle, il sera plus intéressant de s'arrêter vers e milieu du treizième siècle, ou les premières années du quatorzième (...) A ce moment, les documents de la chancellerie impériale, les actes notariaux, les actes des juridictions civiles ou ecclésiastiques ont continuellement des expressions qui associent l'idée d'authenticité à celle de la teneur originale, de l'exemplaire primitif de l'acte.« De Ghellinck 1939, 98.

4  Vor Gericht kam es zum Beispiel vor, dass eine bestimmte Anzahl von Zeugen herangezogen wurde, die eine Urkunde unterzeichnen oder unter Eid deren Echtheit beschwören mussten. In anderen Fällen mussten die Urkundenschreiber einen solchen Eid leisten. Im Falle widersprüchlicher Aussagen entschieden Zweikämpfe. Lange konnte nur für den Fall, dass der Urkundenschreiber verstorben war, der Schriftvergleich mit zwei Abschriften desselben Schreibers als Beweis für die Echtheit einer Urkunde gelten; solange der Schreiber am Leben war, musste die Echtheit durch Zweikampf oder durch Eid entschieden werden. Später setzte sich der Schriftvergleich als Beweismittel erster Wahl in immer mehr Fällen durch. Bresslau 1958, 635-738.

5  Originale wurden bisweilen auch *autentica*, *instrumenta* oder verwirrenderweise *rescripta* genannt. Hageneder 2007, 563. Nach Bresslau kam es auch vor, dass eine beglaubigte Kopie *autenticum* genannt wurde, Bresslau 1958, 89.

6  Vgl. De Ghellinck 1939.

Bekräftigung von Urkunden wird immer seltener verlangt, dafür werden originalia vor Gericht immer öfter als alleiniger Beleg akzeptiert. So wie vordem der Codex Iustinianus auf den »authentica ipsa atque originalia rescripta et nostra manu subscripta« bestanden hatte, bestehen neue Rechtsbücher wie das Liber Extra nun auf den »originalia«.[7]

Im Laufe des 13. und 14. Jahrhunderts entsteht also nicht nur ein neuer Begriff, sondern auch ein neuer Typus von Urkunden. Dieser neue Typus, das »originale«, verdankt sich den neuen verwaltungstechnischen Standards, mit denen die Glaubwürdigkeit schriftlicher Belege deutlich erhöht werden kann. Ein zentrales Moment, das zu dieser erhöhten Glaubwürdigkeit beiträgt, sind die Kanzleien selbst.[8] Auf den Einfluss von Kanzleien ist es wohl unter anderem zurückzuführen, dass Urkunden nun von öffentlichen Gerichten oder anderen Behörden ausgestellt werden mussten, was den ausgestellten Urkunden einen guten Teil der für ihre Funktion als Beweismittel notwendigen Glaubwürdigkeit verlieh.[9] Um wirklich zu verstehen, was ein »originale« im Kontext des hochmittelalterlichen Kanzleiwesens war und worin seine Originalität bestand, müssen der Entstehungsprozess und die verwaltungstechnische Funktion dieser Urkunden genauer in den Blick genommen werden.[10]

---

7 »No(ta), quod exemplari non creditur, nisi ostendatur originale.« Zitiert nach Hageneder 2007, 565.

8 »Kanzleien entstanden überall dort, wo Rechts-, Verwaltungs- oder Wirtschaftsangelegenheiten schriftlichen Niederschlag verlangten. Ihrer Funktion nach waren die Kanzleien bis ins 13. Jahrhundert vor allem Beurkundungsstellen und wandelten sich mit zunehmender Differenzierung der administrativen Anforderungen zu Verwaltungskanzleien. Erst im 13. Jahrhundert sprechen die Quellen von *Kanzlei* im heutigen Sinn.« Dirmeier 2012, 131.

9 Steinacker 1975, 7-8.

10 Im Folgenden kann freilich keine ausführliche Exposition urkundenwissenschaftlichen Grundwissens erfolgen. Das ist auch gar nicht nötig. Denn zur Bestimmung des Kontextes muss auf Unterschiede zwischen verschiedenen Arten von Urkunden und deren Formmerkmalen nicht eigens eingegangen werden. Es geht ja um die Originalität mittelalterlicher Urkunden im Allgemeinen. In einem Einzelfall, in dem es um die Bestimmung der Originalität einer bestimmten Urkunde geht, wird zweifelsohne detailliertes Expertenwissen nötig sein.

### 3.3.2 Ausfertigung und Funktion eines »originale« in einer hochmittelalterlichen Kanzlei

Wenn eine Kanzlei den Auftrag bekam, eine Urkunde zu erstellen, ging das Personal – bestehend aus einem Kanzler sowie in der Regel mehreren Sekretären und Schreibern – folgendermaßen vor: Zunächst entstand das Konzept, bei dessen Erstellung mitunter wiederum auf Formularbücher zurückgegriffen wurde.[11] Es konnte mit Ausführungsanweisungen versehen sein, etwa hinsichtlich der zu wählenden Sprache, die sich in der Regel am Adressaten orientierte.[12] Das Konzept bildete seinerseits die Vorlage für das vom Schreiber anzufertigende Original. Denn das *originale* bildete das Mittelglied in der »Produktionskette von Konzept, Original und Kopie«.[13] Es war nicht nur die jeweils erste auf Grundlage des Konzeptes erfolgte Ausfertigung der Urkunde, sondern es wurde auch besonders sorgfältig geprüft, unterzeichnet und schließlich an den Korrespondenzpartner versandt. Das Konzept wurde dagegen vor Ort aufbewahrt.[14] Weitere Abschriften wurden ebenfalls vor Ort aufbewahrt. Sie wurden beispielsweise für die Registratur angefertigt oder entstanden, je nach Bedarf, zu späteren Zeitpunkten. Aber auch andere als die ausstellende Behörde, namentlich die im Besitz des Originals befindlichen Vertragspartner, konnten Abschriften vom Original ausstellen lassen. Und es kam auch vor, dass diese Abschriften in den Schreibstuben der Vertragspartner, an die sie versandt wurden, wiederum als Vorlagen für weitere

---

11 Formularbücher waren »Sammlungen von Urkundenformularen und Textvorlagen«, die schon im Frühmittelalter bekannt waren und von Kanzleibeamten ab dem 14. Jahrhundert systematisch angelegt wurden. Meier 2012, 6-9.

12 »In der Zeit des [Schreibsprachen-, Anm. D. R.]Wechsels ist die Sprachwahl adressatenorientiert; die Schreibsprache wird bewusst gewählt. So findet sich auf einem hochdeutschen Konzept aus der fürstbischöflichen Kanzlei Münster an den Herzog von Kleve vom Jahre 1556 die Bemerkung: ›Dit concept up westfelisch tho ingroseren‹. Der Schreiber soll also bei der Ausfertigung des Originals die Sprache wechseln: an den Kaiser hochdeutsch, in die Region niederdeutsch.« Peters 2012, 108.

13 Windberger-Heidenkummer 2012, 291-292. Diese Arbeitsmethode war auch in klösterlichen Schreibstuben üblich: Piirainen 2001, 176-177.

14 »Das auslaufende Schriftstück wird im Akt als Konzept abgelegt, während die Antwort des Korrespondenzpartners als Original erscheint. Auf diese Weise ist es möglich, den Gang einer Verhandlung anhand der abgelegten Schriftstücke nachzuvollziehen.« Dirmeier 2012, 133.

Abschriften dienten, von denen dann mitunter in den Schreibstuben weiterer Korrespondenzpartner weitere Abschriften entstanden.[15]

Situationen, in denen die Anfertigung einer Abschrift notwendig war, konnten beispielsweise gegeben sein, wenn »man ein und dieselbe Urkunde gleichzeitig an mehreren Stellen vorzulegen hatte, oder wenn man das Original seines beschädigten oder leicht zu beschädigenden Zustandes oder seiner Kostbarkeit halber der Gefahr einer Versendung in weite Ferne, etwa an den Hof des Kaisers oder des Papstes, nicht aussetzen mochte, oder wenn die Schrift des Originals so schwer lesbar war, daß man von der Behörde, der es vorgelegt werden sollte, nicht ohne weiteres ihre Entzifferung erwarten konnte«.[16] Auftraggeber der Abschriften konnte einer der Vertragspartner sein, beispielsweise der Empfänger der Originalurkunde, dessen Sachwalter oder Erben. Als Vorlage für die Erstellung der Abschrift diente also zwar in vielen Fällen ein Original, bisweilen aber auch eine Abschrift eines Originals, die von einer anderen Behörde, in einigen Fällen auch von nicht öffentlichen Schreibstuben oder Privatleuten angefertigt wurden. Das allein führte schon dazu, dass Abschriften weniger vertrauenswürdig erschienen als Originale. Die Glaubwürdigkeit der Abschriften litt wohl vor allem darunter, dass sich Kopisten in aller Regel weniger am genauen Inhalt und der Form ihrer Vorlage orientierten als vielmehr am Zweck, für den sie die jeweilige Kopie anzufertigen hatten. Oft kam es vor, dass sie das, was sie für unwichtig hielten, einfach nicht abschrieben. Das betraf »nicht nur einzelne Formeln, sondern es ist bisweilen das ganze Schlußprotokoll fortgelassen, so daß lediglich der Kontext [...] mit einigen Angaben aus der Datierungszeile versehen, wiedergegeben wurde.«[17] Außerdem orientierten sie sich an den örtlichen sprachlichen Gewohnheiten. Sie waren es gewohnt und hielten es sogar für ihre Pflicht, selbst bei der Anfertigung beglaubigter Kopien sprachliche, grammatische, stilistische und orthographische Anpassungen vorzunehmen.[18] Neben solchen – in bester Absicht vorgenommenen – Anpassungen gab es natürlich auch andere, die durch betrügerische Absichten motiviert

---

15  Vgl. auch Elstner 2012.
16  Bresslau 1958, 89-90. Oft wurden Kopien aus verwaltungstechnischen Gründen in Kopialbüchern zusammengefasst.
17  Bresslau 1958, 96.
18  »Die Orthographie ihrer Vorlagen haben auch die gewissenhaftesten Kopisten selten unangetastet gelassen [...]. Der Schreiber des Lorscher Kopialbuches entschuldigt sich geradezu, daß er nicht alle Barbarismen und Solözismen seiner Vorlage verbessert habe; und bis in die späteste Zeit hinein pflegten die vidimierenden Notare, welche die Treue

waren.[19] Das ist wohl ein Grund dafür, dass nach und nach die Beglaubigung von Kopien üblich wurde, allerdings konnte aus verständlichen Gründen auch eine beglaubigte Kopie nur in seltenen Fällen »dem original gleich gelten«, beispielsweise dann, wenn sie von der eigenen Behörde angefertigt worden war.[20]

Man kann davon ausgehen, dass die verringerte Glaubwürdigkeit von Kopien unter anderem darauf zurückzuführen ist, dass sie in aller Regel inhaltlich vom Original abwichen. Es war also nicht gewiss, ob sie den ursprünglichen, bei der Abfassung des Originals intendierten Wortlaut getreu wiedergaben. Das galt praktisch für alle Kopien mittelalterlicher Urkunden. Denn zum einen scheint die Praxis der von Kopisten vorgenommenen mehr oder weniger willkürlichen Anpassungen derart verbreitet gewesen zu sein, dass ihre Abschriften prinzipiell als nicht vertrauenswürdig galten, zum anderen scheint es keine Methoden gegeben zu haben, die es erlaubt hätten, derlei entweder von vornherein wirksam zu verhindern oder aber Kopien im Nachhinein so zu überprüfen, dass ihre Glaubwürdigkeit als zweifelsfrei erwiesen gelten konnte.[21]

### 3.3.3   Die originalstatusbegründenden Eigenschaften der *originalia*

Alles bisher Gesagte lässt darauf schließen, dass die Eigenschaften, die eine Abschrift zum *originale* machten, auch diejenigen sind, die sie zu einem beweiskräftigen Dokument machten. Es kann also keineswegs alleine ihr Entstehungszeitpunkt gewesen sein, denn dieser allein kann die Vertrauenswürdigkeit der Urkunde nicht garantieren. Für diese These spricht auch ein Vergleich der schon zitierten frühmittelalterlichen Formel *authentica ipsa atque*

---

einer Abschrift bescheinigten, dies mit dem Vorbehalt zu tun, daß sie dafür nur *quantum ad sensum et significationem* einstehen könnten.« Bresslau 1958, 96.

19  Bresslau 1958, 96-97.

20  Beispielsweise im Hamburger Stadtrecht: »Wann die Originalverschreibung/oder andere von den Parten vollenzogene Verträge/Gerichtlich producirt und recognoscirt werden: So sol der Gerichtschreiber/oder Protonotarius des Oberngerichts/die recognition, und was sich dabey zutregt/ad acta registriren, und die Originalia gedoppelt abcopyren lassen/dieselben collationiren, und mit seiner subscription bezeugen/das sie dem Original gleichlautende/und davon eine apud acta behalten/die andere dem Gegentheil zustellen/Und sol solche subscribirte Copia dem Original gleich gelten.« Hamburger Stadtrecht, XXX, 4.

21  Daran änderte auch die notarielle Unterschrift, verbunden mit Formeln wie *sicut vidi et audivi, ita scripsi*, wenig. Vgl. Bresslau 1958, 635-738.

*originalia rescripta et nostra manu subscripta* mit der hochmittelalterlichen Formel *No(ta), quod exemplari non creditur, nisi ostendatur originale.*[22] Die im ersten
Fall aufgelisteten, Vertrauenswürdigkeit garantierenden Eigenschaften scheinen im zweiten Fall samt und sonders in der Originalbezeichnung inbegriffen
zu sein. Es liegt daher nahe anzunehmen, dass es sich bei den originalstatusbegründenden Eigenschaften der »originalia« um eine ganze Reihe verschiedener Eigenschaften handelt. Vermutlich sind das nicht nur die drei Eigenschaften Authentizität, Entstehungszeitpunkt und Signatur, sondern mehrere, im professionalisierten Ausstellungsverfahren hochmittelalterlicher Kanz-
leistuben begründete Eigenschaften, wie beispielsweise die Ausstellung durch
das Fachpersonal einer unabhängigen Kanzlei, die professionelle Prüfung des
Textes, die Ausfertigung des Originals auf Grundlage des Konzepts und so
weiter. Jedenfalls scheint der neue Fachbegriff »originale« eben solche Rechtsgültigkeit garantierenden Eigenschaften impliziert zu haben.

Da es durchaus vorkam, dass in hochmittelalterlichen Ausstellungsverfahren mehrere Originale ein und derselben Urkunde ausgestellt wurden –
beispielsweise eine für jeden Vertragspartner –, kann man zudem davon ausgehen, dass nicht alle »originalia« Erstvorkommnisse waren. Wenn wir die Eigenschaft, ein Erstvorkommnis zu sein, so verstehen, dass nur dann mehrere
Vorkommnisse eines Typenobjekts zugleich Erstvorkommnisse sein können,
wenn sie gleichzeitig entstehen – also ausdrücklich nicht einer nach dem anderen, sondern alle im selben Augenblick, sodass eine zeitliche Reihung der
einzelnen Vorkommnisse nach ihrem Entstehungsmoment unmöglich wird
–, dann mussten »originalia« keine Erstvorkommnisse sein, um Originale
sein zu können. Es konnten auch Zweit- oder Drittexemplare einer Urkunde die originalstatusbegründenden Eigenschaften eines *originale* besitzen und
einen Originalstatus erhalten. Es gab also Originale mittelalterlicher Urkunden, die keine Erstvorkommnisse waren.

Natürlich muss offenbleiben, welche Eigenschaften genau in diesem Fall
tatsächlich originalstatusbegründend sind. Das bedürfte einer eingehenden
historischen und urkundenwissenschaftlichen Prüfung. Wenn wir aber einmal von den Eigenschaften ausgehen, die nach der obigen Darstellung naheliegend erscheinen, dann lässt sich feststellen, dass es erstens wohl verschiedene originalstatusbegründende Eigenschaften der »originalia« gab und dass
zweitens die Eigenschaft, ein Erstvorkommnis zu sein, nicht zwingend da-

---

22  Aus dem *Liber Extra*, zitiert nach Hageneder 2007, 565.

zugehörte. Die »originalia« der hochmittelalterlichen Kanzleisprache waren also nicht notwendigerweise Erstvorkommnisse.

### 3.3.4 Nicht jedes originale x ist ein Original oder: Die Bedeutung von »Original« als Problem

Wenn eine Urkunde nicht zwingend ein original$^U$ x sein muss, ist sie dann in einem anderen Sinne ein »original x«, vielleicht im Sinne von »echtes x«? Vielleicht. Aber ist ein Original dasselbe wie ein original x? Ich glaube, nein. Denn nicht alle Dinge, die in einem Sinn ursprünglich oder echt sind, der es erlaubt, sie als original zu bezeichnen, erfüllen zugleich die Voraussetzungen dafür, Originale zu sein. Zum Beispiel ist ein original Mahagoni-Schreibtisch nicht etwa deshalb, weil er tatsächlich aus Mahagoni hergestellt worden ist, auch ein Original. Dagegen lassen sich wahrscheinlich die meisten Originale auch als original x bezeichnen (zum Beispiel die original *Mona Lisa*, eine original Stradivari) – wobei es vermutlich etwas anderes bedeutet, ob wir vom Original der *Mona Lisa* sprechen beziehungsweise die *Mona Lisa* als Original bezeichnen oder ob wir von der original *Mona Lisa* sprechen.

Wenn ein Original aber nicht einfach ein originales x ist, was genau bedeutet »Original« dann? Diese Frage stellt sich vor allem ab dem Moment, seit dem nicht mehr nur Urkunden als Originale bezeichnet werden, sondern auch Kunstwerke und andere Artefakte. Was bedeutet es, von solchen Gegenständen zu sagen, sie seien Originale? Wie ist es möglich, dass wir Gegenstände, die nicht nur extrem verschieden sind, sondern von denen auch angenommen werden kann, dass sie sehr verschiedene originalstatusbegründende Eigenschaften besitzen, alle als Originale bezeichnen und verstehen können, was im jeweiligen Fall mit dieser Bezeichnung gemeint ist? Was haben alle Gegenstände, die als Originale bezeichnet werden, gemeinsam – wenn es überhaupt etwas gibt, das sie gemeinsam haben?

Bevor ich im zweiten Teil der Arbeit versuche, dieser Frage systematisch nachzugehen, möchte ich mich in den folgenden beiden Kapiteln zunächst noch eingehender mit einigen bisher auf diese Frage gegebenen Antworten befassen. Im vierten Kapitel möchte ich dabei zunächst genieästhetischen Auffassungen über die Bedeutung von »Original« nachgehen. Diese Auffassungen sind schon bald nach der Etablierung von »Original« im deutschen, englischen und romanischen Sprachraum vertreten und diskutiert worden und hinterlassen auch in aktuellen Debatten noch ihre Spuren. Das zeigt sich auch im fünften Kapitel, das philosophischen Auseinandersetzungen mit dem

»Original« gewidmet ist. So wird in den beiden folgenden Kapiteln nach und nach deutlich werden, dass die bisher vertretenen Auffassungen über die Bedeutung von »Original« kaum befriedigen können.

# 4 »Original« im Zeitalter der Genieästhetik

Bei der Suche nach einer Antwort auf die Frage, was es bedeutet, von einem Kunstwerk zu sagen, es sei ein Original, stößt man früher oder später unweigerlich auf genieästhetische Auffassungen. Vor dem Zeitalter der Genieästhetik scheint es kaum Erörterungen über die Originalität bestimmter Kunstwerke gegeben zu haben. Echte Exemplare oder Erstvorkommnisse von Kunstwerken wurden erst ungefähr ab dem Anfang des 17. Jahrhunderts als original oder als Originale bezeichnet.[1] Und auch wenn Originalitätskriterien und Bestimmungsmethoden sich seither stark gewandelt haben, machen sich in kunstwissenschaftlichen Urteilen, in denen es darum geht, welche Kunstwerke aufgrund welcher Eigenschaften als Originale einzustufen sind, bis heute auch genieästhetische Einflüsse bemerkbar. Genieästhetische Ideale haben also wahrscheinlich nicht nur daran mitgewirkt, dass »Original« überhaupt als Bezeichnung für Kunstwerke etabliert und verbreitet wurde, sondern sie haben auch diejenigen Wertvorstellungen geprägt, von denen sich Autoritäten leiten lassen, die darüber befinden, welches Objekt als Original gelten kann und welches nicht.

Das genieästhetische Originalitätsklischee besteht, trotz jeder kunstwissenschaftlichen Polemik,[2] bis heute fort. Das betrifft in erster Linie Kontexte der Kunstrezeption, die nachhaltig vom Bild des genialen Künstlers, von der Unerklärbarkeit seiner Einfälle, von der radikalen Neuheit seiner Werke und von der quasi sakralen Atmosphäre, die ihn und sein Werk umgibt,

---

1 Vgl. Mensger 2013.

2 Um hier nur einen der vielen berufenen und nüchternen Kritiker aus den Reihen der Kunstwissenschaften zu Wort kommen zu lassen, sei der Kunsthistoriker Spear zitiert, der meint: »Our post-Romantic cult of individuality, by exalting originality at the expense of copies and banishing them to basements, distorts history.« Spear 2004, 31.

geprägt sind. Diese Stereotype haben sich tief in unser kulturelles Bewusst-sein eingegraben. Sie leben im Unterbewusstsein des kunstwissenschaftli-chen Fachpersonals ebenso fort wie in dem des mehr oder weniger kunst-affinen Museumspublikums. Daher gilt nun einmal »ein Rembrandt immer nur als *echter Rembrandt*, wenn tatsächlich Rembrandt nachweislich den Pin-sel geführt hat«.[3] Dennoch unterliegen auch diese Wertvorstellungen einem Wandel, wie die eben zitierte scharfe Kritik am »Zuschreibungswahn« der Rembrandt-Forschung zeigt.[4] Hinzu kommt der Wandel von künstlerischem Selbstverständnis und Rezeptionskultur in der Gegenwart, auf die ich am En-de dieses Kapitels ausführlicher zu sprechen kommen werde – und schließ-lich die Tatsache, dass der Großteil der jüngeren Literatur zum Original aus deutlicher Kritik an genieästhetischen Auffassungen besteht.[5] So stellt sich schließlich die Frage, was »Original« in einer postgenieästhetischen Zeit be-deuten könnte.

In diesem Kapitel werde ich einige exemplarische Momente in der Geschichte der Auseinandersetzung mit genieästhetischen Auffassungen über die Bedeutung von »Original« analysieren: Kants Auseinandersetzung mit dem genialen Schaffensakt, Benjamins Reproduktionsaufsatz und Äu-ßerungen verschiedener Kritikerinnen des »Originalfetischismus« in der Gegenwart. Dabei werde ich versuchen, so präzise wie möglich wiederzuge-ben, was die einzelnen Autorinnen jeweils mit »Original« meinen. So wird

---

3  Blunck diagnostiziert: »Und dennoch zelebrieren wir, das heißt vornehmlich die Museen, ihre Besucher und nicht zuletzt die akademische Kunstgeschichte, einen Kult der Eigen-händigkeit, der sich vor allem an der Zuschreibung eines Kunstwerks zu einem Künstler-individuum festmacht, in der – zugegeben: nicht vollkommen irrigen – Annahme, Rubens und Rembrandt hätten über einen individuellen Stil, über eine unverwechselbare künst-lerische Handschrift und über ein besonderes künstlerisches Ingenium verfügt. So gilt ein Rembrandt immer nur als *echter Rembrandt*, wenn tatsächlich Rembrandt nachweislich den Pinsel geführt hat.« Blunck 2011, 14.

4  Ein Beispiel hierfür ist Sauer 2007, 9: »Die Rembrandt-Forschung ist aufgrund unseres heu-tigen ›Originalfetischismus‹ ein einziges Chaos. Vielleicht sollte die Zunft der Kunsthis-toriker/-innen in ihrem Zuschreibungswahn, der immer noch auf dem Geniekult des 19. Jahrhunderts basiert, historischer denken und ihren zeitbedingten Standpunkt, den da-maligen Original-Begriff ebenso wie die Werkstattpraxis stärker berücksichtigen und da-bei bescheidener in ihrem Urteil bleiben.«

5  Kritik beispielsweise an: »Ontologischen Originalitätsbehauptungen« und »überhol-ter Originalmoral«, Römer 2006, 361; »Originalitätszwang«, Ullrich 2011; »Original-Enthusiasten«, »Original-Verehrer[n]«, Ullrich 2009, 13 u. 15; »Fetischisierung des Origi-nals«, Gerhards 2004, 111.

auch deutlich werden, wie eng der Begriff des Originals bis in die Gegenwart hinein mit der Wirkungsgeschichte genieästhetischer Auffassungen verquickt ist.

## 4.1 Das Genie-Ideal

Das Genie-Ideal[6] existierte lange vor der Entstehung dessen, was wir heute als Genieästhetik bezeichnen. Seine »lange, noch ungenügend erforschte Vorgeschichte«[7] lässt sich bis in die Antike zurückverfolgen. Von einer Genieästhetik, die die bis dahin vorherrschende »Nachahmungsästhetik« ablöste, kann aber erst in der Neuzeit die Rede sein,[8] und auch in dieser Zeit lohnt es sich, zwischen dem Ideal der Aufklärung und jenem des Sturm und Drang zu differenzieren.[9]

Die Verknüpfung von künstlerischem Schaffen, *Genie*, *Einbildungskraft* und daraus resultierenden *neuen Ideen* entwickelt sich in der Folge der *Querelle des Anciens et des Modernes*, einer im Frankreich des 17. Jahrhunderts beginnenden Debatte über die bis dato unhinterfragte Vorbildfunktion der Antike und die Legitimität neuzeitlicher schöpferischer Autonomie, zu einem weit verbreiteten Ideal. Von »Originalen« und »Originalität« ist in diesem Zusammenhang jedoch noch nicht die Rede.

Erst im Zeitalter der Aufklärung werden »Original« und »Originalität« zu Modewörtern. Sie stehen für das neue genieästhetische Ideal, das sich im 18. Jahrhundert zunächst vor allem im französischen und englischen Sprachraum ausbreitet. Das Wort »Original« erweist sich in diesem Moment offen-

---

6  Ich stütze mich in diesem Abschnitt auf Aurnhammer 2006 und Schmidt 1985. Vgl. außerdem Willems 2004, Häseler 2010 und Brockmeier 2010.

7  Aurnhammer 2006, 456.

8  »Durch die Aufwertung der schöpferischen (künstlerischen) Subjektivität im 17. Jh. [...] wird der Begriff der Originalität im 18. Jh. das herausragende Bewertungskriterium für Kunst. Die an Künstler und Kunstwerke gestellte Forderung, Neues zu bieten, erklingt als Ruf nach Originalität. Zunächst werden Originalität und Innovation Nachahmung und Tradition gegenübergestellt. [...] Die subjektive Schöpferkraft des Menschen ersetzt die Tradition. Originalität als Anspruch und Qualität des schöpferischen Genies wird zum Maßstab von Wissenschaft und Kunst. Insofern stellt die Herausbildung des ästhetischen Begriffs von Originalität in erster Linie ein Ergebnis der Ablösung der Nachahmungs- durch die Genieästhetik dar.« Häseler 2010, 643.

9  Dass es lohnt, zwischen dem Genie-Ideal der Aufklärung und dem des Sturm und Drang zu differenzieren, zeigt Willems 2004.

bar als geeignet, paradigmatisch den Geist der neuen Zeit, insbesondere die Abkehr von überkommenen Traditionen, auf den Punkt zu bringen. »Originalität« wird dabei ausdrücklich nicht als eine Berufung auf einen früheren Zeitpunkt, auf einen von anderen gesetzten Ursprung, verstanden, sondern als das souveräne Setzen eines eigenen neuen Ursprungs, also als Unabhängigkeit von Traditionen. Dieses Verständnis von Originalität wird zu einem epochentypischen Ideal – nicht nur, aber vor allem – des künstlerischen Schaffens. Die Abkehr von Traditionen bildet den Kern dessen, was später als Genieästhetik bezeichnet werden sollte: Geistiges Schaffen, das sich ausdrücklich nicht mehr an Vorbildern und Regeln orientiert, sondern mit dem Pathos der Selbstermächtigung die eigenen neuen Ideen als Maßstab setzt.

Als Originale gelten nun Personen,[10] die sich durch neue unkonventionelle Arbeitsweisen und Motive bewusst von bisher allgemein anerkannten Traditionen absetzen. Als Originalität wird die geistige Unabhängigkeit dieser Menschen bezeichnet. Dieses Originalitäts-Ideal verändert das »Bild vom letztlich rational verfahrenden, […] an *Regel, Ordnung, Proportion, disegno und Stil* orientierten Künstler bekanntlich dramatisch. Jetzt erst wird der Künstler zum innovativen Genie, das allein von sich aus Neues und Schönes hervorbringt, wobei von manchen Autoren – etwa von Johann Georg Hamann in seiner *Aesthetica in nuce* und den sog. Kunstrichterschriften – nun sogar im Bruch mit allen überkommenen Kunstregeln der eigentliche Ausdruck der individuellen Genialität des Künstlers gesehen wird.«[11]

Das Wort »Original« wird nun also ganz anders verwendet als bisher. Spekulationen darüber, ob und gegebenenfalls welche Bezüge es zwischen der Kanzleisprache und dieser neuen genieästhetischen Verwendung von »Original« gab, erscheinen hier müßig. Die neue Bedeutung von »Original« hat jedenfalls nichts mehr mit Abschriften von Urkunden, mit Kanzleien und Schreibstuben zu tun. Das Original ist nun auch nicht mehr einfach ein Erstvorkommnis eines Typenobjekts, sondern es ist eine von überkommenen Traditionen weitgehend unabhängige Person oder ein ohne den üblichen Rückgriff auf ästhetische Konventionen geschaffenes *ganz neues Werk*. Und in dieser Unabhängigkeit oder Neuheit gründet auch die zugeschriebene Höherwertigkeit. Sie dient nämlich als Beweis für »Genialität«: »Das Genie, das

---

10  So zum Beispiel bei Edward Young: »Originals are, and ought to be, great favourites, for they are great benefactors: they extend the republic of letters, and add a new province to its dominions.« Young 1854, 551.

11  Majetschak 2006, 1174-1175.

nicht die Werke der Alten nachahmt, sondern der eigenen Natur vertraut, schafft Originale. Das Original ist als Neues und Ursprüngliches der Wiederholung und der Vermittlung durch Regeln und Tradition entgegengesetzt.«[12] Das absolut Neue *kann* nur von einem »Genie« hervorgebracht werden, und was von einem »Genie« hervorgebracht wurde, gilt offenbar aufgrund seines »genialen« Ursprungs auch als wertvoll. Die absolute geistige Unabhängigkeit des »Genies« scheint seinen Werken also eine Überlegenheit gegenüber anderen gewöhnlicheren Werken zu verleihen, namentlich, wenn letztere sich der Wiederholung traditioneller Vorbilder und Techniken verdanken. Das Originalitätsideal der Genieästhetik hat somit das Bild des Künstlers auf den Kopf gestellt. Der Künstler (ebenso wie jeder geistig Arbeitende) erscheint nun nicht mehr deswegen als bewundernswert, weil er etwas gelernt hat und es beherrscht, sondern weil er in der Lage ist, ohne Lernen gleichsam *ex nihilo* etwas zu schaffen. Sein Produkt, das Original, definiert sich also durch eine Art von Neuheit, die es in der Kunstgeschichte zuvor nicht gegeben hat, weil sie zuvor kaum jemals erstrebenswert erschien.[13]

In der Literatur tritt das genieästhetische Originalitätsideal erst im Sturm und Drang wirklich voll zutage. Während das »Genie« der Aufklärung dort nämlich – wenn auch auf geheimnisvolle übermenschliche Weise zu nie Dagewesenem begabt – immer noch die Natur nachahmt, weitgehend im Dienst eines es selbst überragenden kosmischen Ordnungsprinzips steht und seine Autonomie »zum einen seiner Natur, zum anderen göttlicher Inspiration«[14] verdankt, scheint das »Genie« des Sturm und Drang einen weiteren Emanzipationsschritt vollzogen zu haben: Es speist sich nicht mehr aus göttlicher Inspiration, sein primäres Ziel ist nicht mehr die möglichst perfekte Naturnachahmung, und es steht nicht mehr im Dienste einer allgemeingültigen

---

12  Willems 2004, 25.

13  Zwar kennt die Kunstgeschichte zu allen Zeiten Innovationen, aber sie kennt kein *Ideal* des *absolut Neuen* und des radikalen Bruchs mit der Tradition, im Gegenteil: Der Anschluss an die Tradition war eine Qualitätsgarantie, die Innovation galt dagegen als gefährlich. Das Neue stand unter Verdacht, minderwertig oder lächerlich zu sein. Heinz Hofmann belegt das anschaulich am Beispiel literarischer Innovationen der lateinischen Spätantike: Er konstatiert, dass es zwar Neuschöpfungen gab, dass sie aber vielfach unbewusst geschahen und zudem als »das Alte« ausgegeben wurden, aus »Angst vor der Innovation«. Zwar gab es Neuschöpfungen, der Blick auf sie dürfe aber nicht »durch einen modernen Originalitätsbegriff unzulässig verzerrt werden. Die augusteischen Dichter wollten innovativ sein – nicht indem sie etwas völlig neu erfinden, sondern indem sie auf Bekanntem und Überliefertem etwas Neues schaffen wollten.« Hofmann 1996, 262.

14  Willems 2004, 25.

Ordnung. Stattdessen verweigert es sich selbstbewusst wie Goethes *Prometheus* einer solchen über ihm stehenden Ordnung und gibt in seiner Arbeit konsequent nichts anderes als den Kosmos seines eigenen Inneren wieder. Für das Original als Produkt des »Genies« hat das zur Folge, dass seine Originalität nicht mehr primär aus dem Bruch mit überkommenen Regeln und damit aus seiner Neuheit resultiert, sondern vor allem aus dem *individuellen Gepräge*, das ihm sein souveräner Schöpfer verleiht. Das Original ist nun nicht mehr in erster Linie das *absolut Neue*, vielmehr ist es vor allem Ausdruck einer *einzigartigen Innerlichkeit*, »Neuheit ist nur mehr Nebenprodukt«.[15] Aber Individualität löst Neuheit als ausschlaggebendes Kriterium von Originalität keineswegs ab, denn beide hängen eng zusammen: »Erst mit dieser Konzeption, in der die Individualität des Künstlers zum einheitsstiftenden Ordnungsprinzip des Kunstwerks wird, wird die Ablösung vom Konzept der Naturnachahmung tatsächlich vollzogen. Erst jetzt kann man wirklich davon sprechen, daß der Künstler und nicht mehr die Natur den Ursprung des Kunstwerks bildet.«[16]

So entsteht im Sturm und Drang das Klischee des aus sich selbst schöpfenden und sich selbst nicht erklären könnenden »Genies«, dessen Werk sich an keiner größeren Ordnung und keinen überlieferten Maßstäben messen lassen muss. Dieses Klischee wirkt bis heute fort. Dass *Eigenhändigkeit* ebenso wie die *Signatur* den Rang unbestrittener Kriterien zur Feststellung des Originalstatus von Kunstwerken erhalten konnten und zum Teil bis heute haben,[17] obwohl sie lange Zeit nicht als Echtheitsmerkmale von Kunstwerken

---

15  Willems 2004, 25.

16  Willems 2004, 25.

17  »Die Signatur des Meisters wird in [sic!] Laufe der folgenden Jahrhunderte immer wichtiger, ja wird zum beweiskräftigen Signet der Originalität eines Kunstwerkes. In der Zeit der ersten bürgerlichen Kunstsammlungen und des aufstrebenden Kunsthandels, also verstärkt im Anschluß an die Umwälzungen der französischen Revolution, legitimierte die eigenhändige Signatur das Kunstwerk in ähnlicher Weise, wie die Unterschrift des Schatzmeisters oder Direktors der Nationalbank die Wertebezeichnungen der Geldscheine. [...] Nicht mehr der Hof oder die Kirche bestimmen die Bildinhalte, sondern der Künstler selber, der sich auch ohne äußeren Auftrag als selbstbewußtes Individuum seinen Sammlern oder Käufern gegenüber durch individuelle bildnerische Handschrift und das ›Siegel‹ seiner oft bedeutungsvoll sichtbar angebrachten Signatur legitimiert. Die Signatur bekommt so die Bedeutung einer marktgängigen Originalitäts- und Echtheitsbestätigung. Das führte mitunter dazu, daß man z.B. sogar nachweislich echten, aber unsigniert gebliebenen Bildern Rembrandts, nachträglich eine falsche beifügte, um das Bild als ›eigenhändig‹ zu kennzeichnen.« Deecke 1999², 12.

galten,[18] kann daher als lang anhaltender Nachhall des Genie-Klischees betrachtet werden.

Es lässt sich festhalten, dass die Genieästhetik und der von ihr hervorge-
brachte Begriff des Originals die Frucht eines tiefgreifenden kunst- und kul-
turgeschichtlichen Wertewandels zu sein scheinen. Das hat Folgen für den
Begriff des Originals. Neben seinem Dasein als primär funktionale, verwaltungstechnische Bezeichnung geht er in der Epoche der Aufklärung und des
Sturm und Drang eine unauflösbare Verbindung mit einem Ideal des geistigen Schaffens ein, anhand dessen fortan ästhetische und kulturelle Normen
verhandelt werden. Fragen wie: »Welche Objekte verdienen es, als Kunstwerke betrachtet zu werden?«, oder »Wie sollen Künstlerinnen arbeiten?«,
ja selbst Ziele und Methoden wissenschaftlicher Arbeit werden nun – zum
Teil bis heute – immer auch anhand der Vorstellungen verhandelt, die von
der Genieästhetik und ihrem Begriff des Originals geprägt sind, angefangen
vom Gebot der möglichst absoluten Neuheit und dem damit einhergehenden
Verbot der bloßen Nachahmung und Orientierung am Üblichen, über allerlei
Klischees schöpferischer Individualität bis hin zu weit verbreiteten Vorstellungen von der Nichterlernbarkeit und Nichtkommunizierbarkeit geistiger
Schaffensprozesse. Bis ins ausgehende 20. Jahrhundert hinein haben Menschen versucht, dieses genieästhetische Originalitätsideal rational plausibel
zu machen oder es ad absurdum zu führen.

Die Fragen, die im Kontext dieser Untersuchung an dieser Stelle gestellt
werden müssen, betreffen aber nicht die zahlreichen Konsequenzen des Ge-
niekults für die Kultur- und Kunstgeschichte, sondern die wesentliche Frage lautet ganz schlicht: Was genau bedeutet »Original« in der Genieästhetik?
Ich habe schon angedeutet, dass eine befriedigende Antwort auf diese Frage nicht möglich ist. Gewissermaßen als Kronzeugen hierfür möchte ich nun
zunächst Kant anführen, genauer Kants Auseinandersetzung mit dem Geniebegriff. Denn in seiner Kritik der Urteilskraft[19] unternimmt er, wenn auch

---

18  Beispielsweise beobachtet der Kunsthistoriker Spear, dass »For Rubens, as for Mola, Guido
     Reni, and many other painters [...], an original was not necessarily autograph, but a work
     that the master sanctioned as being up to par, regardless of his personal involvement in
     its execution.« Spear 2004, 24.
19  Außerdem findet sich einiges zum Thema in den Nachschriften zu seinen Anthropologie-
     Vorlesungen, vgl. Giordanetti 1995.

nicht den ersten,[20] so doch einen der seinerzeit aufschlussreichsten Versuche, sich mit dem Schaffen und Werk von (Künstler-)«Genies« philosophisch auseinanderzusetzen.

## 4.2   Das »Genie« und sein Werk in Kants Kritik der Urteilskraft

In der Kritik der Urteilskraft finden sich fünf Paragraphen,[21] in denen vom »Genie« die Rede ist. Dieser Text stellt für die Nicht-Kant-Forscherin eine gewisse Herausforderung dar, erscheint er doch selbst manchem Kant-Forscher »heillos kryptisch«.[22]

Bei allen offenen Fragen über diese Passage scheint immerhin eines klar: Kants Anliegen scheint darin zu bestehen, zu zeigen, dass auch schöne Kunst durch einen vernunftgeleiteten Prozess zustande kommt. Genauer: Kant will zeigen, dass sich schöne Kunst »genialen« Schaffensprozessen verdankt, deren Spezifikum es – Kant zufolge – ist, dass sie zugleich vernunftgeleitet und unbewusst ablaufen. Mit Hilfe dieser Konzeption des »genialen« Schaffensaktes – als zugleich unbewusst und vernünftig – versucht Kant, seine Auffassung von der nicht rational ableitbaren »Schönheit« ebenso zu wahren wie die von der regelorientierten »Kunst:«[23] »Denn eine jede Kunst setzt Regeln voraus, durch deren Grundlegung allererst ein Produkt, wenn es künstlich

---

20  Vor Kant haben sich u.a. auch schon Johann Georg Hamann und Johann Gottfried von Herder mit dem Geniegedanken auseinandergesetzt, die ihn beide freilich eher idealisiert als erklärt haben, vgl. Schmidt 1985.

21  KdU AA V: 307.09-320.07, unter den Überschriften »Schöne Kunst ist Kunst des Genies«, »Erläuterung und Bestätigung obiger Erklärung vom Genie«, »Vom Verhältnisse des Genies zum Geschmack«, »Von dem Vermögen des Gemüts, welche das Genie ausmachen« und »Von der Verbindung des Geschmacks mit Genie in Produkten der schönen Künste«.

22  »It is tempting to discard much of what Kant says about artistic genius as irredeemably obscure.« Proulx 2011, 2.

23  Manche Interpreten gehen davon aus, dass er den – durch bestimmte Tendenzen der Genieästhetik massiv in Frage gestellten – Geltungsbereich der Normativität in den schönen Künsten verteidigen wollte: »Nous ne comprenons le génie que dans ses effets — ses oeuvres — et la loi qui préside à de telles productions doit rester inconnue, non seulement du spectateur, mais du génie lui-même (§ 47). Et en tant que tel, le génie est donc pensé comme le lieu d'une *hétéronomie* d'autant plus radicale qu'elle s'opère au sein d'une subjectivité (esthétique) dont l'autonomisation est de plus en plus affirmée : ce n'est pas l'artiste génial qui crée, c'est la *nature en lui*. Façon pour Kant, sans doute, de réintroduire la *normativité* et la nécessité dans l'art, après l'érosion du contenus et des normes traditionnels provoquée par la revendication autonomiste de la subjectivité esthétique au

heißen soll, als möglich vorgestellt wird. Der Begriff der schönen Kunst aber verstattet nicht, daß das Urteil über die Schönheit ihres Produkts von irgendeiner Regel abgeleitet werde [...] Also kann die schöne Kunst sich selbst nicht die Regel ausdenken, nach der sie ihr Produkt zustande bringen soll.«[24] Unter diesen Voraussetzungen scheint »schöne Kunst« nicht möglich zu sein. Um die Möglichkeit »schöner Kunst« dennoch zu wahren, greift Kant nun auf das »Genie« zurück, und zwar als »die angeborene Gemütsanlage (*ingenium*), durch welche die Natur der Kunst die Regel gibt«.[25]

Wie genau muss man sich den Schaffensprozess vorstellen, dem sich das Werk eines »Genies« verdankt? Kant versucht, diesen Prozess möglichst nüchtern und unter Vermeidung der üblichen Floskeln seiner Zeitgenossen (Herder, Klopstock oder auch Hegel) von der »Vergöttlichung«, der »Ergriffenheit«, der »Mühelosigkeit des Schaffens« oder der »subjektiven Begeisterung« darzustellen. Von daher scheinen gerade Kants Klärungsversuche am ehesten dazu geeignet, heutigen Ansprüchen an überzeugende Argumentationsgänge zu genügen.

## 4.2.1 Originalitätsprinzip, Exemplaritätsprinzip und Trennungsprinzip

Kant führt drei Prinzipien ein, mit denen er das Schaffen des »Genies« beschreibt: *Originalität*, *Exemplarität* und Beschränkung auf den Bereich der *schönen Künste*. Ich werde diese drei Prinzipien im Folgenden das *Originalitätsprinzip*, das *Exemplaritätsprinzip* und das *Trennungsprinzip* nennen.

Originalität ist nach Kant »die erste Eigenschaft« des »Genies«.[26] Indem er äußert, es sei darin »jedermann einig, daß Genie dem Nachahmungsgeiste gänzlich entgegenzusetzen sei«,[27] schließt er sich einer damals weit verbreiteten und üblichen Meinung an. Dann scheint er aber weit über diese Feststellung hinauszugehen, denn er hält schon die bloße Erklärbarkeit eines Einfalls oder eines Schaffensaktes für unvereinbar mit dem Originalitätsprinzip. Als »dem Nachahmungsgeiste gänzlich entgegengesetzt« gilt für ihn nämlich nur das, wovon der Urheber »selbst nicht weiß, wie sich in ihm die Ideen dazu herbei finden, auch es nicht in seiner Gewalt hat, dergleichen nach Belieben oder

XVIIIe siècle, qui avait eu en même temps pour effet de rendre plus problématique la validité normative des œuvres artistiques.« Dumouchel 1993, 87.
24  KdU, AA V, 307.22-29.
25  KdU, AA V, 307.14-15.
26  KdU, AA V, 308.01.
27  KdU, AA V, 308.20-21.

planmäßig auszudenken und anderen in solchen Vorschriften mitzutheilen, die sie in Stand setzen, gleichmäßige Producte hervorzubringen«.[28] Originalität so verstanden schließt zwar eine Orientierung an handwerklichen Standards und Konventionen im Schaffensprozess keineswegs aus,[29] ein »geniales Werk« zeichnet sich aber dadurch aus, dass seine Entstehungsweise so deutlich über den Rekurs auf bestimmte Regeln hinausgeht, dass ihr ein Moment des Unerklärlichen anhaftet – und eben dieses Element macht den Künstler zum »Genie« und das Produkt seines Schaffens zum »Original«.[30]

Interessanterweise – und durchaus im Widerspruch zur Meinung mancher seiner Zeitgenossen – ist Originalität in diesem Sinne für Kant nicht hinreichend für »Genialität«.[31] Kant führt ein weiteres Kriterium ein: Exemplarität. Erst mit diesem zweiten Merkmal lässt sich nach Kant ein wirklich »geniales« Produkt – ein Original – von »originalem Unsinn«[32] unterscheiden. Exemplarisch sind Werke, die »selbst nicht der Nachahmung entsprun-

---

28  KdU, AA V, 308.08-11. Leicht anders formuliert einige Absätze weiter unten, KdU, AA V, 309.06-09: Dass »kein Homer aber oder Wieland anzeigen kann, wie sich seine phantasiereichen und doch zugleich gedankenvollen Ideen in seinem Kopfe hervor und zusammen finden, darum weil er es selbst nicht weiß und es also auch keinen andern lehren kann.«

29  Sie scheint im Gegenteil geradezu eine weitere Bedingung echter Genialität zu sein, denn Menschen, die meinen, »daß sie nicht besser zeigen können, sie wären aufblühende Genies, als wenn sie sich vom Schulzwange aller Regeln lossagen«, nennt Kant »seichte Köpfe«. Denn: »Das Genie kann nur reichen Stoff zu Produkten der schönen Kunst hergeben; die Verarbeitung desselben und die Form erfordert ein durch die Schule gebildetes Talent.« KdU, AA V, 310.17-22.

30  Vgl. Majetschak 2006.

31  Für Kant sind weder »Genialität« noch »Originalität« an sich Wertbegriffe. Anders als übrigens die Gelehrsamkeit. Diese besitze nämlich den Vorzug, dass sie zu einer »immer fortschreitenden größeren Vollkommenheit der Erkenntnisse« führt, während diejenigen, »welche die Ehre verdienen, Genies zu heißen«, ihre Genialität nicht weitergeben können, weshalb »die Kunst irgendwo stillsteht [...], bis die Natur einmal einen anderen wiederum ebenso begabt«. KdU, AA V, 309.15-25.

32  KdU, AA V, 308.02. Im Übrigen zeigt Kant deutlich seine Verachtung für solchen »originalen Unsinn« und den Geniekult mancher Zeitgenossen, wenn er schreibt: »Wenn aber jemand sogar in Sachen der sorgfältigsten Vernunftuntersuchung wie ein Genie spricht und entscheidet, so ist es vollends lächerlich; man weiß nicht recht, ob man mehr über den Gaukler, der um sich so viel Dunst verbreitet, wobei man nichts deutlich beurtheilen, aber desto mehr sich einbilden kann, oder mehr über das Publicum lachen soll, welches sich treuherzig einbildet, daß sein Unvermögen, das Meisterstück der Einsicht deutlich erkennen und fassen zu können, daher komme, weil ihm neue Wahrheiten in ganzen Massen zugeworfen werden, wogegen ihm das Detail (durch abgemessene Erklärungen

gen, anderen doch dazu, d. i. zum Richtmaße oder Regel der Beurteilung dienen«.[33] Es ist unübersehbar, dass diese *Exemplarität* »genialer Werke« in einer gewissen Spannung zu ihrer *Originalität* steht oder dass wir es hier, wie Guyer es nennt, mit einer »unentrinnbaren Dialektik« zu tun haben.[34] Kant selbst sagt, dieses Verhältnis sei schwer zu erklären,[35] und bietet leider keine Erklärung an.

Das Hauptproblem ergibt sich aber gar nicht aus der Spannung zwischen *Originalität* und *Exemplarität*, sondern erst aus dem *Trennungsprinzip*, das diese Spannung praktisch unauflösbar macht: Das Trennungsprinzip verlangt, dass »Genialität« ein Phänomen ausschließlich der schönen Kunst ist – und ausdrücklich nicht der Wissenschaft. Dieses Prinzip gilt als ein bisher ungelöstes Problem der Kantforschung.[36] Ich versuche daher, mich darauf zu beschränken, dieses Prinzip in Kants eigenen Worten darzustellen und seine faktischen Konsequenzen für den Begriff des Genies sowie insbesondere für den Begriff des Originals deutlich zu machen.

Wie eben dargestellt, schaffen »Genies« Kant zufolge nach den Prinzipien der Originalität und Exemplarität. Nun betont Kant, dass Wissenschaft-

---

und schulgerechte Prüfung der Grundsätze) nur Stümperwerk zu sein scheint.« KdU, AA V, 310.23-33.

33  KdU, AA V, 308.03-05.

34  »More fully understood, the role of works of genius as models for the taste of society as a whole and also for other producers of works of art does indeed introduce such a permanent source of instability into the history of art and thus take us closer to an inescapable dialectic therein.« Guyer 1993, 295.

35  »Da die Naturgabe der Kunst (als schönen Kunst) die Regel geben muß, welcherlei Art ist denn diese Regel? Sie kann in keiner Formel abgefaßt zur Vorschrift dienen; denn sonst würde das Urteil über das Schöne nach Begriffen bestimmbar sein; sondern die Regel muß von der Tat, d. i. vom Produkt abstrahiert werden, an welchem andere ihr eigenes Talent prüfen mögen, um sich jenes zum Muster nicht der **Nachmachung**, sondern der **Nachahmung** dienen zu lassen. Wie dies möglich sei, ist schwer zu erklären. Die Ideen des Künstlers erregen ähnliche Ideen seines Lehrlings, wenn ihn die Natur mit einer ähnlichen Proportion der Gemütskräfte versehen hat.« KdU, AA V, 309.28-37. Laut Giordanetti findet sich in Kants Manuskript: *Nachahmung ... Nachahmung*, was Kiesewetter zur oben zitierten Version *Nachmachung ... Nachahmung* umgestaltet hat. Meine Ausgabe (herausgegeben von Vorländer, 7. Auflage 1990) sieht daneben die mögliche Version *Nachahmung ... Nachfolge* vor.

36  »Die Entwicklung der Kantischen Lehre bezüglich des Verhältnisses von Genie, Künstler und Wissenschaftler, die Entstehung der in der *Kr. d. U.* vollzogenen Einengung des Geniegedankens auf die schönen Künste gehören zu den bisher ungelösten Problemen der Kantforschung.« Giordanetti 1995, 406.

ler keine »Genies« sein können, weil sie nämlich nicht nach dem Originalitätsprinzip schaffen können. Ihre Erfindungen müssen ja erklärbar und – in der gängigen Vorstellung der damaligen Zeit vor Einstein, Popper und Kuhn vermutlich auch – aus unabänderlichen wissenschaftlichen Prinzipien ableitbar sein. Kant zögert nicht einmal, Isaac Newton »Genialität« abzusprechen, denn es stehe ja fest, »daß Newton alle seine Schritte, die er von den ersten Elementen der Geometrie an bis zu seinen großen und tiefen Erfindungen zu tun hatte, nicht allein sich selbst, sondern jedem anderen ganz anschaulich und zur Nachfolge bestimmt vormachen könnte«.[37] Kant ist also der Überzeugung, dass die Arbeit von Wissenschaftlern nicht »genial« sein könne, weil sie *per definitionem* nachvollziehbar und erlernbar sein müsse.[38] Um ein guter Wissenschaftler oder auch ein »großer Kopf« wie Newton sein zu können, erscheint also Fleiß und eine gewisse Begabung vollkommen ausreichend, der »Genialität« bedarf es nicht. Ja, es ist sogar ausgeschlossen, dass »Genialität« zu wissenschaftlichen Erfindungen führen kann, weil ja – wie es das Originalitätsprinzip verlangt – alles, was »genial« ist, *eo ipso* nicht gänzlich erklärbar sein kann.

Kant scheint das Trennungsprinzip aus dem Originalitätsprinzip zu folgern, das für ihn zuerst feststand und das er nie in Frage gestellt hat. Denn schon in einer frühen Phase seiner Auseinandersetzung mit dem »Genie« steht für ihn fest, dass es »das Vermögen der hervorbringung desjenigen, was nicht gelernet werden kann«,[39] sei. Das Trennungsprinzip scheint Kant erst in einer späteren Phase eingeführt zu haben. Nachdem er einige Zeit lang einen für Kunst und Wissenschaften gleicherweise geltenden Geniebegriff vertreten zu haben scheint,[40] kommen ihm zunächst Zweifel am »genialen

---

37  KdU, AA V, 309.02-06.

38  In den 1770er Jahren betrachtete Kant Genialität noch als gemeinsame Quelle von Wissenschaft und Kunst, die beide nur über Lernen und Nachahmungen zu ihren Erfindungen kämen. Erst ab den 1880er Jahren setzte er Genialität in radikalen Gegensatz zur Nachahmung und behielt sie dem Künstler vor. Wie es zu dieser Wende kam und was genau Kant dazu veranlasste, ist bis heute nicht ganz geklärt (vgl. Giordanetti 1995). Die Arbeit des Philosophen hält er anfangs auch noch für einen Bereich der Genialität, was er aber später ebenfalls verwirft. »Sachen des Genies sind, die nicht nach Regeln gelernt werden Mathematik und Philosophie sind nicht Sachen des Genies«, aus den (noch nicht edierten) Nachschriften zu Kants Anthropologie-Vorlesungen, zitiert nach Giordanetti 1995, 415.

39  Aus den Nachschriften der Anthropologie-Vorlesungen, zitiert nach Giordanetti 1995, 407.

40  Vgl. Giordanetti 1995, 408-409.

Charakter« der Mathematik, später dann auch an dem der Philosophie, bis für ihn offenbar feststeht, dass es »Missbrauch« wäre, »alle Talente« Genies zu nennen, denn »Sachen des Genies sind, die nicht nach Regeln gelernt werden Mathematik und Philosophie sind nicht Sachen des Genies... Wenn ich aus bekannten Regeln andere herausziehe; so ist das Talent, aber nicht Genie.«[41] Aus dieser strikten Trennung zwischen *nicht erlernbarer schöner Kunst* und *erlernbarer Wissenschaft* ergeben sich zahlreiche Probleme. Unter anderem spricht vieles dafür, dass die Arbeit eines Künstlers nicht so radikal von der eines Wissenschaftlers verschieden ist, wie Kant annimmt.[42] Selbst wenn man davon ausgeht, dass es bei bestimmten Akten geistigen Arbeitens einen Rest »unerklärlicher« – also auch mit bestimmten psychologischen und neurobiologischen Methoden bisher nicht erklärbarer – Inspiration gibt, müsste man wohl zugestehen, dass diese Inspiration sich ebenso in wissenschaftlichen wie in künstlerischen Arbeitsprozessen findet.[43] Ich möchte mich im Folgenden aber nicht auf dieses Problem als solches konzentrieren, sondern mich auf diejenigen Konsequenzen des Trennungsprinzips beschränken, die den Begriff des Originals betreffen.

Wie schon angedeutet, bewirkt das Trennungsprinzip, dass die Spannung zwischen den beiden anderen Prinzipien praktisch unauflösbar wird. Denn würde man Originalität nur als eine Art *besondere Erfindungsgabe* verstehen oder aber die Nichterklärbarkeit »genialer« Einfälle so verstehen, dass sie nur vordergründig bestünde, dass solche unerklärlichen Einfälle also mit entsprechender psychologischer oder sonstiger Forschung durchaus erklärt werden könnten, dann müsste man auch Wissenschaftlerinnen die Möglichkeit zugestehen, »genial« zu sein. Denn auch Wissenschaftler kommen in ihrer Arbeit auf Ideen, deren Herkunft sie nicht immer erklären können, und auch wissenschaftliches Arbeiten muss sich immer wieder von überkommenen Standards und Konventionen des jeweiligen Faches frei machen, um neue Erkenntnisse gewinnen zu können. Eine solche offene Definition des »unerklärlichen Einfalls« lässt Kants Trennungsprinzip aber gerade nicht zu. Das legt den Schluss nahe, dass sein Originalitätsprinzip Einfälle voraussetzt, die *so*

---

41 Aus der Nachschrift *Mongrovius*, zitiert nach Giordanetti 1995, 415.

42 Zu der Auffassung kommt unter anderen auch Dieter Teichert: »Man kann gegen die Begrenzung der Anwendung von *genie* auf das Gebiet der Künste protestieren. Außergewöhnliche und innovative Leistungen auf wissenschaftlichem Gebiet scheinen ebensowenig allein durch Fleiß erklärbar zu sein wie auf dem Gebiet der Künste.« Teichert 1992, 90-91. Vgl. außerdem Krämer 1979.

43 Vgl. dazu Majetschak 2006.

*unerklärlich* sind, dass sie am Entstehen wissenschaftlicher Erfindungen nicht beteiligt sein *können*. – Es scheint mehr als fraglich, ob derlei unerklärliche Ideen überhaupt denkbar sind. Wenn man aber einmal pro forma zugesteht, dass es sie geben könnte, dann scheint immerhin ganz offensichtlich, dass sie mit dem Exemplaritätsprinzip nicht vereinbar sein können. Denn wie soll es möglich sein, dass etwas, das schlechthin unerklärlich und nicht nachzuvollziehen ist, als exemplarisches Vorbild zur Nachahmung dienen kann? Kurz: Wie soll etwas derart Unerklärliches rational erfassbar sein?

Es scheint eine Lösung zu geben, denn für Kant ist ja die Natur der eigentliche Ursprung des »genialen« Gedankens: Die Natur gibt der Kunst *durch das Genie* die Regel.[44] So ist die »geniale« Idee also zwar für das »Genie« selbst und jedermann sonst unerklärbar und unableitbar – und insofern wahrt Kant das Originalitätsprinzip –, aber sie ist doch zugleich eine rationale Regel, weil sie nämlich aus der Natur kommt, die für Kant zugleich der Inbegriff des Schönen ist – insofern wahrt Kant die Rationalität der Geschmacksurteile.[45] Hier stellt sich natürlich die Frage, was genau Kant unter »Natur« versteht und inwiefern die Natur Urheberin von Einfällen sein und für deren Rationalität bürgen kann, und zwar am menschlichen Subjekt dieser Einfälle vorbei, dem es verborgen bleiben muss, »wie sich seine phantasiereichen und doch zugleich gedankenvollen Ideen in seinem Kopfe hervor und zusammen finden«.

Ich will an dieser Stelle keine ausführliche Analyse der Kantschen Lösung versuchen. Vielmehr kommt es mir darauf an festzuhalten, dass in Kants Auseinandersetzung mit dem »genialen Schaffensakt« genau die Probleme deutlich zutage treten, an denen sich auch in der weiteren Geschichte der genieästhetischen Prägung des »Originals« immer wieder Kunstwissenschaftler und Philosophinnen abarbeiten.

---

44  »Genie ist die angeborene Gemüthslage (*ingenium*), durch welche die Natur der Kunst die Regel giebt.« KdU, AA V, 307.14-15. Vgl. dazu Kablitz: »Das logisch prekäre Verhältnis zwischen der Regel, die unverzichtbar ist und doch nicht ihrem ureigensten Prinzip, nämlich der Subsumtion unter einen Begriff, folgen darf, wird gelöst in der Übertragung des Verfahrens vom Subjekt auf die Natur, die nur noch in diesem Subjekt wirkt und dies um den Preis der Einsichtsfähigkeit des eigenen Denkens tut, eines Denkens, das sich weder durchschauen noch steuern lässt.« Kablitz 2008, 167.

45  Kablitz nennt Kants »Genie« deswegen »die hybride Konstruktion einer Naturgabe, welche gewissermaßen die Freiheit der Kunst vor sich selbst um der Freiheit willen zu bewahren hat.« Kablitz 2008, 167. Vgl. auch Dumouchel 1993, 85-86, und Proulx 2011.

## 4.2.2 Drei Schwachstellen in Kants Auffassung des genialen Schaffensaktes

Ich sehe drei Schwachstellen in Kants Beschreibung des genialen Schaffensaktes:

1) Die von ihm als notwendig vorausgesetzte Unerklärbarkeit des genialen Einfalls,
2) Den durch das Trennungsprinzip zementierten Widerspruch zwischen dem Originalitäts- und dem Exemplaritätsprinzip,
3) Den Rekurs auf die »Natur«.

Ich möchte zunächst nochmals die Prämissen benennen, von denen Kant ausgeht: 1) Kunst setzt Regeln voraus; 2) Kunst ist schön; 3) Schönheit lässt sich nicht aus Regeln ableiten.[46] Unter Voraussetzung dieser Prämissen erscheint »schöne Kunst« als Widerspruch. Diesen Widerspruch versucht Kant nun durch das »Genie« aufzulösen, das er folgendermaßen definiert: »Genie ist die angeborene Gemüthslage (*ingenium*), durch welche die Natur der Kunst die Regel giebt.«[47] Dieser Geniebegriff erlaubt es Kant, keine seiner Prämissen aufgeben zu müssen. Denn der dritten Prämisse, dass Schönheit sich nicht aus Regeln ableiten lässt, wird Kant gerecht, indem er darauf verweist, dass das Genie, wenn es etwas schafft, »selbst nicht weiß, wie sich in ihm die Ideen dazu herbeifinden, auch es nicht in seiner Gewalt hat, dergleichen nach Belieben oder planmäßig auszudenken«.[48] Zugleich wird Kant auch der ersten Prämisse gerecht, dass Kunst Regeln voraussetzt, und zwar indem er auf die Natur verweist, denn es ist ja sie, die dem »Genie« die Regeln gibt – und zwar gewissermaßen am »Genie« vorbei, das ja selbst nichts von diesen Regeln weiß. Durch das »Genie«, das also vernunftgeleitet handelt, ohne sich selbst der Vernünftigkeit seines Handelns bewusst zu sein, löst sich der oben geschilderte Widerspruch zwischen zwei Annahmen, von denen keine aufgegeben werden soll, auf.

Die »Unerklärbarkeit« oder »rationale Unableitbarkeit« des »genialen Schaffensaktes« bei Kant besteht nicht etwa darin, dass das »Genie« selbst

---

46  »Der Begriff der schönen Kunst aber verstattet nicht, daß das Urteil über die Schönheit ihres Produkts von irgendeiner Regel abgeleitet werde.« KdU, AA V, 307.24-26.
47  KdU, AA V, 307.14-15.
48  KdU, AA V, 308.08-10.

nicht so genau erklären kann, was es denn da tut, wenn es etwas schafft. Wenn es nur darum ginge, könnte man Kants Beschreibung des genialen Schaffensaktes ja durchaus verteidigen, beispielsweise indem man dieses »Nichtwissen« psychologisch erklärt.[49] Was den Schaffensakt des Künstlergenies bei Kant wirklich unerklärlich werden lässt, sind zwei Dinge: Erstens verweist er zwar auf eine »Regel«, die das Schaffen des »Genies« leitet, erklärt diese »Regel« aber nicht. Anstelle einer Erklärung der Regel findet sich nur ein Verweis auf die »Natur«. Zweitens besteht Kant darauf, dass weder das »Genie« selbst noch sonst jemand diese »Regel« erkennen *kann* – beispielsweise indem er sie aus der Beobachtung des Schaffensaktes oder aus der Untersuchung der durch ihn hervorgebrachten Produkte ableitet. Denn das scheint im Widerspruch zu Prämisse drei stehen. Erst das Behaupten dieser *logischen Unmöglichkeit* sorgt dafür, dass der »geniale« Schaffensakt bei Kant nicht nur schwer zu erklären ist oder für das schaffende »Genie« selbst unerklärlich ist – und damit auf die eine oder andere Weise aufgelöst werden könnte –, sondern dass er offenbar schlechthin unerklärbar sein *muss*, um eben »genial« sein zu können. Das führt zwangsläufig dazu, dass sich weder Kants »Genie« noch das »Schaffen des Genies« noch das Produkt des »genialen Schaffens« bei Kant in wirklich befriedigender Weise explizieren lassen. Denn wenn »genialer Schaffensprozess« so viel heißt wie »rational nicht zugänglicher Prozess«, haben wir praktisch zwei Leerstellen in unserer Formel. Diese vermeintliche Unerklärbarkeit des »genialen Schaffensprozesses« bildet den eigentlichen Kern und die größte Schwachstelle genieästhetisch beeinflusster Auffassungen über die Bedeutung von »Original«, nicht nur bei Kant, sondern auch bei seinen Zeitgenossen und allen, die in der Tradition der Genieästhetik versuchen, Originalität als eine geheimnisvolle Erfindungsgabe zu beschreiben.

Kurz: Wenn »genial« gleichbedeutend ist mit »unerklärlich« und der geniale Entstehungsprozess unerklärlich sein *muss*, um »genial« zu sein, dann ist damit der genieästhetische Begriff des Originals selbst unerklärbar, weil sich dann unmöglich sagen lässt, was es denn heißen soll, dass ein Gegenstand sich einem »genialen« Schaffensakt verdankt, auf welche Gegenstände das zutrifft und wie man zeigen kann, dass es auf sie zutrifft. Mit anderen Worten: »Original« als ein durch einen rational nicht erklärlichen Schaffens-

---

49  Vgl. Holm-Hadulla 2007.

akt entstandenes Produkt zu beschreiben, bedeutet, den Begriff nicht zu erklären.[50]

Neben dem Problem der notwendigen Unerklärlichkeit des genialen Schaffensaktes gibt es eine weitere Schwachstelle von Kants Argumentation, nämlich den Widerspruch zwischen dem Originalitätsprinzip und dem Exemplaritätsprinzip oder, in Kants Worten, zwischen dem zugleich »unerklärlichen« und »exemplarischen« »genialen« Schaffensakt. Der offensichtliche Widerspruch zwischen »unerklärlich« und »exemplarisch«, der hier besteht, kommt vor allem aufgrund des Trennungsprinzips zustande, das keine Abmilderung von »unerklärlich« beispielsweise zu »schwer erklärlich« zulässt, denn schwer erklärlich können ja auch wissenschaftliche Einfälle sein. Man könnte allenfalls versuchen, diesen Widerspruch aufzulösen, wenn man versucht zu zeigen, dass Kant »unerklärlich« und »exemplarisch« auf jeweils andere Dinge bezieht. Denn wenn es das »geniale« Produkt wäre, das in seiner – nehmen wir einmal an, durchaus nachvollziehbaren – Verfasstheit richtungsweisend wäre, während das Unerklärliche an der ganzen Sache lediglich das Zustandekommen des Einfalls wäre, dem sich dieses Produkt verdankte, dann gäbe es keinen Widerspruch. Woher der Einfall käme, könnte dann völlig rätselhaft bleiben, ohne dass das für die Exemplarität des Produktes dieses Einfalls ein Problem darstellen würde. Eine solche Deutung schiene auf den ersten Blick naheliegend. Gegen diese Möglichkeit spricht allerdings, dass Kant selbst einräumt, dass hier eine Spannung besteht, diese aber nicht ausräumt, was leicht möglich gewesen wäre, wenn sich »unerklärlich« ausschließlich auf den genialen Einfall und »exemplarisch« ausschließlich auf das Produkt bezöge. Zudem gehen auch Kant-Forscherinnen wie unter anderem Guyer davon aus, dass »unerklärlich« und »exemplarisch« sich beide auf den Schaffen*sakt* beziehen. Es ist der Schaffensakt, der nicht nachvollziehbar ist, und es ist der Schaffensakt, der

---

50 Townsend bringt das anschaulich auf den Punkt: »Genius and originality are described, but they cannot be defined. A great deal of philosophical work has gone into making these concepts more precise. It is not to be sneered at. But if a genius is simply someone who can express what others cannot express, then it is always open to a self-proclaimed genius to simply say that she has not been understood, because others have not yet learned this new way of expressing. There is just enough truth in that to make us hesitate to reject any such assertion. Yet at bottom, the claim has become irrefutable because no evidence to the contrary is allowed.« Townsend 1997, 87-88.

exemplarisch sein, also andere zur Nachahmung inspirieren soll.[51] Insofern besteht hier also tatsächlich ein Widerspruch, den Kant im § 50 schließlich sogar aufzulösen versucht, indem er erklärt, im Zweifelsfalle müsse auf das Originalitätsprinzip verzichtet werden: »Wenn also im Widerstreite beiderlei Eigenschaften an einem Producte etwas aufgeopfert werden soll, so müßte es eher auf der Seite des Genies geschehen.«[52] Guyer vermutet, dass Kant sich hier einfach aus persönlicher Neigung heraus lieber auf die Seite des Exemplaritätsprinzips schlägt als auf die des Originalitätsprinzips, denn er bleibt eine Begründung für diese Wahl schuldig.[53]

Wie schon angedeutet, will Kant das Problem durch den Rekurs auf die »Natur« lösen. Tatsächlich wird das Problem so aber nur verschoben. Mit dem Verweis auf die »Natur« will Kant wohl die Normativität der schönen Künste wahren und sich von der – ganz auf die kreative Subjektivität setzenden – Geniekonzeption des Sturm und Drang abgrenzen. Er will das Handeln des Genies also einem vernünftigen Prinzip unterordnen, denn »Natur« ist für Kant hier offensichtlich ein vernünftiges Prinzip. Sie gibt dem »Genie« die »Regel«, nach der es handelt, ohne sie selbst zu kennen. Das Problem ist nur, dass er die Wirkweise der »Natur« nicht erklärt, geschweige denn überzeugend begründet. Es bleibt also offen, was genau »Natur« hier bedeuten soll und vor allem, wie genau sie wirkt, welche »Regeln« sie dem »Genie« gibt, wie

---

51  »It becomes clear that works of genius are not merely models for the formation of the taste of a passive audience or even for the taste of other artists, but rather that they function primarily as stimuli for the originality of other geniuses. Works of genius are models not for the taste which may check the freedom of other geniuses, but for that freedom itself; the autonomy of one genius is a spur to nothing less than the autonomy of every successive genius.« Guyer 1993, 296-297. Vgl. auch Gottschlich 2013: Die »exemplarischen Werke sind nach Kant ›Muster‹ – nicht für eine ›Nachmachung‹ im Sinne des Klassizismus, sondern der ›Nachahmung‹, indem das exemplarische Werk zum Richtmaß weiterer Individuationsleistung wird.« Gottschlich 2013, 78.

52  KdU, AA V, 319,35-320,1.

53  »Kant's discovery of a theoretical basis for a dialectical picture of the history of art and culture is at odds with his own characteristically eighteenth-century inclination to a more stable or at best unidirectional picture of the flow of this history, and he attempts to satisfy this inclination by fiat, simply awarding the palm to the faculty of taste as the representative of integrity rather than to originality as the emblem of individual autonomy. But as with his other efforts to defuse the incendiary implications of his theory of aesthetic autonomy, Kant really provides no argument for this preference.« Guyer 1993, 301-302.

sie das tun kann, ohne dass das »Genie« das merkt, und worin die Rationalität dieser Regeln begründet ist.

Auch einschlägige Auseinandersetzungen mit dieser Frage scheinen mir kaum befriedigende Antworten zu liefern.[54] So erscheint es mir – um nur die vermutlich jüngste Äußerung zu dieser Frage zu zitieren – beispielsweise übertrieben, davon auszugehen, dass durch den Rekurs auf die »Natur« »das Mimesis-Prinzip in den Geniebegriff aufgenommen«[55] wäre. Denn auch wenn man annimmt, dass »Natur« hier »für das *übersinnliche Substrat* von Natur und Freiheit, also für jenen spekulativen Vernunftbegriff, um den sich die KU bemüht«, steht oder für »die sich in der Kunst vergegenständlichende Idee«,[56] (was auch immer das genau sein soll) dann folgt daraus zum einen nicht, dass das Schaffen des »Genies« mimetisch ist, denn erstens wird ja gar nicht deutlich, was genau das »Genie« da nachahmt, und zweitens würde eine solche Nachahmung ja im Widerspruch zum Originalitätsprinzip stehen. Zum anderen wird hieraus nicht ersichtlich, wie diese »Natur«, dieses »Substrat«, diese »Vernunft« oder diese »Idee« das »Genie« zu eben jenem Schaffen befähigt, das es sich selbst nicht erklären kann.

### 4.2.3    Fazit zu Kants Geniekonzeption

Die Auseinandersetzung mit Kants Konzeption des »genialen Schaffensprozesses« hat gezeigt, dass der Weg zur Abmilderung der radikalen genieästhetischen Deutung, wie er Kant vielleicht vorschwebte oder wie er vor dem Hintergrund der Genieauffassungen seiner Zeit vielleicht notwendig erschien, verschlossen ist. Mit anderen Worten: Eine »abgemilderte Genialität« oder ein »rational greifbarer genialer Schaffensprozess« scheint geradezu eine contradictio in adiecto zu sein. Eine definierbare »Genialität« wäre letztlich nichts anderes als eine besonders ausgeprägte Kreativität oder künstlerische Begabung, und als solche findet sie sich gleichermaßen in den schönen Künsten wie in der Wissenschaft oder anderen Feldern geistiger Arbeit.

Obwohl sich in der weiteren Entwicklung genieästhetischer Originalauffassungen eine solche Relativierung abzeichnet, kann auch sie – wie wir im Verlauf dieser Untersuchung sehen werden – das Problem nicht lösen. Sie

---

54  Vgl. dazu auch Guyer 1993, 229-274.
55  Gottschlich 2013, 80.
56  Gottschlich 2013, 80.

wirft stattdessen neue Fragen auf, unter anderem die, was genau »Kreativität« oder »Begabung« ist und wann ein Schaffensakt als kreativ oder begabt genug gelten kann, um das durch ihn entstandene Kunstwerk als »Original« zu betrachten.

## 4.3    Das »Original« als auratisches Kunstwerk bei Walter Benjamin

Es ist naheliegend, Walter Benjamins Aufsatz über das »Kunstwerk im Zeitalter seiner technischen Reproduzierbarkeit« zur nächsten Station der Auseinandersetzung mit genieästhetisch geprägten Auffassungen über die Bedeutung von »Original« zu machen. Wird er doch in diesem Zusammenhang überwältigend oft zitiert.[57] Zudem erscheint er in einem Schlüsselmoment, in dem neue Techniken genieästhetische Denkmuster grundsätzlich in Frage zu stellen scheinen.

### 4.3.1    Das Zeitalter der Reproduktion

Mit dem Beginn der Industrialisierung zeichnet sich ein einschneidender Epochenwandel ab. Die ganz neuen Möglichkeiten und Standards technischer Produktion – Dampfmaschinen, Verbrennungsmotoren, Arbeitsteilung und Serienfertigung – bewirken im 19. Jahrhundert tiefgreifende soziale, politische, wirtschaftliche und kulturelle Veränderungen. Der technische Fortschritt bringt nicht nur eine neue Arbeitskultur mit sich, sondern geht einher mit einem veränderten Lebensgefühl und neuen Vorstellungen vom menschlichen Leben und Handeln, die sich zu Beginn des 20. Jahrhunderts immer deutlicher auch in einem neuen positivistischen Blick auf die Welt und in einem entsprechenden Selbstverständnis von geistig Arbeitenden bemerkbar machen – nicht zuletzt in dem von Philosophen und Künstlerinnen.

Im Bereich der Kunst wandeln sich um 1900 künstlerische Methoden und Arbeitsmittel. Fotografie und Film werden zuerst gesetzlich[58], dann

---

57  Gumbrecht/Marrinan bezeichnen ihn sogar als den am häufigsten zitierte und diskutierten geisteswissenschaftlichen Aufsatz des 20. Jahrhunderts: »Probably the most frequently cited and most intensively debated essay in the history of the academic humanities of the twentieth century«, Gumbrecht/Marrinan, Mapping Benjamin, zitiert nach: Lindner 2012, 671.

58  Im deutschen Reich 1907 mit dem Gesetz betreffend das Urheberrecht an Werken der bildenden Künste und der Photographie.

nach und nach auch gesellschaftlich als neue Kunstformen anerkannt. Vor allem aber wandelt sich das Selbstverständnis einer wachsenden Gruppe von Kunstschaffenden, die schließlich die Frage, was Kunst überhaupt sei, was ihre Methoden sind und worin ihre Aufgaben bestehen, neu beantworten. Spätestens die ersten *ready mades*, die in den 1910ern und 1920ern ausgestellt werden, können als Symptom eines solchen neuen Kunstverständnisses betrachtet werden. Sie haben »nichts mehr mit der bisherigen Auffassung des 19. und 20. Jahrhunderts zu tun. [...] Duchamp wählt ein Objekt wie einen in französischen Haushalten gebräuchlichen Flaschentrockner aus, das ihn weder ästhetisch anspricht noch seinen persönlichen Geschmack trifft. Diese Wahl ›war nicht der Akt eines Künstlers, sondern eines Nichtkünstlers [...]. Ich wünschte, den Status des Künstlers zu ändern oder wenigstens die Normen zu ändern, die zur Definition eines Künstlers benützt werden‹. Dass die meisten seiner Ready-mades Massenprodukte waren, widersprach der bisher bestehenden Definition eines Originals. Das Publikum verband mit seinen Objekten so wenig Künstlerisches der herkömmlichen Art, dass seine Objekte nicht einmal als Ausstellungsstücke erkannt wurden.«[59]

Während zu Beginn des 20. Jahrhunderts eine Avantgarde junger Künstlerinnen mit ihren Arbeiten überkommene genieästhetische Normen gründlich in Frage stellt, betrachten weite Kreise des etablierten Kunstbetriebs und vor allem der Rezipienten solche auf modernen technischen Produktionsverfahren und einem neuen Kunstbegriff basierenden Methoden und Werke noch lange als überhaupt unvereinbar mit Kunst. Die in dieser Ablehnung zutage tretende Haltung steht im Einklang mit einigen jener genieästhetischen Normen, die wir im vorangehenden Kapitel betrachtet haben, insbesondere mit der Vorstellung, dass der Schaffensprozess eines echten Kunstwerkes – und als solches kann für Genieästheten nur ein »geniales Werk« oder ein »Original« gelten – etwas Unerklärliches an sich haben müsse, dass er untrennbar mit der Innerlichkeit seines »genialen« Schöpfers verbunden und »dem Nachahmungsgeiste gänzlich entgegengesetzt« sei. Werke aus Fotografie oder Film schienen diesen Prinzipien in den Augen vieler Zeitgenossen zu widersprechen. Zudem schien mit der Einführung der neuen Verfahren, der sich Fotografien und Filme verdanken, auch das »Original« zu verschwinden, weil »die filmtechnische Reproduzierbarkeit des Audiovisuellen den Gegensatz von Original und Reproduktion gegenstandslos werden läßt [...]. Der Film ist ein Werk, das an zahllosen Orten zugleich aufgeführt werden kann

---

59 Sauer 2007, 11-12.

und nur in dieser Multi-Existenz einen Sinn hat. [...] Durch die Entstehung dieser Kunstform wird die gesamte bisherige Existenzweise des Kunstwerks erschüttert.«[60] Da genieästhetische Vorstellungen in den Köpfen der damaligen Zeit sehr tief verwurzelt waren, kann es nicht verwundern, dass noch bis weit in die Mitte des 20. Jahrhunderts hinein darüber diskutiert wird, ob Fotografie und Film überhaupt »kunstfähig« sein könnten.[61] Walter Benjamin geht dagegen verhältnismäßig früh davon aus, dass eine ganz andere Frage gestellt werden müsste, nämlich die, wie diese neuen Kunstformen die Kunst verändern. In seinem 1936 erstmals erschienenen Aufsatz »Das Kunstwerk im Zeitalter seiner technischen Reproduzierbarkeit« diagnostiziert er schließlich sogar eine Veränderung des »Gesamtcharakters der Kunst«.

### 4.3.2 Walter Benjamins Aufsatz über das Kunstwerk im Zeitalter seiner Reproduzierbarkeit

Walter Benjamin beginnt seinen Aufsatz mit einer Geschichte der Reproduktionsverfahren. Ihm ist wohl bewusst, dass das Kunstwerk »grundsätzlich immer reproduzierbar gewesen«[62] ist. Allerdings beobachtet Benjamin eine im Laufe der Geschichte zunehmende Technisierung der Reproduktionsverfahren. In Fotografie und Film erreicht sie ihm zufolge ein kritisches Niveau. Denn diese Techniken erscheinen so weit entfernt von herkömmlichen handwerklichen Verfahren, dass sie in den Augen vieler Zeitgenossen Benjamins

---

60  Lindner 2012, 674-675.

61  »Zumeist hält man die F[otografie] für ungeeignet, mit den traditionellen Künsten konkurrieren zu können, da ihr der ›unmittelbare Zusammenhang mit der fühlenden Hand des Künstlers‹ und die ›Spur des warmen Lebens‹ fehle [...]. Innerhalb der andauernden Debatte über Kamera-Ästhetik und den Kunstcharakter fotografischer Bilder sieht B. Meyer (1905) einen essenziellen Unterschied zwischen F[otografie] und Malerei: So sei die F[otografie] an die vorhandene Wirklichkeit und die Bedingungen der Technik gebunden, während Originalität, unverwechselbare Autorschaft, Phantasie und die freie Wahl der Ausdrucksmittel der Malerei vorbehalten bleiben.« Becker 2011, 129. »Wird der F[ilm] in seiner Entstehungszeit oft als Weiterentwicklung der Fotografie betrachtet, übernimmt auch die erste Phase des F[ilm]-Diskurses die Frage nach der Kunstfähigkeit aus fotografischen Debatten des 19. Jh. Ähnlich wie in der Fotografie dient die Differenz von F[ilm] und Malerei als Vergleichsparameter: Entweder werden die Unterschiede betont, um die Spezifika beider Medien zu definieren, oder aber ihre Annäherung propagiert, um die malerischen Mittel des F[ilms] als Argumente für seine ästhetischen Leistungen anzuführen.« Becker 2011[2], 123.

62  Benjamin 2012, 97.

mit der Herstellung von Kunst unvereinbar erscheinen. Benjamin sieht das aber anders: »Anstatt die seinerzeit übliche Frage zu stellen, ob und – wenn ja – inwiefern es sich bei diesen Techniken um Kunst handeln kann, kehrt Benjamin die Perspektive um. Er geht davon aus, dass die Reproduktion sich nun, da »der Prozeß bildlicher Reproduktion so ungeheuer beschleunigt [wurde], daß er mit dem Sprechen Schritt halten konnte [...], einen eigenen Platz unter den künstlerischen Verfahrensweisen eroberte«. Die Frage, die er sich stellt, ist, in welchem Maße diese neuen Verfahrensweisen ihrerseits den *Gesamtcharakter der Kunst* verändert haben.[63] Diese Frage vertieft Benjamin, indem er *alte Kunst* und *neue Kunst* einander gegenüberstellt.

Was Benjamin beschreibt, ist also im Wesentlichen *»eine klare Aufteilung* zwischen *zwei Kunst-Sektionen* – historisch, ästhetisch, gesellschaftlich. Auf der einen Seite die *auratische*, auf der anderen die *postauratische* Kunst«[64].

*Tabelle 1, übernommen von Gerdes 2000, 17.*

| Auratische Kunst | Postauratische Kunst |
|---|---|
| Kultwert | Ausstellungswert |
| Einzigartigkeit | Reproduzierbarkeit |
| Einmaligkeit/Dauer | Flüchtigkeit/Wiederholbarkeit |
| »Instrument der Magie« | »Ware« |
| Handarbeit | Industrielle Fertigung |
| Kontemplation/Verzauberung | Zerstreuung/Schock |

Benjamin enthält sich einer Wertung der beiden von ihm unterschiedenen Bereiche. Auch wenn er von einem »Verfall der Aura«[65] spricht, ist das nicht als Symptom eines Benjamin manchmal unterstellten Kulturpessimismus zu verstehen.[66] Dass postauratische Kunstwerke traditionellen genieäs-

---

63  Liebsch und Sachs-Hombach 2013.

64  Gerdes 2000, 16.

65  Benjamin 2012, 102.

66  »Keineswegs ist mit dem Auraverlust ein Ende der Kunst gemeint. Denn die Reproduktionsarbeit geht von einer Wandlungs- und Anpassungsfähigkeit, von einer sozusagen ontologischen Robustheit des Kunstwerks aus, die durch den Auraverlust nicht etwa ausgezehrt, sondern verstärkt wird.« Lindner 2012, 689. Wirth meint sogar, bei Benjamin »Jubel« über den Auraverlust feststellen zu können: »Nach Benjamin bewirkt die technische Reproduzierbarkeit von Kunstwerken, dass die Frage nach ihrer Echtheit, die Frage nach dem ›Hier und Jetzt des Originals‹ nicht mehr relevant ist[...]. Diese Feststellung ist kei-

thetischen Normen nicht mehr gerecht werden, kann ja auch als Befreiung verstanden werden: Ein solches Kunstwerk muss diesen Normen nicht mehr gerecht werden. Es hat sich von ihnen emanzipiert. »Geschichtliche Zeugenschaft«, »Echtheit« oder »Aura«, die nach Benjamin wesentliche Funktionen und Eigenschaften des Kunstwerks der alten Zeit sind, sind im Zeitalter der Reproduzierbarkeit keine relevanten Parameter mehr. Was Benjamin in seinem Aufsatz beschreibt, ist im Grunde die Entstehung alternativer Ideale künstlerischen und geistigen Schaffens, die neben die überkommenen genieästhetischen Ideale treten.

Das, was – in Benjamins Worten – durch die neuen Verfahrensweisen »verloren geht« und was er vage die »Echtheit« von Kunstwerken nennt, ihr »Hier und Jetzt« oder auch ihre »Autorität«, »geschichtliche Zeugenschaft« oder »Aura«[67], kann man als genieästhetische Kategorien auffassen.[68] Diese sind für ihn zugleich eng mit dem Begriff des Originals verknüpft.[69] Mir scheint sogar, dass das, was Benjamin als »auratische Kunst« beschreibt, grundsätzlich synonym ist mit dem, was Benjamin als »Original« bezeichnet. Denn seine Ausführungen legen nahe, dass postauratische Kunstwerke für ihn *per se* keine Originale sein können. Einerseits scheint Originalität durch die »ungeheuer beschleunigten Produktionsverfahren«[70] unmöglich zu werden (wie schon gesagt, hat die Frage nach dem echten Abzug, nach dem Original einer Fotografie, Benjamin zufolge keinen Sinn, weil eine Vielzahl von Abzügen möglich ist). Der Gegensatz von Original und Reproduktion wird also im Bereich der postauratischen Kunst gegenstandslos. Andererseits wird das Original auch durch die veränderte Kunstkultur in Frage gestellt. Das neue, von vornherein auf technische Reproduktion angelegte Kunstwerk, dessen Exemplare untereinander alle austauschbar sind, erfüllt nämlich auch nicht mehr die Funktion einer »geschichtlichen Zeugenschaft«. Es besitzt keine »Autorität« mehr, es entbehrt also auch von daher das, was Benjamin als »Aura« beschreibt. Vor allem aber erhebt das neue Kunstwerk diesen Anspruch gar nicht mehr. Es »verlangt« nicht mehr nach Ehrfurcht und Kult.

---

neswegs als Klage über den Auraverlust zu verstehen, sondern im Gegenteil, als Jubel über die Befreiung von einer obsoleten Ideologie des Originalen.« Wirth 2004, 26.

67  Vgl. Benjamin 2012, 100.

68  Diese Einschätzung findet sich u.a. bei Kruse 2003, Römer 2001 und von Rosen 2011.

69  Das legt auch sein etwas kryptisch anmutender Satz nahe: »Das Hier und Jetzt des Originals macht den Begriff seiner Echtheit aus.« Benjamin 1980, 476.

70  Benjamin 2012, 98.

Seine Reproduzierbarkeit macht zum einen seine Herkunft aus einem »technischen«, völlig nachvollziehbaren Entstehungsprozess ganz offensichtlich und scheint damit zum anderen nahezulegen, dass es schlicht als Ware oder Gebrauchsgegenstand zu betrachten sei und nicht als Instrument der Magie.

Insofern diejenigen Eigenschaften, die Kunstwerke zu auratischen Kunstwerken machen, sie auch zu Originalen zu machen scheinen (u.a. »Echtheit«, »Hier und Jetzt«, »Aura«, »Einzigkeit«),[71] liegt die Annahme nahe, dass Benjamins Umschreibung des auratischen Kunstwerks zumindest weitgehend mit dem übereinstimmt, was er unter einem »Original« versteht.

### 4.3.3 Auratische und postauratische Kunst

Wenn man Benjamins Aufsatz als Unterscheidung einer alten »auratischen« und einer neuen »postauratischen« Art von Kunst versteht und anhand dieser Unterscheidung eine Explikation des »auratischen Kunstwerks« versucht, gilt es zunächst zwei Trugschlüsse zu vermeiden. Zum einen könnte man annehmen, Benjamin vertrete die Auffassung, die alte Kunst würde von der neuen abgelöst, und zum anderen, was ihm vor Augen stand, sei eine Trennung zwischen verschiedenen Kunstwerken oder verschiedenen Kunstgattungen, sodass einzelne Kunstwerke eindeutig der einen oder anderen Seite zugeordnet werden könnten. Aber offensichtlich trifft beides nicht zu, und zwar nicht nur auf Benjamins Aufsatz,[72] sondern auch in der faktischen Entwicklung der Kunstkultur seit den 1930ern bis heute.

Dass die auratische Ära *de facto* nicht von einer postauratischen abgelöst worden ist, leuchtet sofort ein, wenn man nur einen kurzen Blick auf die Kunst der Gegenwart wirft. Denn erstens leben im Zeitalter der Reproduktion nicht nur die alten Kunstwerke fort, sondern auch die alten genieästhetischen Ideale. Zweitens prägen diese Ideale auch die Erwartungshaltungen, mit denen neuen Kunstformen und Kunstwerken der vermeintlich postauratischen Zeit begegnet wird. Das führt vor allem im 20. Jahrhundert zu einem Paradox, nämlich zum Originalitäts-Anspruch der künstlerischen Avantgarde. Mit ihrem Ziel, etwas ganz Neues und Eigenes zu wagen, behauptet

---

71 Das legen zumindest unter anderem folgende Sätze nahe: »Das Hier und Jetzt des Originals macht den Begriff seiner Echtheit aus.« Benjamin 2012, 99; »das Hier und Jetzt des Kunstwerks – sein einmaliges Dasein an dem Orte, an dem es sich befindet«, Benjamin 2012, 99; »die Aura ist an sein Hier und Jetzt gebunden. Es gibt kein Abbild von ihr«, Benjamin 2012, 117; »ihre Einzigkeit, mit einem anderen Wort: ihre Aura.« Benjamin 2012, 103.
72 Lindner 2012, 689.

sie etwas, das seit dem Zeitalter der Genieästhetik von Künstlern erwartet wurde, und stellt sich so gewissermaßen in eine Tradition, die sie eigentlich überwinden will. Nicht nur der Anspruch des ganz Neuen, sondern auch der Habitus des Künstler-Genies und der um sein Werk getriebene Kult finden auch im Zeitalter der Reproduktion ihre Fortsetzung[73], auch und gerade bei Künstlern und Kunstformen, die ansonsten nicht im Verdacht stehen, an überkommenen Normen und Idealen künstlerischen Schaffens festzuhalten, beispielsweise bei Beuys.[74] Erst in der zweiten Hälfte des 20. Jahrhunderts erfahren solche bis dahin wirksamen genieästhetischen Stereotype eine noch grundlegendere, systematische Kritik, die sich nach und nach auch im Selbstverständnis von Künstlerinnen, in der Praxis künstlerischer Arbeit und in den Erwartungen der Rezipienten bemerkbar macht. Aber selbst ein flüchtiger Blick in die Gegenwartskultur zeigt, dass die Gleichzeitigkeit von auratischer und postauratischer Kunstkultur weiterbesteht: Auch Massenprodukte können Kultwert besitzen,[75] Gegenstände mit Kultwert haben einen Ausstellungswert,[76] politische und religiöse Funktionen von Kunstwerken schließen sich gegenseitig nicht aus[77] und so weiter. Wahrscheinlich ließe sich sogar feststellen, dass sich die auratische und die postauratische Kultur nicht nur

---

73  Vgl. Schmücker 2009.

74  Dabei lässt sich allerdings beobachten, dass der Genie-Anspruch zunehmend einen selbstironischen Unterton annimmt, wenn er in der Gegenwart erhoben wird: »dass Avantgarde-Bewegungen sowohl der radikalen Subjektivität, als auch der ›totale[n] De-mokratisierung des G[enies]‹ (etwa bei Beuys) auf traditionelle G[enie]-Konzepte (vor allem Kants) referieren, die allerdings mehr und mehr in eine (sic!) spielerischen Umgang überführt werden.« Löhr 2011, 149.

75  Man denke nur an Produkte bestimmter Marken wie Apple, Doc Martens oder Rolex.

76  Zum Beispiel werden regelmäßig Requisiten von Kultfilmen und Kultserien ausgestellt, Kultgegenstände im klassischen Sinn, zum Beispiel Altäre und andere Sakralgegenstände, werden sogar sehr häufig in Museen ausgestellt, aber auch Kunstwerke wie die Mona Lisa, die einen besonderen Kultwert haben, haben einen hohen Ausstellungswert, wobei die Ehrfurcht vor dem Kultgegenstand und das Interesse an der Betrachtung des Ausstellungsgegenstands oft Hand in Hand gehen. Gerade auf diesen Doppel-Effekt kommt es Ausstellern meist auch an, wie zum Beispiel in der Ausstellung Schädel – Ikone. Mythos. Kult, die 2015 in der Völklinger Hütte bei Saarbrücken zu sehen war.

77  Beispiele für Kunstwerke, die zugleich einen religiösen und einen politischen Anspruch verkörpern, sind die Moschee, die vor Kurzem auf Çamlıca in Istanbul eröffnet wurde, die ungarische Stephanskrone oder verschiedene Werke, die auf das Bibelzitat aus Mi 4,3 Bezug nehmen (Sie werden ihre Schwerter zu Pflugscharen [...] machen [...] und sie werden hinfort nicht mehr lernen, Krieg zu führen), angefangen von der Bronzeskulptur Wutschetitschs vor der UNO in New York bis hin zu Michael Jacksons Song Heal the world.

nicht ausschließen, sondern dass sie sich gegenseitig verstärken, sodass man sagen könnte: Mit dem Kultwert eines Werkes steigt sein Ausstellungswert, und mit seiner massenhaften Verbreitung steigt wiederum sein Kultwert, mit der religiösen Symbolkraft eines Gegenstands steigt auch seine politische und so fort. Man könnte sogar fragen, ob bestimmte genieästhetische Klischees in der vermeintlich postauratischen Zeit nicht sogar dominanter geworden sind, als sie es zuvor waren. Manche Autoren behaupten gar, das Zeitalter der Reproduzierbarkeit hätte die Originalität des Kunstwerks und seinen Kultwert überhaupt erst begründet.[78]

Mir scheint es dagegen wahrscheinlicher, dass Benjamin in seinem Aufsatz den Anfang eines Kulturwandels benennt, im Zuge dessen der normative Charakter genieästhetischer Konzepte zunehmend relativiert wird, sodass nach und nach wirklich neue Arten von Kunstwerken entstehen, die sich genieästhetischen Normen – und damit gerade auch der genieästhetischen Originalität – prinzipiell entziehen. Das jedenfalls stünde auch in Übereinstimmung mit der Entwicklung der jüngeren Zeit. Darauf werde ich im dritten Teil dieses Kapitels noch etwas spezifischer eingehen. Davon, dass genieästhetische Normen ihre Bedeutung für die Kunst vollständig einbüßen, sind wir freilich gegenwärtig weit entfernt. Ob das jemals geschehen wird, lässt sich wohl auch von Kunstwissenschaftlerinnen schwerlich prognostizieren. Und dass Benjamin selbst eine solche vollständige Ablösung nicht prognostiziert, wird klar, wenn man sich vor Augen führt, dass er tatsächlich keine klare Trennung zwischen auratischer und postauratischer Kunst behauptet.

Um das deutlich zu machen, brauche ich an dieser Stelle nicht einmal detailliert auf Benjamins Unterscheidung beider Bereiche einzugehen.[79] Es wird nämlich schon daraus ersichtlich, dass er eine solche explizite Einteilung gar nicht vornimmt. Benjamin sagt nämlich an keiner Stelle so etwas wie »Kunstwerke der Gattungen x und y sind auratisch, während Kunstwerke der Gattungen z und v postauratisch sind«, wie man es erwarten könnte, wenn man davon ausgeht, dass er es auf eine klare Einteilung abgesehen hätte. Außerdem versucht er auch nicht, einzelne Kunstwerke der einen oder

---

78  »Rather than a preexisting value that was compromised by reproducibility, originality emerges as something *produced* by reproducibility. It was amid the new threat of the copy, of endlessly reproducible images, that originality took on the status that it retains today«, Balsom 2013, 101.

79  Das haben andere berufenere Autorinnen schon hinlänglich unternommen, beispielsweise Adorno, aber auch viele andere (vgl. Gerdes 2000, Kulenkampff 2011, Ernst 2001).

anderen Seite zuzuordnen, geschweige denn Gründe dafür anzugeben, warum ein bestimmtes Kunstwerk auratisch und ein anderes postauratisch wäre und nicht umgekehrt. Er sagt zwar, dass beispielsweise Filme aufgrund ihrer »Ubiquität« – sie sind mit einer Technik hergestellt, die es ermöglicht, dass sie immer wieder, auch zeitgleich, an verschiedenen Orten aufgeführt werden können – keine Kunstwerke im traditionellen Sinne seien. Insofern scheinen Filme also nicht auratisch zu sein. Aber er erklärt nicht, warum Ubiquität bei einem anderen Kunstwerk, zum Beispiel beim Chorwerk, das ja ebenso immer wieder und auch zeitgleich an verschiedenen Orten aufgeführt werden kann und im Übrigen von seiner Entstehungsweise her genauso daraufhin angelegt ist, nicht denselben Effekt haben soll. Er versucht stellenweise zwar zu erklären, warum er neue technische Verfahren, wie die Fotografie und den Film, anders bewertet als ältere technische Verfahren wie die Druckgrafik: Die neuen Verfahren seien im Vergleich zu den alten nämlich »ungeheuer beschleunigt«. Dann aber scheint doch wieder die Reproduzierbarkeit (und nicht die »Beschleunigung«) das ausschlaggebende Moment zu sein, wenn davon die Rede ist, dass die Frage nach dem echten Abzug einer Fotografie deshalb keinen Sinn habe, weil »eine Vielheit von Abzügen möglich« sei. Weil Benjamin aber keine überzeugende Verbindung zwischen Beschleunigung und Reproduzierbarkeit herstellt, bleibt er eine Erklärung dafür schuldig, wieso die Frage nach dem echten Abzug einer Fotografie keinen Sinn haben soll, solange die Frage nach der Echtheit einer Druckgrafik für ihn offenbar irgendwie sinnvoll bleibt. Und er geht offenbar deswegen nicht auf diese Frage ein – er könnte sich ja beispielsweise mit den Parametern auseinandersetzen, die für gewöhnlich die Echtheit einer Druckgrafik bestimmen, und erklären, warum sie auf die Fotografie nicht zutreffen sollen –, weil er eben gar keine systematische und begründete Gegenüberstellung von auratischen und postauratischen Kunstwerken vornimmt. Denn eine solche eindeutige Gegenüberstellung und Trennung ließe sich nur dann aufrechterhalten, wenn sich diese Parameter grundsätzlich nicht auf die Fotografie übertragen ließen (beispielsweise wegen der »ungeheuren Beschleunigung«), wofür im Übrigen nicht viel spricht. Die Behauptung, es gebe keinen »echten Abzug« einer fotografischen Platte, und sie unterscheide sich eben dadurch von auratischen Kunstformen, scheint so gesehen kaum haltbar. Wie wir bisher gesehen haben, scheint es Benjamin aber gar nicht auf eine klare Unterscheidung anzukommen, die es ermöglichen würde, eindeutige Aussagen darüber zu treffen, welche Gegenstände auf welcher Seite stehen und warum genau. Denn »Benjamins Dialektik operiert nicht nach der Logik des

Widerspruchs von Position und Negation, sondern im Schema einer Bildung von gegensätzlichen Polen,« sodass »in genauer Lektüre auratisches und auraloses Kunstwerk keine absoluten Gegensätze«[80] darstellen. Dieser Umstand macht es auf den ersten Blick natürlich sehr schwer, wenn nicht unmöglich, eine befriedigende Explikation des »Pols« »auratisches Kunstwerk« zu leisten. Solange eine klare Trennung zwischen »auratischem Kunstwerk« und »postauratischem Kunstwerk« nicht möglich ist, ist auch eine Explikation von »auratischem Kunstwerk« nicht möglich.

### 4.3.4    Die Funktion auratischer Kunst

Allerdings bietet Benjamins Aufsatz vielleicht noch einen anderen Weg, auf dem man einem Verständnis des »auratischen Kunstwerks« noch etwas näher kommen könnte: Es könnte sich nämlich als hilfreich erweisen, seinen Text weniger als den Versuch einer Unterscheidung zwischen verschiedenen Arten von Produktions*techniken* oder Kunst*gattungen* zu lesen – was die an ihrem Eingang stehende Auseinandersetzung mit den Gattungen Fotografie und Film und deren Techniken einerseits nahezulegen scheint, was Benjamin andererseits aber nicht ausdrücklich behauptet –, sondern als eine Unterscheidung zwischen zwei verschiedenen *Funktionen* von Kunst. Wenn »Aura« beziehungsweise »Originalität« als Funktionen von Kunstwerken verstanden werden, könnte eine klare Trennung – zwar nicht zwischen auratischen und postauratischen Kunstgattungen, aber zwischen Kunstwerken mit auratischen und solchen mit postauratischen Funktionen – denkbar werden. Denn auch wenn Benjamin eingangs ausführlicher auf Produktionsweisen von Kunstwerken eingeht, sagt er doch auch schon zu Beginn seines Aufsatzes, dass es ihm um sehr viel mehr geht, nämlich um die »Kunst in ihrer überkommenen Gestalt«[81]. Produktionsweisen, und insbesondere Reproduzierbarkeit, scheinen dann auch in seinem Text eine ganz andere Rolle zu spielen als beispielsweise in Kants Auseinandersetzung mit dem genialen Schaffensprozess. Viel weniger als auf die neuen Produktionsprozesse scheint es Benjamin nämlich auf die Konsequenzen anzukommen, die diese Prozesse für die Kunstwerke und unseren Umgang mit ihnen besitzen. Er präsentiert die neuen, auf Reproduktion angelegten Produktionsweisen ja, um zu zeigen, dass die Gestalt der Kunst sich verändert. Es ist diese Veränderung,

---

80  Lindner 2012, 689.
81  Benjamin 2012, 98.

die ihn interessiert. Und wenn er diese Veränderung beschreibt, schildert er im Grunde nichts anderes als die verschiedenen Funktionen von auratischer und postauratischer Kunst: Während die alten, mit den herkömmlichen Verfahren produzierten Kunstwerke in seinen Augen »Instrumente der Magie« und Gegenstand der »Kontemplation« und des Kultes sind, nennt er die mit den neuen Produktionsmethoden hergestellten Kunstwerke »Ware«, die ihren Konsumenten zur »Zerstreuung« dient. Benjamins Unterscheidung zwischen auratischer und postauratischer Kunst ist insofern nicht deckungsgleich mit einer Unterscheidung zwischen bestimmten Produktionsweisen von Kunstwerken. Ein Werk muss ja nicht mit modernen Methoden hergestellt worden sein, um beispielsweise als »Instrument der Zerstreuung« zu dienen.

Wenn man die Beschreibung der auratischen Kunst als die Beschreibung ihrer *Funktion* versteht und sich auf diese konzentriert, kann man vielleicht quasi durch die Hintertür eine befriedigende Explikation des »auratischen Kunstwerkes« leisten. Allerdings hat dieser Lösungsansatz seinen Preis, und der besteht darin, dass man jene Aussagen Benjamins ausklammern muss, die eine andere Definition des »auratischen Kunstwerkes« nahezulegen scheinen. Das sind eben jene, die die Produktionstechniken betreffen. Dieser radikale Schritt erscheint aber insofern vertretbar, als erstens Benjamins Fokus auf der Funktion und nicht auf der Produktionsweise zu liegen scheint: Er nimmt die Unterscheidung zwischen alten und neuen Produktionstechniken zwar zum Anlass, seine Unterscheidung zwischen auratischer und postauratischer Kunst einzuführen, im weiteren Verlauf seines Textes stellt er aber die Produktionstechniken immer mehr in den Hintergrund, um sich den Funktionen von auratischer und postauratischer Kunst zu widmen. Zweitens erscheint eine Beschränkung auf die Funktion auch insofern vertretbar, als eine Berücksichtigung dessen, was Benjamin als die Produktionstechniken auratischer Kunstwerke präsentiert, *und* dessen, was er als die Funktion auratischer Kunstwerke darstellt, überhaupt keine befriedigende Explikation zulassen würde. Denn die Funktion eines Gegenstandes und die Technik, mit der er produziert wurde, haben nicht zwingend etwas miteinander zu tun. Es spricht beispielsweise überhaupt nichts dagegen, dass ein Kunstwerk zugleich mit einer »postauratischen Technik« produziert sein und für seine Konsumentinnen eine »auratische Funktion« erfüllen kann – oder umgekehrt, wie ich kurz anhand eines Beispiels und eines Gedankenexperiments deutlich machen möchte.

Benjamin verweist in seinem Aufsatz immer wieder auf Kultgegenstände, die er gleichsam als den Inbegriff des auratischen Kunstwerkes präsentiert.[82] Zugleich schließt er Kunstwerke, deren Entstehungsprozess auf Reproduktion hin angelegt ist, also beispielsweise Produkte der Massenherstellung, vom Bereich des »Auratischen« aus. Aber offensichtlich werden auch Kultgegenstände im engsten Sinne, angefangen von liturgischen Geräten bis hin zu Ikonen, Skulpturen und Devotionalien, seit jeher gewohnheitsmäßig in darauf spezialisierten Produktionsstätten als Massenware hergestellt und in entsprechenden Verkaufsstätten, beispielsweise in der Nähe von Pilgerorten, als solche angeboten. Kultgegenstände können also als Massenware produziert sein und dennoch eine auratische Funktion erfüllen. Das kann auch das folgende Gedankenexperiment vor Augen führen: Fotos und Filme scheinen zwar, was ihren Entstehungsprozess angeht, eindeutig auf die postauratische Seite zu gehören. Aber ein Foto, von dem von vornherein nur ein einziger Abzug vorgesehen gewesen wäre, der dann in einem weltberühmten Museum in einem eigens dafür eingerichteten Saal hinter Glas ausgestellt und täglich von tausenden Besuchern ehrfürchtig betrachtet würde – besäße dennoch zweifellos eine auratische Funktion. Dasselbe gälte wohl für einen Film, der nur in einem einzigen Kino zu ganz bestimmten Zeiten vor ausgewähltem Publikum aufgeführt würde. Umgekehrt ist es wohl auch nicht selten der Fall, dass Kunstwerke, die sich einer »auratischen« Produktionstechnik, also beispielsweise dem traditionellen Kunsthandwerk, verdanken, Funktionen erfüllen, die Benjamin der postauratischen Kunst zuschreibt, wie etwa »Zerstreuung« oder »Schock«.

Ich halte es daher für vertretbar, davon auszugehen, dass Benjamin die klassische genieästhetische Vorstellung von der Bedeutung des Produktionsprozesses inklusive der »fühlenden Hand« und der Geheimnishaftigkeit nur insofern aufgreift, als sie ihm als symptomatisch für die alte »auratische« Kunstkultur erscheinen, dass er sich im Kern seiner Argumentation aber gerade nicht auf die Produktionsweisen, sondern auf die *Funktionsweisen* der neuen und der alten Kunst konzentriert.[83] Anders als Kants Auffassung über

---

82  Benjamin ist der Auffassung, »daß diese auratische Daseinsweise des Kunstwerks niemals durchaus von seiner Ritualfunktion sich löst. Mit anderen Worten: *Der einzigartige Wert des ›echten‹ Kunstwerks hat seine Fundierung im Ritual, in dem es seinen originären und ersten Gebrauchswert hatte.*« Benjamin 2012, 103.

83  Er scheint dabei freilich einen Zusammenhang zwischen Produktionstechnik und Funktion anzunehmen, den er aber weder explizit darlegt noch ihn begründet und der sich

die Bedeutung von »Originalität«, die einen rational nicht ganz nachvollzieh-baren Schaffensakt impliziert, scheint Benjamins Begriff des Originals nicht zwingend einen bestimmten Schaffensprozess vorauszusetzen, sondern viel-mehr eine bestimmte Kultur im Umgang mit Kunst oder eine bestimmte Funktion von Kunst.

Benjamin verweist in seiner Beschreibung auratischer Kunst immer wie-der auf das »Ritual« und bezeichnet die Funktion auratischer Kunstwerke ausdrücklich als »Ritualfunktion.«[84] Ihr stellt er die »politische« oder »sozia-le« Funktion des postauratischen Kunstwerkes gegenüber. Dabei will Benja-min das Ritual, innerhalb dessen das auratische Kunstwerk seine originäre Funktion hat, explizit nicht auf das religiöse Ritual beschränkt verstehen. Zwar geht er davon aus, dass der religiöse Kult der ursprüngliche Ort des auratischen Kunstwerkes ist, aber er sagt auch, seit der Renaissance habe sich ein säkularer Schönheitsdienst entwickelt, in dessen Kontext auratische Kunst genauso ihren Platz habe und ihre rituelle Funktion erfülle wie im re-ligiösen Kult. Gleichwohl also, ob es sich um religiöse oder nicht-religiöse Rituale handelt: Kunstwerke, die eine Ritualfunktion haben, sind für Ben-jamin auratische Kunstwerke. Postauratische Kunstwerke besitzen dagegen keine Ritualfunktion, denn »die technische Reproduzierbarkeit des Kunst-werks emanzipiert dieses zum ersten Mal in der Weltgeschichte von seinem parasitären Dasein am Ritual«.[85] Wenn wir also annehmen, dass die »Ritual-funktion« eine notwendige Eigenschaft von auratischen Kunstwerken ist, an-hand derer sie hinreichend von postauratischen Kunstwerken unterschieden werden können, könnte ein erster Versuch, »auratisches Kunstwerk« zu ex-plizieren, lauten:

Ein Kunstwerk ist auratisch, wenn es eine Ritualfunktion besitzt.

Sofern – wie weiter oben ausgeführt – »auratisches Kunstwerk« für Benjamin gleichbedeutend mit »echtes Kunstwerk« ist und »echtes Kunstwerk« gleich-

---

zudem kaum begründen lässt, sodass es mir durchaus vertretbar erscheint, die Produk-tionstechniken beiseite zu lassen.

84  »Es ist nun von entscheidender Bedeutung, daß diese auratische Daseinsweise des Kunst-werks niemals durchaus von seiner Ritualfunktion sich löst. Mit anderen Worten: *Der ein-zigartige Wert des ›echten‹ Kunstwerks hat seine Fundierung im Ritual, in dem es seinen originä-ren und ersten Gebrauchswert hatte.* Diese mag so vermittelt sein wie sie will, sie ist auch noch in den profansten Formen des Schönheitsdienstes als säkularisiertes Ritual erkenn-bar.« Benjamin 2012, 103.

85  Benjamin 2012, 104.

bedeutend mit »Original«, könnte man die Bedeutung, die »Original« für Benjamins zu haben scheint, entsprechend explizieren:

Ein Kunstwerk ist ein Original, wenn es eine Ritualfunktion besitzt.

Das klingt zunächst einleuchtend, denn zum einen besitzen Kunstwerke zweifellos rituelle Funktionen, sowohl in religiösen Kontexten wie in nichtreligiösen. Und zum anderen sind zahlreiche moderne Künstlerinnen tatsächlich bestrebt, Kunstwerke und Kunstformen zu schaffen, die sich bestimmten klassischen Ritualfunktionen entziehen, indem sie ihre Werke so schaffen, dass sie die Erwartungshaltungen der Ritual-Teilnehmer[86] absichtlich frustrieren. Man denke nur an Bertolt Brechts »V-Effekt«, an Levines Fotoserie »After Walker Evans« oder an Duchamps »Porte-bouteilles«. Andererseits wird man aber nicht leugnen können, dass auch solche zeitgenössischen Kunstwerke, die sich traditionellen Ritualen des Kunstkonsums verweigern, ihrerseits Gegenstand bestimmter (vielleicht neuer) Rituale werden. Dass Kunstwerke, sobald sie als solche aufgefasst und konsumiert werden, immer auch Ritualfunktionen erfüllen, ist eine geradezu triviale Aussage. Diese Funktionen können sich von traditionellen Ritualen (wie beispielsweise Schweigen während einer »Aufführung«, »Vorhang« und Applaus, Hervorhebung durch Podeste und Rahmen, Gebote wie »Nicht berühren« und so weiter) unterscheiden. Aber solange alleine schon die Anerkennung eines Gegenstandes als Kunst sowie das Ausstellen beziehungsweise die öffentliche Aufführung eines Kunstwerkes als Rituale betrachtet werden können, werden Kunstwerke wohl oder übel immer Funktionen innerhalb ritualisierter Abläufe erfüllen. Das heißt, anstelle einer klaren Aufteilung von Kunstwerken in auratische Kunstwerke mit Ritualfunktion und postauratische Kunstwerke ohne Ritualfunktion ist bestenfalls eine Unterscheidung zwischen »auratischen« Ritualfunktionen und »postauratischen« Ritualfunktionen möglich.

Aber spätestens an diesem Punkt, an dem man beginnt, zwischen auratischen und postauratischen Ritualen zu unterscheiden, um besser zu verstehen, was Benjamin mit der Ritualfunktion auratischer Kunstwerke gemeint haben könnte, scheint der Versuch, die »Ritualfunktion« als Ausgangspunkt zum besseren Verständnis von »auratisch« zu nutzen, direkt in einen Zirkelschluss zu führen. Benjamin bietet uns nur wenige vage Hinweise, die kaum

---

86 Vgl. Wulf 2015.

geeignet sind, uns über diesen Punkt hinauszuführen,[87] zudem unterscheidet er kaum zwischen den Funktionen religiöser und nichtreligiöser Rituale, sodass eine befriedigende Explikation von »Ritualfunktion« praktisch unmöglich wird. Eine solche Unterscheidung zwischen den spezifischen Merkmalen religiöser und nicht-religiöser Rituale[88] wäre insofern hilfreich, als – wenn man letztere einschließen möchte – eine zufriedenstellende Definition äußerst schwierig erscheint.[89] Wenn man nun versuchen möchte, die »Ritualfunktion« so zu explizieren, dass sie auch nicht-religiöse Rituale einschließt und nur auratischen Kunstwerken, nicht aber postauratischen Ritualen eignet, befinden sich mit »Ritualfunktion« und »auratisch« mindestens zwei Leerstellen in der Gleichung. Ein Zirkelschluss wird so unvermeidlich:

Ein Kunstwerk ist auratisch, wenn es eine Ritualfunktion besitzt.
Ein Kunstwerk ist postauratisch, wenn es keine Ritualfunktion besitzt.

---

87  Unter anderem sagt er, eine Ritualfunktion zu besitzen, würde implizieren, dass die bloße Existenz des Kunstwerkes »wichtiger« wäre als seine sinnliche Wahrnehmung: »Von diesen Gebilden ist, wie man annehmen darf, wichtiger, daß sie vorhanden sind als daß sie gesehen werden. Das Elentier, das der Mensch der Steinzeit an den Wänden seiner Höhle abbildet, ist ein Zauberinstrument. Er stellt es zwar vor seinen Mitmenschen aus; vor allem aber ist es Geistern zugedacht. Der Kultwert als solcher scheint heute geradezu daraufhinzudrängen, das Kunstwerk im Verborgenen zu halten: gewisse Götterstatuen sind nur dem Priester in der cella zugänglich, gewisse Madonnenbilder bleiben fast das ganze Jahr über verhangen, gewisse Skulpturen an mittelalterlichen Domen sind für den Betrachter zu ebener Erde nicht sichtbar. Mit der Emanzipation der einzelnen Kunstübungen aus dem Schoße des Rituals wachsen die Gelegenheiten zur Ausstellung ihrer Produkte. Die Ausstellbarkeit einer Portraitbüste, die dahin und dorthin verschickt werden kann, ist größer als die einer Götterstatue, die ihren festen Ort im Innern des Tempels hat.« Benjamin 2012, 106-107.

88  Sundermeier unterscheidet zwischen dem »Ritus«, einer worthaften, symbolischen, repetitiven religiösen Basishandlung, und der Ritualisierung von Alltagshandlungen, »unter der das gewohnheitsmäßige, repetitive Alltagsverhalten, neurotische Zwangshandlungen, aber auch profane Zeremonien zu verstehen sind, die ursprünglich religiös eingefärbt sind und im Ritual der Stammesgesellschaften ihren Ursprung haben.« Sundermeier 2006, 260.

89  »Das Spektrum ritueller Handlungen umfasst Liturgien, Zeremonien, Feiern, Ritualisierungen und Konventionen; es reicht von den religiösen Ritualen, den Übergängen bei Eheschließung, Geburt und Tod bis hin zu den Interaktionsritualen des Alltags. Da Rituale als komplexe soziale Phänomene Gegenstand vieler wissenschaftlicher Disziplinen sind, gibt es in der internationalen Ritualforschung keine allgemein akzeptierte Theorie oder Definition von Ritualen.« Wulf 2008, 332.

Eine Ritualfunktion ist eine Funktion auratischer Kunstwerke, die postauratische Kunstwerke nicht besitzen können.

### 4.3.5    Fazit zu Benjamin

Man könnte Benjamin – ebenso wie Kant – vorwerfen, er habe einen leeren Begriff, nämlich den des Originals, mit anderen leeren oder doch zumindest sehr vagen Begriffen versucht zu erklären (»Hier und Jetzt«, »Aura«, »Ritualfunktion« und so weiter). Denn sowenig der Verweis auf die Unerklärbarkeit eines Einfalls hinreichend beantwortet, was genau die »Genialität« dieses Einfalls ausmacht, so wenig erklären Benjamins Ausführungen über die »Ritualfunktion« gewisser Kunstwerke, was eine »Aura« sein soll. Dennoch liefern uns Benjamins Ausführungen – wie übrigens auch die Kants – einen wertvollen Hinweis darauf, was Originalität sein könnte, indem sie – Benjamin ausdrücklicher als Kant – auf Zuschreibungen, auf kulturelle Normen und auf die von Originalen jeweils erfüllten Funktionen verweisen. Wie wir im letzten Abschnitt dieses Kapitels sehen werden, beschreiten andere nach ihnen ganz ähnliche Wege.

## 4.4    Gibt es eine postgenieästhetische Originalität?

Im sogenannten »Digitalen Zeitalter« scheint endgültig die Zeit der von Benjamin prognostizierten neuen Kunst angebrochen zu sein. Nicht umsonst hat man Benjamins Aufsatz auch bescheinigt, ein »Gassenhauer des digitalen Zeitalters« zu sein.[90] Die zunehmende weltweite Vernetzung von Menschen und Dingen, die fast vollständige Digitalisierung aller weltweit verfügbaren Informationen und deren globale Abrufbarkeit über das Internet verändern die Welt in einer Weise, die wohl weit über das für Benjamin Denkbare hinausgeht. Digitale Techniken ermöglichen nicht nur Kopien aller Arten von Gegenständen[91] in einer zuvor unerreichbaren Perfektion und Vielzahl, son-

---

90  Gerdes 2000, 13.
91  Das betrifft nicht mehr nur Texte, Bilder und Klänge. Auch physische Objekte können ohne Qualitätsverlust gescannt und vervielfältigt werden. Ein Beispiel dafür, was modernste Mess-, Scan- und Drucktechniken im Bereich der Restaurierung leisten können, sind die Faksimiles der Spanischen Restaurationsfirma *Factum Arte*. Voraussichtlich werden Verfahren zur Übersetzung physischer Objekte in digitale Information und ihre Vervielfältigung in Zukunft noch an Bedeutung gewinnen.

dern auch einen Zugriff auf eine schier unüberschaubare Masse von Material in Text, Ton und Bild, das sich mit Hilfe neuer Technologien leicht und in vielfältiger Weise weiterverarbeiten lässt. Dazu kommt die digitale Technik selbst, die nicht nur das Kopieren praktisch ohne Qualitätsverlust ermöglicht, sondern deren Funktionsweise ganz wesentlich auf dem Kopieren von Datensätzen basiert. Die Frage nach dem echten Exemplar einer Datei scheint tatsächlich keinen Sinn mehr zu ergeben.[92] Und selbst eine Technologie wie *Blockchain*, die der scheinbar grenzenlosen Veränderbarkeit digitaler Daten gewisse Grenzen setzt, scheint in ihrer nur ausgewiesenen Expertinnen zugänglichen Komplexität geradezu Symptom für ein Zeitalter zu sein, das von einer praktisch unbegrenzten Vervielfältigung und Verfügbarkeit aller möglichen Daten geprägt ist.[93]

Digitale Techniken ermöglichen nicht nur jedem einzelnen Menschen mit Internetzugang den Zugriff auf eine schier unvorstellbare Masse an Material und erlauben ihm, dieses zu nutzen, sondern sie bieten ihm zugleich Zugang zu einer riesigen Menge potenzieller Nutzerinnen, die von ihm angebotenes oder verändertes Material ihrerseits weiterverwerten können. So unterstützen digitale Techniken eine Dynamik, die die Entwicklung künstlerischer Arbeitsweisen schon seit Beginn des 20. Jahrhunderts erfasst: An die Stelle des Anspruchs, etwas Eigenes, möglichst Neues und Einmaliges zu schaffen, das von anderen lediglich wahrgenommen und bestenfalls bewundert werden soll, tritt immer öfter ein künstlerisches Selbstverständnis, das sich als *Teil* eines kreativen Prozesses begreift, in dem von anderen bereitgestelltes Material so aufgegriffen, verändert, kombiniert und in neue Bezüge gestellt wird, dass es wiederum als Grundlage für das künstlerische Tun anderer fruchtbar werden kann. Künstlerisches Schaffen erscheint so nicht mehr primär als Herstellung von etwas ganz Neuem, Einzigartigem, Vollkommenem und möglichst für immer Bestehendem, sondern vielmehr als ein experimenteller Umgang mit von anderen aufgegriffenen Motiven, Ideen und Materialien. Gerade die vielfachen Bezüge – beispielsweise zwischen verschiedenen

---

92  »Die digitale Kopie als Vervielfältigungsform verwischt die Grenze zwischen Vorlage und Nachahmung, Original und Kopie sind nicht mehr zu unterscheiden. Dateien, Songs und auch Filme können ohne Qualitätsverlust dupliziert und verbreitet werden – wenn sie einmal [...] von ihrem analogen Datenträger (Vinyl, Papier, Film) gelöst und digitalisiert worden sind. Die digitale Kopie und die Befreiung der Information vom Datenträger bilden die beiden grundlegenden Herausforderungen des Zeitalters, das als Ära der Digitalisierung beschrieben wird – auch für das Urheberrecht.« Von Gehlen 2011, 15.

93  Vgl. dazu Coeckelbergh und Reijers 2015.

Vorbildern, Inspirations- und Materialquellen, Rezipientinnen und Interpreten des Werkes – werden zu einem zentralen und sichtbaren Teil des Werkes und machen seinen Reiz aus. Ganz Neues oder gar Einzigartiges und für sich Stehendes zu schaffen, erscheint dagegen im Zeitalter des Zitats nicht nur zunehmend unmöglich, sondern auch kaum mehr erstrebenswert.

Diese neue Kunstkultur hat eine Vielzahl charakteristischer künstlerischer Verfahrensweisen hervorgebracht, angefangen vom *ready made*, das ein nichtkünstlerisches Objekt aufgreift und es durch seine Einordnung in einen künstlerischen Kontext verändert, über die *Appropriation Art*, deren Methode in der bewussten Aneignung fremder Werke besteht, bis hin zu allerlei weiteren Methoden, die sich als »Strategien des Fake«[94] beschreiben lassen. Während in der bildenden Kunst dabei lange noch eine Lust an der Auseinandersetzung mit überkommenen Originalitäts-Idealen spürbar ist,[95] sind diese Ideale in Herstellungsverfahren, die typischerweise in der Musik verwendet werden, kaum mehr als Reibungsfläche bemerkbar. Beispiele dafür sind das *Remake*, in dem ein Sänger ein eigenes Stück neu interpretiert, die *Coverversion*, in der eine Sängerin ein Lied einer anderen interpretiert, der *Remix*, in dem Tonspuren eines Stückes neu abgemischt werden, das *Mashup*, in dem verschiedene Stücke zusammengemischt werden, oder das *Sampling*, das Zusammenmischen verschiedener oft kleinster musikalischer Teile (zum Beispiel einzelner Takte) zu einem neuen Stück. Sie alle können als absolut übliche Verfahren zur Produktion neuer Stücke betrachtet werden, die die Original-Frage allenfalls im Zusammenhang mit Leistungsschutzrechten aufwerfen.[96] Ähnliche Zitat-, Schnitt- und Collage-Techniken gibt es im Film und in der Literatur. Zu erwähnen sind an dieser Stelle auch Verfahren, die Rezipienten aktiv in den Produktionsprozess von Werken einbinden. Solche Verfahren werden als Strategien der Interaktivität[97] oder als *Youser Art*[98] bezeichnet.

---

94 Vgl. Römer 2001.
95 Wolfgang Ullrich bescheinigt beispielsweise der Appropriation Art, dass sie, »indem der Gestus des Traditionsbruches vehement vorgetragen wird, […] dem Prinzip des Anders-Seins und daher dem Originalitäts-Imperativ nur einmal mehr gehorcht.« Ullrich 2011, 110.
96 Wobei das Bundesverfassungsgericht zuletzt in seinem Urteil vom 31.05.2016 der Kunstfreiheit Priorität gegenüber Leistungsschutzrechten eingeräumt hat.
97 Daniels 2003.
98 Butz 2012.

Kurz: Wir haben es insgesamt mit einem grundlegend neuen Ideal geistigen Schaffens zu tun. Der Filmemacher Jim Jarmusch hat dieses Ideal auf den
Punkt gebracht, als er im Jahr 2004 die fünfte seiner fünf goldenen Regeln des
Filmemachens für das *Movie Maker Magazine* wie folgt formulierte: »Nothing
is original. Steal from anywhere that resonates with inspiration or fuels your
imagination. Devour old films, new films, music, books, paintings, photo-
graphs, poems, dreams, random conversations, architecture, bridges, street
signs, trees, clouds, bodies of water, light and shadows. Select only things to
steal from that speak directly to your soul. If you do this, your work (and theft)
will be authentic. Authenticity is invaluable; originality is nonexistent.« Abgesehen davon, dass in der Rede von einer unschätzbar wertvollen Authentizität
sehr deutlich genieästhetische Prägungen nachklingen, scheint mir in dieser
Maxime – insbesondere im expliziten Aufruf zum »Stehlen« – ein ausdrücklich post-genieästhetisch geprägtes künstlerisches Selbstverständnis zutage
zu treten.

In den letzten Jahren nehmen eine ganze Reihe von Wissenschaftlerinnen verschiedener Disziplinen dieses neue Ideal zum Anlass, um gleichsam
mit überkommenen Originalkonzepten abzurechnen. Einige von ihnen wollen den Begriff des Originals gleich ganz aus kunstwissenschaftlichen Diskursen verbannen, andere scheinen sich um eine Definition von »Original«
zu bemühen, die auf einer radikalen Kritik genieästhetischer Vorstellungen
aufbaut. So verlangt beispielsweise die Sprachwissenschaftlerin Gisela Fehrmann, Originale nicht länger als »Singularitäten«[99] zu betrachten. Ihr zufolge
ist Originalität eine »Relation«, die durch »Praktiken des Sekundären«[100] ent-

---

99  »Hinter den Diskussionen um die Auflösung der Unterscheidung von Original und Kopie
    im digitalen Zeitalter verbirgt sich nicht selten eine ontologisierende Reduktion des Ori-
    ginals auf Objekte oder Ereignisse, die qua ihrer Materialität und/oder ihrer raum-zeit-
    lichen Situierung und personalen Adressierung als Singularitäten identifizierbar sind.
    Dabei wird aber nicht nur vergessen, dass die Differenz von Original und Kopie bereits
    vor dem Aufkommen moderner Reproduktionstechniken in vielen Bereichen nicht mit
    dem Bezug auf eindeutige, gar reale Referenzobjekte operieren konnte. Vielmehr gerät
    damit auch die Frage nach der Relevanz der Sekundärpraktiken für die Etablierung von
    Originalen aus dem Blick.« Fehrmann et al. 2004, 9.

100 »Als ›Praktiken des Sekundären‹ sollen hier jene kulturellen und medialen Verfah-
    ren verstanden werden, die gezielt auf den Status des Vorgefundenen, des Nicht-
    Authentischen oder des Abgeleiteten ihres Gegenstands bzw. Materials setzen – oder
    aber derartige Zuschreibungen bewusst problematisieren. Es ist diese dezidierte An-
    eignung, die Praktiken des Sekundären von Produktionsweisen unterscheidet, die zwar
    notwendig auch auf Traditionsbestände zurückgreifen, dies jedoch – häufig unter den

steht, also durch den expliziten Verweis auf diejenigen Quellen, auf die im Schaffensprozess des »Originals« zurückgegriffen wird. Durch diesen Verweis entpuppt sich das Original freilich zugleich als Illusion, weil »der Begriff des Originals impliziert, dass es einen identifizierbaren, unhintergehbaren Anfang gibt, der dann als Referenzpunkt für Kopier- und Imitationsprozesse dient. Diese Annahme ist jedoch in Zeiten, in denen man ohnehin im *Zitat* lebt, fragwürdig geworden.«[101] Der Kunstwissenschaftler Wolfgang Ullrich spricht von einer »insgesamt schädliche[n] Fixierung des Kunstinteresses auf Originale« und hofft, »daß das Ansehen des Reproduktionswesens nach und nach wieder steigen« wird.[102] Diese »schädliche Fixierung« hat ihren Grund Ullrich zufolge darin, dass Originale für die ursprünglichen ersten Werkverkörperungen gehalten werden – was, wie Ullrich zeigt, nicht unbedingt zutrifft, »bedenken Künstler doch die Reproduzierbarkeit ihrer Werke schon vor deren Entstehung«. Außerdem würden Originale auch für die jeweils vollkommenste Werkverkörperung gehalten, was, wie Ullrich ebenfalls veranschaulicht, auch nicht unbedingt zutrifft, da »oft Werke für eine Reproduktion geradezu ein zweites Mal geschaffen werden oder erst in ihr zur Vollendung finden«.[103] Die Fixierung auf Originale verhindert ihm zufolge die Entdeckung und Fruchtbarmachung der Möglichkeiten reproduktiver Verfahren, die gerade in einer ästhetischen Überbietung des Originals bestehen.[104]

Mir geht es an dieser Stelle nicht darum, auf diese beiden – mehr oder weniger willkürlich herausgegriffenen – Positionen vertiefter einzugehen. Vielmehr möchte ich sie zum Anlass nehmen, zwei Aspekte zu unterstreichen, die ich für symptomatisch für die einschlägige Literatur zum »Originalproblem« halte. Erstens findet sich in diesen Texten keine explizite Definition von »Original«. Wenn man aber versucht, die jeweils implizit vorausgesetzte Definiti-

---

Vorzeichen von Originalität und Authentizität – unterschlagen, verdrängen oder zumindest nicht explizit ausweisen.« Fehrmann et al. 2004, 8-9.

101  Gerhards 2004, 109.

102  Ullrich 2009, 143.

103  Ullrich 2009, 17.

104  »Es wäre viel erreicht, wenn man im ›Original‹ künftig nicht mehr nur das Unmittelbare und Ursprüngliche suchte, sondern darin zugleich das Anfängliche, noch Unfertige und Unvollkommene sähe. Im Gegenzug – ohne jedoch eine simple Umkehr bisheriger Wertungen zu propagieren – sollte es üblich werden, ›Reproduktionen‹ statt als Abklatsch vielmehr als Reprise und zweiten Anlauf, als Differenzierung und Pendant, als Reflexion und Raffinement zu schätzen. [...] So erwächst nämlich aus dem Anspruch auf Reproduktion – Nachahmung – immer wieder ein Ehrgeiz, der schließlich zur Verfeinerung des Originals führen kann.« Ullrich 2009, 17.

on aus dem Argumentationsgang abzuleiten, stößt man zweitens nicht selten
auf ein Konzept, in dem die Eigenschaft, ein Erstvorkommnis zu sein, beziehungsweise die Neuheit eines Kunstwerks sowie seine Authentizität und ästhetische Exzellenz irgendwie gleichermaßen als notwendige Voraussetzungen seiner Originalität erscheinen – einer Originalität, die dann zu Recht
kritisiert wird. Dabei ist die Kritik bei aller ihrer Berechtigung meist wenig
zielsicher, eben weil sie kein wirklich klar definiertes Ziel treffen kann.

Artikel wie die oben angeführten können zweifellos aufschlussreiche Einblicke in die Schwachstellen genieästhetischer Originalkonzeptionen bieten.
Sie taugen aber nur zum Teil als Ausgangspunkt für eine systematische Auseinandersetzung mit dem Original. Das heißt außerdem: Wenn man sich Texte wie die oben zitierten genauer ansieht, wird sehr schnell deutlich, dass die
dort formulierte Kritik ausschließlich genieästhetisch begründete Vorstellungen von Originalität trifft (eben zum Beispiel die Verknüpfung von »Neuheit«
und ästhetischer Qualität, die Ullrich völlig zu Recht kritisiert). Das heißt:
Das Ziel der geäußerten Kritik ist nicht eigentlich das Original, sondern es
sind *genieästhetische Auffassungen über die Bedeutung von »Original«* und zuweilen nicht einmal die, sondern das, was – vermeintlich oder tatsächlich – an
Ansprüchen, Idealen und Rechten aus ihnen abgeleitet wird.[105]

Freilich ist diese Differenz den Autoren nicht immer bewusst. Einige
scheinen »Original« für einen genuin genieästhetischen Begriff zu halten,

---

105 Tatsächlich geht es der wachsenden Schar von Künstlern und Kunsthistorikerinnen, die
im Laufe des 20. Jahrhunderts damit beginnt, den Begriff des Originals zu kritisieren, oft
nicht nur um die Ablehnung bestimmter Ideale, sondern meist auch um die Ablehnung
bestimmter rechtlicher, wirtschaftlicher, politischer und sozialer Normen, die sich aus
diesen Idealen ableiten. Gerade in den jüngeren Wortmeldungen zum Thema werden
dabei vor allem bestimmte Freiheitsrechte beansprucht: »Originopoly is my term for the
political, economic, and theological strategy that, like radical fundamentalism in legis-
lation, education, and religion, denies the commonalty of our standing in aftermaths
that gradually, inevitably drift away from any original.« Schwartz 2004, 312. Um solchen
vermeintlichen Bedrohungen entgegenzutreten, werden, ausgehend von einer *funda-
mentalen Kritik des Originals*, teils politische Forderungen erhoben wie jene nach einer
weitgehenden Legalisierung der Aneignung und Weiterverarbeitung digitaler Inhalte.
So schreibt bspw. von Gehlen: »Es geht um das im Grundgesetz in Artikel 5 garantierte Recht auf freie Meinungsäußerung. Durch die Möglichkeiten der Digitalisierung hat
sich das ›Recht, seine Meinung in Wort, Schrift und Bild frei zu äußern und zu verbrei-
ten und sich aus allgemein zugänglichen Quellen ungehindert zu unterrichten‹, nämlich
erweitert.« Von Gehlen 2011, 174-175.

sodass sie tatsächlich der Auffassung sind, dass »Original« an sich ein letztlich sinnfreier, unbrauchbarer Begriff ist, den es aus fachlichen Diskursen
konsequent herauszuhalten gelte. Auch vor dem Hintergrund solcher Positionen ist es eines der wesentlichen Ziele der vorliegenden Untersuchung,
bewusst zu machen, dass »Original« kein originär genieästhetischer Begriff
ist. Mir geht es daher an dieser Stelle zunächst darum, zu zeigen, dass das
Zeitalter des Zitats zwar vielleicht das Ende genieästhetischer Auffassungen
über die Bedeutung von »Original« einläuten mag (dafür sprechen zumindest
bestimmte künstlerische Arbeitsweisen, auf die ich im folgenden Abschnitt
eingehe und die das Ende des genieästhetischen Originals zelebrieren), nicht
aber das des Originals. Im Gegenteil: Die systematische Infragestellung
genieästhetischer Auffassungen scheint mir eine Voraussetzung für eine
wirklich befriedigende Explikation von »Original« darzustellen.

### 4.4.1 »Nothing is original«: Verfahrensweisen postgenieästhetischer Kunst

Der Künstler und Kunsthistoriker Stefan Römer hat in seiner Dissertation
eine ganze Reihe post-genieästhetischer künstlerischer Selbstverständnisse
und Strategien untersucht. Er beschreibt eingangs eine Entwicklung, die er
als Ende der »Epoche des Originals« bezeichnet. Diese Epoche beginnt ihm
zufolge in dem Moment, in dem zum ersten Mal die Entscheidung gefällt
wurde, Fälschungen auszustellen.[106] Er spricht von einem Paradigmenwech-
sel, weg von der »Ethik des Originals« hin zu dem, was er »das postmoderne
Fake« nennt.[107] Das Interesse Römers gilt diesem postmodernen *Fake* beziehungsweise Strategien des *Fake*, also neuen künstlerischen Verfahrensweisen.

Aus der Fülle der Beispiele, die Römer präsentiert, will ich an dieser Stelle
die Bildserie *After Walker Evans* herausgreifen. 1981 präsentiert die Künstlerin
Sherrie Levine in einer New Yorker Ausstellung eine Bildserie mit dem Titel
*Sherrie Levine, After Walker Evans*. Sie zeigt Bilder des Fotografen Walker Evans,
die sie aus einem Ausstellungskatalog abfotografiert hat. Sie stellt also Fotografien von Fotografien aus, genauer Fotografien von Fotografien von armen

---

106 »Spätestens in dem Moment, in dem in einem Museum bewußt Fälschungen ausgestellt
     werden und ihnen somit eine gewisse institutionelle Funktion zugesichert wird, ist jener
     Einschnitt sanktioniert, der die Epoche des Originals abzulösen trachtet.« Römer 2001,
     13.
107 Römer 2001, 13.

Landarbeiterfamilien aus den Südstaaten der USA. Ihre Bilder erscheinen insofern als Kopien oder Fälschungen, als sie den Inhalt anderer Bilder eins zu eins übernehmen. Zudem weist Levine ausdrücklich »jeglichen kreativen Akt zurück.«[108] Gleichzeitig sind ihre Bilder aber auch keine Fälschungen, weil Levine die Urheberschaft Evans' an den von ihr übernommenen Bildern gar nicht leugnet. Sie gibt offen zu, dass sie seine Bilder aus einem Ausstellungskatalog abfotografiert hat. Ihre Bilder sind auch deswegen keine bloßen Kopien oder Reproduktionen, weil die explizite Aneignung der fremden Bilder zum Teil ihres Werkes wird. Ihre Bildserie geht also weit über eine bloße Reproduktion der Bildinhalte hinaus. Römer stellt fest:

> »Untersucht man das Verhältnis zwischen den Fotografien von Walker Evans und Sherrie Levine, läßt sich jenseits der ikonographischen Beziehung, die einem Zitat ähnelt, keine Übereinstimmung nachweisen. Es handelt sich zwar aus der Anschauung um dieselben Images. Doch dem widerspricht, daß – abgesehen von der Anwendung desselben Mediums – alle Bildkonstituenten inkompatibel sind: Weder Motiv, Sujet, Konzeption, Intention, Strategie, Kontext noch die Rahmenbedingungen der Präsentation und Rezeption entsprechen dem Vor-Bild.«[109]

Das führt unter anderem auch dazu, dass Levines Bildserie ganz anders zu interpretieren ist als die von ihr übernommene Bildserie von Evans. Craig Owens beispielsweise schlägt vor, ihre Übernahme gerade dieser Bilder von armen Landarbeitern als Kritik an der Aneignung dieser Motive durch den Fotografen Evans zu verstehen, als »Enteignung der Aneigner«.[110]

Auch wenn man diese Interpretation fragwürdig finden mag – schließlich fotografierte Ewans die Landarbeiterfamilien im Regierungsauftrag, um die Armut zu dokumentieren, in der Absicht, sie bekannt zu machen und Maßnahmen gegen sie vorzubereiten[111] –, wird man einräumen müssen, dass Le-

---

108  Römer 2001, 88.

109  Römer 2001, 114.

110  »Is her refusal of authorship not in fact a refusal of the role of creator as ›father‹ of his work, of the paternal rights assigned to the author by law? (This reading of Levine's strategies is supported by the fact that the images she appropriates are invariably images of the Other: women, nature, children, the poor, the insane …) Levine's disrespect for paternal authority suggests that her activity is less one of appropriation – a laying hold and grasping – and more one of expropriation: she expropriates the appropriators.« Owens 1983, 73.

111  Vgl. Rule 2001.

vines Bilder ein ganz anderes Werk verkörpern als das von Evans, trotz aller
ikonographischen Identität: »Hier ist nicht nur mit Walker Evans' Blick eine
Farmerfamilie zu sehen, sondern auch mit Sherrie Levines Blick die Fotografie von Evans, deren Rezeption und Levines eigene Faszination von eben
dieser Darstellung.«[112]

Für Römer steht fest, dass ebenso wie Levine zahlreiche Künstlerinnen
der zweiten Hälfte des 20. Jahrhunderts durch das Anwenden solcher aneignender Arbeitsweisen »das Original als ideologisches Konstrukt der Kunstin-
stitution«[113] kritisierten. Indem sie deutlich machen, dass auch das Angeeig-
nete und Reproduzierte sich in seiner Eigenart und seinem Wert von seinem
Vorbild abheben kann, brechen sie in seinen Augen mit der »Ethik des Originals« und bewirken, dass auch Aneignung und Reproduktion als eigenstän-
dige und verdienstvolle Leistungen erschienen und zu vollwertigen künstlerischen Arbeitstechniken erhoben würden. Zudem würfen sie die Frage nach
den Vorbildern und Quellen der von ihnen übernommenen Werke auf. Indem sie Werke schaffen, die sich – zumindest auf den ersten Blick – weder
als Originale noch als Fälschungen beschreiben ließen, sondern sich derlei
Festlegungen und Deutungen prinzipiell zu entziehen schienen,[114] bewiesen
sie die Unhaltbarkeit zentraler genieästhetischer Normen.

Ein anderes Beispiel sind bestimmte Werke Elaine Sturtevants, die die
Künstlerin selbst ausdrücklich nicht als Kopien und nicht als *Appropriation Art*
verstanden wissen will. Ihre Äußerung, ihr Werk sei keine Kopie, und das sei
die brutale Wahrheit,[115] ist zu einiger Berühmtheit gelangt. Man kann diese
Äußerung so verstehen, dass sie auf eine – in gewisser Weise durchaus er-
nüchternde und vielleicht bisweilen auch brutale – Entzauberung der Kunst
und des Originals abhebt. Denn neue Arbeitsweisen wie die Sturtevants bewirken freilich weniger eine grundlegende Veränderung kreativer Arbeit als

---

112  Römer 2001, 106.
113  Römer 2001, 109.
114  Römer 2001, 268-277.
115  »»Die harte Wahrheit ist‹, sagt sie während eines Vortrags im Museum für Moderne Kunst
      in Frankfurt, ›dass es sich um keine Kopien handelt.‹« Bernard Blistène erklärt diese Aus-
      sage so: »Es geht nicht darum, dass man auf der einen Seite das Modell und auf der an-
      deren das Duplikat hat. Es ist keine Frage von Krücken irgendwelcher Art: Linien, Raster,
      Pauspapier, Projektion oder sonstige Tricks – sondern des intensiven Erinnerns von Bil-
      dern, die mit der Absicht betrachtet wurden, sie neu zu schaffen und wiederzuerfinden.«
      Blistène 2004, 27.

vielmehr ein Sichtbarmachen ihrer – auch schon in früheren Zeiten geltenden – Grundbedingungen. Ganz offensichtlich sind das Künstlergenie und
sein absolut neues, ganz aus seiner individuellen und autonomen Schaffens-
kraft stammendes Werk eher Fiktion als Vergangenheit. Auch die Künstler
vergangener Epochen griffen auf Vorbilder und Gehilfen zurück und banden
von anderen geschaffene Ideen und Materialien ganz selbstverständlich in
ihre Werke ein. Kurz: Die tägliche Arbeit von Kunstschaffenden ist und war
zu allen Zeiten weit vom genieästhetischen Klischee entfernt. Dennoch hatte
dieses Klischee eine Zeit lang einen gewissen Einfluss darauf, wie Künstlerinnen sich selbst verstanden, wie sie sich inszenierten und wie ihre Werke
bewertet und rezipiert wurden. Man könnte Sturtevants Aussage also vielleicht so verstehen, dass durch ihre explizite Aneignung »fremden« Materials
nicht wirklich eine neue Art künstlerischen Schaffens entsteht, sondern dass
dadurch schlicht die auch zuvor gültige Wahrheit über die Realität künstlerischer Arbeitsweise »brutal« ans Licht gehoben wird.

Wenn Levine jeden kreativen Akt in der Herstellung ihrer Bildserie ausdrücklich zurückweist oder wenn Duchamp ausdrücklich erklärt, er wolle
nicht wie ein Künstler handeln, dann durchkreuzen sie bewusst das Klischee
des Künstlergenies mit seiner kreativen Allmacht und seinen geheimnisvollen
Inspirationsquellen. Wenn Künstlerinnen seit den 1960er Jahren immer öfter
und immer offener auf Alltagsgegenstände und Werke anderer zurückgreifen,
schaffen sie ihre Werke bewusst entgegen der genieästhetischen Fiktion der
absoluten Neuheit und Unableitbarkeit künstlerischer Einfälle. Kunstschaffende, die Rezipientinnen in die Produktion ihrer Werke einbinden oder ihre
Arbeiten in einer *factory* herstellen lassen, distanzieren sich damit ausdrücklich vom Bild des »Genies«, das seine unerklärlichen Gedanken niemandem
mitteilen kann, und von der Wertschätzung, die ausschließlich den aus seiner »fühlenden Hand« stammenden Werken zuteil wird. Kurz: Sie machen
die Unzulänglichkeit genieästhetischer Annahmen greifbar, indem sie durch
ihre Arbeitsweisen Vorstellungen widerlegen, die lange Zeit mit der Originalbezeichnung verknüpft waren, angefangen von der ästhetischen und mora-
lischen Überlegenheit des Originals über die Einzigartigkeit, die eindeutige
Urheberschaft, den benennbaren Ursprung bis hin zum Gebot der absoluten
Neuheit. Im Grunde bewirken diese Werke also vor allem die Entlarvung des
Künstlergenies und seines geheimnisvollen Originals als eben das, was sie
sind: Klischees.

Dennoch wäre es zu kurz gedacht, wollte man, ausgehend von der Entlarvung dieser Klischees, die Sinnlosigkeit der Verwendung von »Original« kon-

statieren. Vielmehr gilt es nach dieser Entlarvung neu die Frage zu stellen, was es bedeutet, Kunstwerke oder andere Gegenstände Originale zu nennen. Wenn Originale keine Produkte von »Genies« sind, wenn künstlerische Arbeit ganz erklärlich und nachvollziehbar ist, wenn auch Originale ihre Vorbilder und Bezugspunkte haben und diesbezüglich von Kopien mitunter nicht zu unterscheiden sind, wenn auch Originale keineswegs einzigartig sein müssen und mitunter vielleicht sogar banale Gegenstände sein können, was bleibt dann vom »Original« post-genieästhetisch übrig? Wer das Original in einer Zeit, in der genieästhetische Originalkonzepte nicht mehr überzeugen können, nicht einfach für tot erklären möchte, muss auf diese Frage eine Antwort finden.

Im Prinzip liegt die Antwort auf der Hand: Indem »Original« seinen Status als genieästhetisch geprägtes Leit-Ideal geistigen Schaffens verliert, wird es wieder zu einer bloß funktionalen Bezeichnung. Das hat den angenehmen Nebeneffekt, dass der Begriff des Originals seine Vagheit verliert. Das Ende der ideologischen Überhöhung des Begriffs ermöglicht erst wieder seine rationale Greifbarkeit und damit auch präzise Aussagen darüber, welche Gegenstände unter welchen Umständen und aufgrund welcher Eigenschaften als Originale bezeichnet werden. Das »Original« wird wieder zu dem, was es schon vor dem Zeitalter der Genieästhetik war: Ein *terminus technicus*, der in eben jenem fachlichen Kontext, in dem er jeweils zur Anwendung kommt, eine bestimmte Funktion besitzt. Diese Funktion zu kennen, erscheint mir der erste wesentliche Schritt auf dem Weg hin zu einer befriedigenden Explikation.

Erstaunlicherweise fehlt aber trotz aller Kritik an genieästhetischen Originalitätsvorstellungen bis heute ein systematischer und zielführender Versuch, »Original« konsequent jenseits genieästhetischer Stereotype zu denken und eine Explikation zu entwerfen, die tatsächlich eine trennscharfe Verwendung des Begriffes ermöglicht.

## 4.4.2    Von Gehlens »Plädoyer für einen neuen Begriff des Originals«

In seinem Buch »Mashup – Lob der Kopie« widmet Dirk von Gehlen ein Kapitel dem »Plädoyer für einen neuen Begriff des Originals«. Er beginnt es mit einer Darstellung asiatischer Kampfkünste (»Hier gilt die Kopie, in Form der Nachahmung der Bewegungen des Trainers, als höchstes Ziel«),[116] und

---

116  Von Gehlen 2011, 166.

schließt hieran zentrale Erkenntnisse einer psychologischen Dissertation an, die »nicht zwischen Genie und Kopist, sondern zwischen Niedrigoriginellen und Hochoriginellen« unterscheidet.[117] Unmittelbar hieran knüpft er den ersten seiner drei Schritte hin zu einem neuen Begriff des Originals an.

Von Gehlen zufolge gilt es im ersten Schritt die Unmöglichkeit einer sauberen Trennung von »Original« und »Kopie« anzuerkennen und stattdessen von einem fließenden Übergang und verschiedenen Graden von Originalität, von »schwachen Originalen« und »starken Originalen« zu sprechen, »je nachdem, wie eng sich ein Werk an seine Quellen und Vorgänger anlehnt, wie kreativ der Übertrag auf einen neuen Kontext ist und wie originell die Bezugswelten sind, die dadurch eröffnet werden«[118]. Wobei, wie von Gehlen betont, absolute Neuheit keinesfalls *per se* erstrebenswert ist. Erstrebenswert erscheint vielmehr ein künstlerisches Schaffen, das sich aus zahlreichen bewussten und unbewussten Inspirationsquellen speist, was ohnehin unausweichlich der Fall ist. Er unterstreicht das mit einem Zitat Felix Stalders: »Die Idee des solitären Werks ist nicht nur theoretisch unmöglich, sondern – auch im Hinblick auf herausragende Werke – empirisch nicht haltbar.«[119]

So gelangt er zum zweiten Schritt: Man dürfe »Original« nicht mehr auf das »solitäre Werk« beziehen, »stattdessen sollten wir es als Bestandteil eines Netzes verstehen«.[120] Das gelte beispielsweise für Kunstprojekte, in denen ein Künstler, statt einen Raum zu besetzen, einen Raum eröffnet, den andere nutzen könnten. Anstatt vom »Original« als einem »abgeschlossenen Gegenstand« sollte man daher lieber von einem »Prozess des Entstehens« sprechen, in dem es verschiedene Versionen gebe.

Drittens müsse man »Original« endgültig als reine Zuschreibungskategorie anerkennen, denn »ein Original wird ja nur als solches anerkannt, weil andere es dafür halten und ihm den Wert der Originalität *zuschreiben*«.[121] Damit plädiert von Gehlen ausdrücklich dafür, »mit der Vorstellung vom objektiv genialen Kunstwerk zu brechen. Originalität, Kreativität und vielleicht sogar Genialität entstehen immer im Auge des Betrachters. Es sind Prozesse der Zuschreibung, über die diese Begrifflichkeiten konstruiert werden.«[122] Von Gehlen betont, dass er diese drei Schritte zu einem neuen Verständnis

---

117  Von Gehlen 2011, 168.
118  Von Gehlen 2011, 168.
119  Felix Stalder zitiert nach von Gehlen 2011, 171.
120  Von Gehlen 2011, 171.
121  Von Gehlen 2011, 172.
122  Von Gehlen 2011, 174.

von »Original« für notwendig hält, und zwar »nicht nur aus intellektuellen und künstlerischen Gründen«, sondern »auch aus politischen«. Er fordert ein Recht auf das freie Kopieren und Weiterverwerten im digitalen Raum, das er mit Verweis auf Art. 5 GG begründet.

Was immer man von einer solchen Forderung halten mag: Von Gehlens »Plädoyer für einen neuen Begriff des Originals« ist, soweit ich weiß, der bislang ausführlichste Vorschlag einer post-genieästhetischen Definition des Begriffs. Von daher scheint es mir im Rahmen der vorliegenden Untersuchung eine gewisse Beachtung zu verdienen.

### 4.4.3  Fazit zu von Gehlen und anderen Kritikern genieästhetischer Positionen

Auf den ersten Blick gibt es wenig, was man von Gehlens drei Schritten entgegensetzen kann. Sie sind, wie auch die schon zitierten Beiträge Fehrmanns, Ullrichs und anderer, eine dezidierte und vollkommen begründete Zurückweisung genieästhetischer Klischees, mit denen diese Untersuchung selbst sich bereits weiter oben einigermaßen ausführlich auseinandergesetzt hat. Es leuchtet beispielsweise vollkommen ein, dass es keine absolute Neuheit eines künstlerischen Einfalls geben kann, weil jeder Einfall unweigerlich aus vielen bewussten und unbewussten Quellen gespeist wird.

Um die genannten Vorschläge zu kritisieren, ist es aber auch gar nicht nötig, genieästhetische Konzepte zu verteidigen. Vielmehr wird man die Frage stellen, inwiefern sich, ausgehend von diesen Vorschlägen, tatsächlich ein tragbarer Begriff des Originals formulieren lässt. Ebenso wie andere einschlägige Auseinandersetzungen mit dem Original in der post-genieästhetischen Zeit beschränkt nämlich auch von Gehlen sich auf eine Kritik an genieästhetischen Originalitäts-Vorstellungen. Dabei übernimmt er sogar genieästhetische Prämissen. Insofern bilden seine »Schritte« hin zu einem »neuen Begriff des Originals« kein brauchbares Fundament für die Entwicklung eines neuen, post-genieästhetischen Begriffs des Originals. Im Gegenteil: Die Vorstellung beispielsweise, dass Originalität auf einer »Skala der Kreativität« anzusiedeln sei, dass »Originalität« also gewissermaßen ein Synonym für »Kreativität« sei, ist eine rein genieästhetische Vorstellung. Wie wir gesehen haben, ist beispielsweise das älteste Original, nämlich das der hochmittelalterlichen Schreibstuben, nicht unbedingt ein Produkt eines kreativen Schaffensprozesses.

Wenn man von Gehlen angreifen möchte, könnte man ihn also beispielsweise fragen, wie er eine Skala zwischen »starken« und »schwachen« Originalen konkret gestalten würde und anhand genau welcher Parameter er
die Originalität eines Kunstwerkes messen wolle. Tatsächlich machen weder
von Gehlen noch sonst eine der genannten Kritikerinnen genieästhetischer
Originalauffassungen solche konkreten Vorschläge. So verwundert es auch
nicht, dass von Gehlen letztlich tatsächlich gar keinen Definitionsversuch unternimmt. Seine drei Schritte machen einen sinnvollen Begriff des Originals
nämlich unmöglich. Sie erlauben nicht nur keine Bildung eines kohärenten
Begriffs, sondern sie erlauben es auch nicht, zwischen Gegenständen zu unterscheiden, die laut von Gehlen als Originale (wenn auch vielleicht eben nur
als »schwache Originale«) bezeichnet werden können, und solchen, die nicht
so bezeichnet werden können. Denn ist nicht jeder Gegenstand irgendwie –
wenn auch vielleicht nur ein ganz klein wenig – das Ergebnis kreativen Handelns? Und gibt es nicht immer jemanden, der ein bestimmtes Kunstwerk für
»originell« hält?

Vor allem aber plädiert von Gehlen für die Entwicklung eines Begriffs,
der die tatsächliche alltägliche Anwendung von »Original« überhaupt nicht
berücksichtigt. Er ist – wie viele andere, die sich mit dem Begriff des Originals und seiner Bedeutung befassen – so sehr mit der Zurückweisung genieästhetischer Klischees befasst, dass er die Bedeutung dieser Bezeichnung im
gewöhnlichen Sprachgebrauch völlig aus den Augen verliert. Dabei scheint
es durchaus vernünftig, in der Neudefinition eines Begriffes diesen gewöhnlichen Sprachgebrauch zu berücksichtigen.[123] Wenn man das tut, wird aber
schnell offensichtlich, dass in den wenigsten Fällen, in denen ein Gegenstand
als Original bezeichnet wird, die Aussage beabsichtigt ist, dieser Gegenstand
verdanke sich einem mehr oder weniger kreativen Schaffensakt. In vielen Fällen scheinen wir etwas ganz anderes zu meinen, wenn wir Gegenstände als
Originale bezeichnen. Aber was? Wer eine sinnvolle Begriffsklärung unternehmen will, muss sich eben diese Frage stellen.

Erstaunlicherweise stellen sich diese Frage nicht einmal Philosophen und
Philosophinnen, die sich mit Fragen zum Originalstatus von Kunstwerken befassen. Mit diesem Phänomen und seinen Konsequenzen für die einschlägi-

---

123  Wie beispielsweise Carnap es von einer Begriffsexplikation verlangt: »Das Explikat muß
dem Explikandum so weit ähnlich sein, daß in den meisten Fällen, in denen bisher das
Explikandum benutzt wurde, statt dessen das Explikat verwendet werden kann.« Carnap
1959, 15.

gen Debatten befasst sich das folgende Kapitel. Es bietet mir die Gelegenheit, die Missverständlichkeit von Aussagen über Originale noch wesentlich deutlicher und detaillierter vor Augen zu führen, als das in den vorangegangenen Kapiteln möglich war. Ich hoffe, so nicht nur die Notwendigkeit einer systematischen Klärung des Begriffs vollends unzweifelhaft zu machen, sondern auch zu verdeutlichen, wie die Klärung des Begriffs zur Lösung bestehender Missverständnisse in philosophischen Debatten beitragen kann.

# 5 Kunstphilosophische Debatten über Originale

Angesichts der langen kunsthistorischen Tradition der Originalbezeichnung erscheint es einigermaßen naheliegend, dass sich philosophische Auseinandersetzungen mit Originalen und Originalität vor allem in der Kunstphilosophie ereignet haben und ereignen. Dennoch hat der Begriff des Originals auch in anderen philosophischen Disziplinen eine gewisse Rolle gespielt, beispielsweise in der Debatte über die *Ethik des Kopierens*.[1]

In diesem Kapitel möchte ich mich mit einigen Thesen zum »Original« auseinandersetzen, die in den zwei wesentlichen Debatten auftauchen, die in der jüngeren ästhetischen Philosophie rund um das »Original« geführt wurden. Entgegen der Auffassung mancher, die von nur einer Debatte sprechen,[2] unterscheide ich zwischen zwei Debatten – auch wenn diese sich immer wieder überlappen –, weil sie zwei verschiedenen Kernfragen nachgehen. Ich nenne diese Auseinandersetzungen im Folgenden die *Wertdebatte* und die *Authentizitätsdebatte*. Der vielleicht ältere Streit ist der über den ästhetischen Wert von Originalen, denn vermutlich traten die ersten überzeugten Vertreter der ästhetischen Überlegenheit von Originalen schon mit den Anfängen der Genieästhetik auf den Plan. Die zentralen Fragen der Wertdebatte lauten: »Ist Originalität eine ästhetische Eigenschaft?« Und: »Haben Originale einen höheren (ästhetischen) Wert als Fälschungen/Kopien?« Die zentrale Frage der Authentizitäts-Debatte lautet: »Anhand welcher Kriterien lassen sich authentische Vorkommnisse eines Kunstwerkes identifizieren?« Oft wird in dieser Frage davon ausgegangen, dass es von Kunstwerken bestimmter Gattungen nur jeweils ein Vorkommnis geben könne, von Kunstwerken anderer Gattungen dagegen mehrere, weshalb es nötig sei, zwischen Authentizitätskriterien ersterer – der singulären Künste – und letzterer – der multiplen Künste – zu unterscheiden. Die diskutierte Frage lautet daher: »Wo verläuft die

---

1 Vgl. Hick und Schmücker 2016.
2 Vgl. Jaworski 2013 und Sagoff 2014.

Grenze zwischen singulären und multiplen Künsten?« Die Debatte hierüber ist maßgeblich von Nelson Goodmans Unterscheidung zwischen autographischen und allographischen Künsten bestimmt worden, die bis heute diskutiert wird.

Ich strebe keine auch nur ansatzweise vollständige Darstellung dieser Debatten an. Eine solche halte ich im Rahmen dieser Untersuchung auch nicht für notwendig, da mein eigener Explikationsversuch sich sehr deutlich von diesen Debattenbeiträgen unterscheiden wird. Ich beschränke mich daher auf die Darstellung und Analyse einiger Definitionen, Thesen und Argumente, die ich im Kontext dieser Arbeit für besonders interessant halte. Dabei geht es mir darum aufzuzeigen, dass die Autoren zum einen oft nicht hinreichend klären, was genau sie unter einem »Original« verstehen, und dass sie zum anderen bestimmte genieästhetische Original-Vorstellungen übernehmen – oft genug, ohne sich dessen bewusst zu sein. So führt die Verwendung von »Original« in diesen Debatten immer wieder zu unsauberen Argumentationen und Missverständnissen.

## 5.1    Die Wertdebatte

Die Wertdebatte dreht sich um zwei Fragen: »Ist Originalität eine ästhetische Eigenschaft?« Und: »Haben Originale einen höheren ästhetischen Wert als Nicht-Originale?« Beiträge zu dieser Debatte tragen Titel wie: »Originality and Aesthetic Value«,[3] »The Aesthetic Value of Originality«,[4] »Originality and Value«[5] oder »Originals, Copies and Aesthetic Value«.[6] Es geht hier also ganz explizit um »Originale«, sodass man annehmen könnte, eine bestimmte Definition von »Original« wäre in dieser Debatte allgemein vorausgesetzt oder zumindest Gegenstand der Diskussion. Dem ist aber nicht so. Originalität wird in vielen Beiträgen nicht ausdrücklich definiert. Bisweilen wird sogar das Wort »Original« vermieden, vielleicht weil die Autoren sich der Vagheit dieses Begriffes bewusst sind. Es ist dann beispielsweise nicht von »Originalen« die Rede, sondern von echten Kunstwerken, von originellen Kunstwerken, von einem bestimmten kunsthistorischen Kontext, von künstlerischer

---

3  Hoaglund 1976.
4  Vermazen 1991.
5  F. N. Sibley 1985, Bartel 2010.
6  Meiland 1983.

Leistung, von Werken, die keine Kopien sind, oder von Werken, die keine Fälschungen sind. Anstatt aber eine einzelne solche Bedeutung heranzuziehen, diese genau zu klären und konsequent bei ihr zu bleiben, verlaufen sich viele Autorinnen dennoch in der Vielfalt möglicher Originalbedeutungen. Das zeigt sich beispielsweise dann, wenn ein Autor eine These aufstellt, die auf einer Bedeutung von »Original« aufbaut, im Laufe der Argumentation aber eine andere Bedeutung zur Beweisführung heranzieht. Ein Beispiel hierfür ist Denis Duttons Versuch, die ästhetische Überlegenheit echter Kunstwerke zu verteidigen, indem er für den höheren Wert von Werken argumentiert, die sich einer besonderen künstlerischen Leistung verdanken, obwohl es offensichtlich keinen zwingenden Zusammenhang zwischen der Echtheit eines Kunstwerks und der künstlerischen Leistung, die bei seiner Herstellung aufgewendet wurde, gibt. Es ist das genieästhetische Original-Stereotyp, das Zusammenhänge wie diesen suggeriert, beispielsweise zwischen der Neuheit eines Werkes und der Begabung und Leistung seines Urhebers, oder zwischen der Neuheit eines Werkes und seinem kunsthistorischen Einfluss oder seiner ästhetischen Qualität. Solche vermeintlichen Zusammenhänge stehen als implizite Prämissen am Ausgangspunkt vieler Debattenbeiträge und führen entsprechend zu Argumentationsschwächen und Missverständnissen.

### 5.1.1 Originalität als Kreativität

Was ich im Folgenden als die Kreativitätsthese bezeichnen möchte, ist nahe verwandt mit der im nächsten Abschnitt vorgestellten Leistungsthese. Der Unterschied zwischen beiden besteht darin, dass die erste These Kreativität nicht ausdrücklich als Leistung definiert, sondern eher auf die Neuheit und Einzigartigkeit des kreativen Produkts als auf die Leistung seiner Urheberin abhebt. Das rückt sie in große Nähe zu genieästhetischen Argumentationslinien. Stark vereinfacht lautet sie so:

> Kunstwerke, die sich von allem zuvor Dagewesenen (ästhetisch) unterscheiden, sind (ästhetisch) wertvoller als Werke, die sich nicht von allem zuvor Dagewesenen (ästhetisch) unterscheiden.

Diese These scheint eher selten vertreten zu werden,[7] und wenn, dann wird ihre Verteidigung in der Regel in ziemlich komplexe Gedankengänge gekleidet, vielleicht gerade weil sie – so knapp auf den Punkt gebracht – schwer zu verteidigen ist. Denn wer möchte bestreiten, dass sich Neues und Anderes nicht auch (ästhetisch) negativ von bisher Dagewesenem und Üblichem unterscheiden kann? Wer möchte also behaupten, dass die stilistische Neuheit von Kunstwerken eine notwendige oder gar hinreichende Voraussetzung für ästhetische oder sonst eine Art von Werthaftigkeit wäre? Ich möchte drei Artikel vorstellen, in denen die Kreativitätsthese verteidigt wird: John Hoaglunds *Originality and Aesthetic Value* von 1976, Paul Crowthers *Creativity and Originality in Art* von 1991 und Christopher Bartel, *Originality und Value* von 2010.

Hoaglund unterscheidet zunächst zwischen drei Bedeutungen von »original«, die ihm zufolge eng miteinander verbunden sind: Authentizität, Einzigartigkeit und Kreativität. Authentizität ist für ihn eine rein historische Kategorie, die keine hinreichende Bedingung für ästhetischen Wert darstellt.[8] Authentizität ist Hoaglund zufolge also selbst nicht direkt relevant für ästhetischen Wert, allerdings ist sie eine notwendige Bedingung für ästhetische Einzigartigkeit. Damit meint er wohl, dass wir nur dann, wenn wir sichere Erkenntnisse über die Produktionsgeschichte eines Werkes besitzen, auch mit Sicherheit sagen können, ob dieses Werk ästhetisch einzigartig ist. Ästhetisch einzigartig ist ein Kunstwerk Hoaglund zufolge, wenn im Moment seiner Entstehung kein anderes existiert, das ihm ästhetisch ähnlich ist: »If at the time of its creation no other similar painting existed, then our canvass is aesthetically unique. If a similar one did exist, our canvass is not unique.«[9] Diese Definition von »uniqueness« als »ästhetische Einzigartigkeit zum Entstehungszeitpunkt« hat Konsequenzen für das Verhältnis von Original und Kopien. Aus ihr folgt erstens, dass Kopien nicht ästhetisch einzigartig sein können, weil sie zum Zeitpunkt ihrer Entstehung mindestens ihrer Vorlage ähneln, und zweitens, dass die Entstehung von Kopien nichts an der ästhetischen Einzigartigkeit des jeweiligen Originals ändert, weil seine Einzigartigkeit anscheinend allein davon abhängt, ob es sich zum Zeitpunkt seiner

---

7 Wenn ich hier dennoch gleich drei ihrer Vertreter präsentiere, dann deswegen, weil die Argumentationslinien der Vertreter gerade dieser These im Kontext der vorliegenden Untersuchung besonders interessant erscheinen.

8 »›Authenticity‹ is a purely historical category that lacks any obvious connection with aesthetic value. An art work has authenticity if its history of production as we know it is true.« Hoaglund 1976, 47.

9 Hoaglund 1976, 49.

Entstehung von allem anderen ästhetisch unterschieden hat, und nicht davon, ob es diese ästhetische Verschiedenheit dauerhaft behält.

Nun modifiziert Hoaglund seine Definition von ästhetischer Einzigartigkeit so, dass sie zu einer hinreichenden Bedingung für ästhetische Werthaftigkeit wird: »We are not speaking of a novelty of perceivable qualities; we are speaking of a uniqueness of qualities that contribute to an aesthetic experience.«[10] Er fügt hinzu, in unserer westlichen Kultur sei Einzigartigkeit gleichbedeutend mit Wert, und zwar vom antiken Griechenland bis heute. Kein Werk, das nicht in relevanter Hinsicht ästhetisch einzigartig wäre, werde als Meisterwerk betrachtet. Hiermit begründet er ausdrücklich auch die ästhetische Überlegenheit von Originalen gegenüber Kopien. Letztere besäßen selbst keinen ästhetischen Wert, sondern gäben lediglich den Wert des Originals wieder.[11] Wie hängt das alles nun mit Kreativität zusammen? Hoaglund sagt: »There can be no doubt that we predicate creativity of the artist only if we predicate aesthetic uniqueness of one or more of his works.«[12] Eine Künstlerin, die ästhetisch einzigartige Werke schafft, ist kreativ. Weil nur ästhetisch einzigartige Werke auch ästhetisch wertvoll sind, müssen alle Künstler, die ästhetisch wertvolle Werke schaffen wollen, kreativ sein. Indem kreative Künstlerinnen aber nicht nur originale Werke von herausragendem Wert schaffen, sondern darüber hinaus »some advance beyond existing developments of style«[13] bewirken, befördern sie auch die Weiterentwicklung von Kunst im Laufe der Geschichte. »This is the reason why school work, even quite good school work, never ranks with good work by the master. The master originated his individual style, but his school only copies it.«[14] Das ist Hoaglund zufolge auch der Grund, aus dem stilistische Imitationen wie die van Meegerens einen geringen ästhetischen Wert besitzen: Sie kopieren einen bereits existierenden Stil und sind folglich nicht ästhetisch einzigartig und damit auch nicht ästhetisch wertvoll. Der letzte Teil von Hoaglunds Aufsatz besteht in einer leidenschaftlichen Apologie künstlerischer Kreativität, die neue Stile generiert. Man kann diesen letzten Teil als eine Präzisierung

---

10  Hoaglund 1976, 50.
11  Die Funktion einer Kopie bestehe darin, »to mirror the uniqueness of aesthetic qualities and hence part of the aesthetic value of the original. Our copy of Leonardo's *Ginevra* is wholly parasitic on the original for its aesthetic value, just as our copy of *Moby Dick* reflects only the aesthetic value of the original.« Hoaglund 1976, 50.
12  Hoaglund 1976, 53.
13  Hoaglund 1976, 53.
14  Hoaglund 1976, 52.

von *uniqueness* lesen: Das, worin Kunstwerke sich unterscheiden müssen, um einzigartig zu sein, wäre demnach genau genommen der Stil.

Hoaglunds Argumentationsgang hat seine Schwachpunkte. Beispielsweise lässt er völlig offen, *worin* die Verschiedenheit zwischen den schon bestehenden Werken und dem neu hinzukommenden bestehen muss und *wie groß* sie sein muss, um das zu begründen, was er als »uniqueness« bezeichnet. Ich möchte aber darauf verzichten, diese und andere mögliche Angriffsflächen auszunutzen. Denn ich habe die Argumentation nicht um ihrer selbst willen dargestellt, sondern als ein Beispiel dafür, wie die Kreativitätsthese konkret verteidigt wird. Im Folgenden möchte ich deutlich machen, warum das von ihr vorausgesetzte Originalkonzept unbefriedigend ist: Es funktioniert nur, wenn die Eigenschaft, sich von allem zuvor Gegebenen zu unterscheiden (*uniqueness*), auf irgendeine Weise notwendig mit der Eigenschaft verbunden ist, wertvoll zu sein. Um möglichst deutlich zu machen, warum diese Verknüpfung nicht überzeugend ist, möchte ich *en détail* nachvollziehen, wie Hoaglund sie herstellt.

Zunächst definiert er *uniqueness* (U) als die Eigenschaft eines Gemäldes, von allen zu seinem Entstehungszeitpunkt existierenden Gemälden verschieden zu sein: »at the time of its creation no other similar painting existed.« Dann sagt er, U sei eine notwendige Bedingung für ästhetischen Wert (V): »to be considered good an art work must have some claim to aesthetic uniqueness«,[15] eine Behauptung, die zumindest für westliche Kunst-Traditionen gelten soll, die aber möglicherweise nicht sehr überzeugend ist, weil sich zahlreiche Gegenbeispiele finden lassen. Aber darauf kommt es mir hier nicht an. Der entscheidende Schritt Hoaglunds ist der nächste: Er hält U auch für hinreichend für V: Kunstwerke wären demnach schon aufgrund ihrer ästhetischen Einzigartigkeit ästhetisch wertvoll. Bevor Hoaglund diesen Schritt geht, modifiziert er allerdings seine Definition von *aesthetic uniqueness*: Er nimmt eine Einschränkung vor, die dahin geht, dass die Neuheit sinnlich wahrnehmbarer Eigenschaften allein (*novelty of perceivable qualities*) keine ästhetische Überlegenheit begründe, sondern dass allein die *uniqueness solcher* Eigenschaften gemeint ist, die zu einer *ästhetischen Erfahrung* beitragen.[16]

---

15  Hoaglund 1976, 49.

16  »Might uniqueness of asethetic (sic!) qualities be a sufficient condition of aesthetic value? Here we must tread very cautiously. But we must also realize that we are not speaking of a novelty of perceivable qualities; we are speaking of a uniqueness of qualities that contribute to an aesthetic experience.« Hoaglund 1976, 50.

Dann erst fügt er hinzu: »It seems probable that aesthetic uniqueness thus understood is a sufficient condition of aesthetic value: V ↔ U.«[17] Hoaglund klärt aber nicht, ob er mit U hier dasselbe meint wie zuvor, ob also Werke, die sich nur so von zuvor dagewesenen unterscheiden, dass ihre Verschiedenheit nicht zu einer ästhetischen Erfahrung beiträgt, U gar nicht besitzen. Das würde allerdings einen Bruch in seiner Argumentation bedeuten und auf einen trivialen Schluss hinauslaufen, nämlich auf die Erkenntnis, dass nicht alle sich zum Zeitpunkt ihrer Entstehung ästhetisch unterscheidenden Werke ästhetisch wertvoll sind, sondern nur solche, die zu einer besonderen ästhetischen Erfahrung beitragen, kurz: Werke, die sich auf ästhetisch wertvolle Weise von zuvor Dagewesenem abheben, sind ästhetisch wertvoll. Wie auch immer Hoaglund diesen Schritt erklären und rechtfertigen würde: Ich sehe nur drei mögliche Interpretationen von Hoaglunds Modifikation von U und von V(x) ↔ U(x):

1) Es gibt zwei Arten von *uniqueness*, eine wertneutrale und eine wertvolle. Erstere (U1) besteht in der Verschiedenheit von zuvor Dagewesenem. Letztere (U2) besteht darüber hinaus in der Ermöglichung von ästhetischen Erfahrungen. Nur Werke, die U2 besitzen, sind ästhetisch wertvoll, und zwar aufgrund der ästhetischen Erfahrungen, die sie ermöglichen. Das würde aber keinen Erkenntnisgewinn generieren, weil der ästhetische Wert V in der Definition von U2 schon eingeschlossen ist.

Gerade weil diese Interpretation der Argumentation jeden Erkenntnisgewinn nimmt, erscheint es naheliegender, dass Hoaglund von nur einer Definition von U ausgehen wollte. Geht man davon aus, sehe ich hier grundsätzlich nur zwei Interpretationsmöglichkeiten seines Argumentationsschrittes.

2) Entweder Hoaglund möchte tatsächlich behaupten, dass alle sich von zuvor dagewesenen Kunstwerken ästhetisch unterscheidenden Werke auch besondere ästhetische Erfahrungen ermöglichen und deshalb ästhetisch wertvoll sind. Dem steht aber erdrückende Evidenz entgegen. Zudem scheint Hoaglund selbst diese Interpretation auszuschließen, indem er seine Modifikation von U (U2) nicht explizit auf alle Kunstwerke erweitert, für die U1 gilt.

3) Es bleibt die Möglichkeit, dass Hoaglund schon in seiner ersten Definition von U ausschließlich ästhetisch wertvolle Unterschiede zu bereits existierenden Werken meint, also von vornherein nur ästhetisch wertvolle kreative

---

17  Hoaglund 1976, 50. Hoaglund begeht hier einen Syntaxfehler. Er müsste schreiben V(x) ↔ U(x).

Werke in den Blick nimmt. Die erste Definition wäre dann missverständlich,
weil sie dies nicht explizit macht. Zudem wäre seine Argumentation in diesem
Fall ein Zirkelschluss ohne jeglichen Erkenntnisgewinn. – So viel zu Hoaglunds Versuch, die Kreativitätsthese zu verteidigen, der zumindest insofern
aufschlussreich erscheint, als er den problematischen Kern dieser Annahme
besonders anschaulich vor Augen führt.

Fünfzehn Jahre nach Hoaglund vertritt Crowther die Kreativitätsthese in
einer etwas anderen Version. Crowther verteidigt zunächst über weite Stre-
cken seines Artikels ein genieästhetisches Originalkonzept.[18] Dieses Konzept
habe ich schon an anderer Stelle kritisiert. Hier interessiert mich aber ausschließlich Crowthers Version der Kreativitätsthese, weshalb ich auf die starken genieästhetischen Einflüsse, die sich in seinem Aufsatz bemerkbar machen, nicht eigens eingehe. Was bei Hoaglund *uniqueness* war, nennt Crowther
direkt *originality*, nämlich die Eigenschaft eines Kunstwerkes, sich aufgrund
der kreativen Arbeit seines Urhebers von anderen Werken zu unterscheiden.[19]
Anders als Hoaglund betrachtet er sie aber nicht als eine hinreichende, sondern nur als eine notwendige Eigenschaft ästhetisch wertvoller Kunstwerke.
Seine Version wirkt dadurch auf den ersten Blick plausibler als die von Hoaglund. Die Frage ist nun: Wie genau begründet Crowther *originality* als notwendige Bedingung für ästhetischen Wert? Kann seine Argumentation die
Schwächen von Hoaglunds Argumentation beheben?

---

18  Er vertritt beispielsweise die Auffassung, dass es eine spezifisch künstlerische Originali-
    tät gebe, die sich von der Originalität wissenschaftlicher oder technischer Schöpfungen
    grundsätzlich unterscheide, unter anderem dadurch, dass sie notwendig Ausdruck einer
    ganz bestimmten nicht austauschbaren Persönlichkeit sei. Er meint außerdem, dass Ori-
    ginalität nur durch den unmittelbaren Kontakt mit dem originalen physischen Werkex-
    emplar beurteilt werden könne. »Until we have directly encountered the work in its phe-
    nomenal entirety, any appreciation of its originality is logically speaking provisional. Ar-
    tistic originality, in other words, demands direct perceptual contact as a condition of its
    appraisal.« Crowther 1991, 305.
19  »As a starting point, it is reasonable to assume that general issues of creativity converge
    on the relation between a particular artefact and the rules which govern the production
    and function of artefacts of that kind. More specifically, we would use the term ›creative‹
    when an artefact not only fulfills its definitive function successfully, but does so in an out
    of the ordinary fashion. The key term here is *originality*.« Crowther 1991, 303.

Crowther will einen bestimmten Zusammenhang zwischen Kreativität, Originalität und künstlerischer Exzellenz deutlich machen.[20] Kreativität definiert er als das Hinausgehen über die Regeln, die in bestimmten künstlerischen Genres üblicherweise befolgt werden. Das Ergebnis solcher kreativer Schaffensakte ist die *originality* des geschaffenen Werkes. Sie kann mehr oder weniger ausgeprägt sein: In ihrer weniger ausgeprägten Form stellt sie eher eine Verbesserung (*refinement*) bestehender Konventionen dar; in ihrer ausgeprägteren Form dagegen schafft sie ein neues Regelsystem. Crowther gesteht mit Kant auch zu, dass es originalen Unsinn geben kann: Das Brechen mit künstlerischen Konventionen garantiert nicht die Entstehung herausragender Kunstwerke. Originalität ist ihm zufolge also keine hinreichende Bedingung für ästhetisch hochwertige Kunstwerke. Dennoch hält er Originalität für eine notwendige Bedingung für die Entstehung herausragender Kunstwerke. Seine These lautet also: Durch das Befolgen üblicher Standards und Regeln lassen sich keine exzellenten Kunstwerke schaffen.[21]

Bei genauem Hinsehen zeigt sich zunächst, dass Crowthers Definition von *originality* nicht eindeutig ist. Er nimmt nämlich eine ähnliche Modifikation vor wie Hoaglund. Zunächst beschreibt er *originality* als das Ergebnis kreativer Schaffensprozesse, die mit bisherigen Regeln brechen.[22] Dabei scheint er eher auf die Neuheit oder Andersheit des geschaffenen Werkes abzuheben. Kurz darauf wird *originality* dagegen als Leistung definiert, genauer als die Eigenschaft eines Werkes, sich einer größeren Leistung zu verdanken als Werke, die sich einer »gewöhnlichen« Leistung verdanken: »The original work, therefore, is one which, in its particular configuration, goes beyond customary levels of accomplishment.«[23] Diese Modifikation ist bemerkenswert, denn mit bestehenden Regeln zu brechen, ist etwas anderes, als etwas Außergewöhnliches zu leisten, so wie »sich unterscheiden« etwas anderes ist als »das Ergebnis größerer Leistung sein«. Was von beidem meint Crowther

---

20 »I will argue that creativity must be tied not just to the making of artefacts, but to the making of *original* artefacts and that, indeed, artistic originality is *sui generis*. I shall then clarify the link between artistic originality and excellence.« Crowther 1991, 301.

21 »Originality is not a sufficient condition of artistic excellence in the broadest sense. However, it is a necessary condition. For if a work simply repeated styles and compositional formats which had already become well established (either within a particular artist's *oeuvre* or more generally) we would at best describe it as ›accomplished‹ or as a ›good example‹ of that style or compositional format.« Crowther 1991, 307.

22 Vgl. Crowther 1991, 303.

23 Crowther 1991, 304.

nun, wenn er *originality* als notwendige Voraussetzung von *excellence* bezeichnet?

Ich halte es für sehr wahrscheinlich, dass *originality* in keiner der beiden von Crowther angebotenen Bedeutungen eine notwendige Voraussetzung für *excellence* ist. Es erscheint mir nämlich evident, dass das Brechen mit bestehenden Regeln keine notwendige Voraussetzung dafür sein kann, etwas Wertvolles zu schaffen. Solange sich durch das Befolgen dieser Regeln in der Vergangenheit ästhetisch wertvolle Kunstwerke schaffen ließen, spricht nichts dagegen, dass sich anhand derselben Regeln auch weiterhin mindestens ebenso wertvolle Kunstwerke schaffen lassen. Es spricht nicht einmal etwas gegen die Annahme, dass sich anhand dieser Regeln noch bessere Kunstwerke schaffen lassen als bisher, beispielsweise durch besonders genaues Arbeiten oder eine besonders geglückte Kombination üblicher Materialien und Werkzeuge. Ein Blick in die Kunstgeschichte unterstützt dieses Argument, zeigt er doch, dass die ersten Exemplare eines neuen Stils, einer neuen Epoche, einer neuen Technik oder Schaffensperiode nicht unbedingt immer auch die jeweils qualitätsvollsten sind. Das viel zitierte Beispiel hierfür ist Picassos *Demoiselles D'Avignon*. Es ließen sich viele andere hinzufügen.[24] Das Brechen mit bestehenden Regeln ist aber auch keine notwendige Voraussetzung für das Erbringen einer besonderen künstlerischen Leistung. Auch das zeigt ein Blick in die Kunstgeschichte. In allen Epochen gab es Künstler, die innerhalb etablierter Regelsysteme gearbeitet haben und die bis heute für ihre außergewöhnlichen Leistungen bewundert werden. Wenn Crowther sagt, wer sich darauf beschränke, etablierte Regeln zu befolgen, erbringe damit keine besondere künstlerische Leistung, scheint er aber Künstlern, die in einem etablierten Stil nach bestehenden Regeln gearbeitet haben, pauschal abzusprechen, besondere Leistungen erbracht zu haben. Zudem – falls Crowther darauf hinauswollte – ist die künstlerische Leistung ihrerseits keine notwendige Bedingung für eine hohe künstlerische oder ästhetische Qualität des geschaffenen Werkes, die auch Ergebnis reinen Zufalls oder glücklicher Umstände sein kann. Darauf werde ich im folgenden Abschnitt genauer eingehen. – Hier bleibt zunächst nur festzustellen, dass auch Crowther keine überzeugende Verteidigung der Kreativitätsthese leisten kann.

Beinahe fünfzehn Jahre nach Crowther greift Bartel die Kreativitätsthese noch einmal auf. Er wendet sich damit explizit gegen Sibley, der in einem Aufsatz von 1985 gegen eine Auffassung von Originalität argumentiert,

---

24  Viele Beispiele finden sich bei Ullrich 2009.

die einen irgendwie notwendigen Zusammenhang zwischen Neuheit und ästhetischem Wert suggeriert.[25] Bartel möchte dagegen einen inneren Zusammenhang zwischen künstlerischer Innovation und Wert verteidigen. Sein entscheidender Schachzug besteht darin, nur eine ganz bestimmte Bedeutung
von Originalität in den Blick zu nehmen, jene, für die wir im Deutschen das
Adjektiv »originell« verwenden: Die Originalität von Kunstwerken, die sich
besonders kreativen Einfällen verdanken. Seine These lautet, dass »Originalität« immerhin in *dieser einen* Bedeutung einen irgendwie zwingenden Zusammenhang von Kreativität und Wert impliziert. Damit vertritt er eine weniger
starke Behauptung als Crowther, der seinerseits schon eine weniger starke
Behauptung als Hoaglund vertreten hat. Bartels Argumentation ist nicht nur
aufgrund ihrer Bescheidenheit besonders interessant, sondern auch weil sie
eine starke Intuition trifft: »That works of art can be valued for their originality seems intuitively right, as does the claim that this value, whatever it is, is
more than the product of a conjunction of innovation-plus-aesthetic-value.«[26]
Zudem scheint Bartels Argumentation auf den ersten Blick überzeugend, weil
sie zwei empfindliche Schwächen von Hoaglunds und Crowthers Version von
Anfang an vermeidet. Erstens unterscheidet Bartel sorgfältig zwischen verschiedenen Bedeutungen von »Original« und macht durchgehend deutlich,
welche Bedeutung er in einem bestimmten Gedankengang jeweils meint. Er
führt also nicht erst durch die Hintertür eine Modifikation ein, um sein Argumentationsziel zu erreichen. Zweitens geht Bartel der Frage nach, worin und
wie sehr sich ein neues Werk von anderen, zuvor dagewesenen Kunstwerken
unterscheiden muss, um als Original gelten zu können. Er präzisiert also, was
er unter Neuheit und Verschiedenheit versteht. Auch auf diese Frage sind Hoaglund und Crowther praktisch nicht eingegangen. Die entscheidende Frage
ist aber: Kann Bartels Verteidigung der Kreativitätsthese überzeugen?

Bartel unterscheidet zwischen einem wertenden *creativity-sense* und einem nichtwertenden *authenticity-sense* von »Original«: Ihm zufolge wird »Original« dann wertend gebraucht, wenn es Kunstwerke als das Ergebnis kreativen Handelns beschreibt. Es wird aber nicht wertend gebraucht, wenn es

---

25  »To suppose that mere difference guarantees or constitutes aesthetic merit would be ab-
surd and also, *a fortiori*, that such originality is a high, the highest or the only significant
aesthetic value.« Sibley 1985, 179.
26  Bartel 2010, 70.

die Authentizität von Kunstwerken bezeichnet.[27] Im ersten Fall liegt der Fokus auf der ästhetischen Qualität des Werkes, im zweiten Fall liegt er auf seiner Geschichte.[28] Es ist der *creativity-sense*, der Bartel interessiert. Er will Originalität in diesem Sinn ausdrücklich weder als notwendige noch als hinreichende Bedingung für ästhetischen Wert verstanden haben.[29] Er möchte lediglich zeigen, dass der *creativity-sense* einen Begriff des Originals konstituiert, in dem zwei Eigenschaften auf nicht kontingente Weise verbunden sind: Das Ergebnis kreativen Handelns zu sein und ästhetisch wertvoll zu sein.[30] Um dieses Ziel zu erreichen, schließt er Kunstwerke, die sich bloß gewöhnlicher Kreativität[31] verdanken, ebenso aus wie solche, die bloß verschieden (*different*) oder einzigartig (*unique*) sind. Schließlich stellt er folgende Definition auf: »A work is original if it and it alone can be shown to be the source of some idea whose functional scope makes for worthwhile repetition through effective implementation of the idea in some multiple and/or diverse settings.«[32]

Diese Definition verblüfft, denn sie zeigt gerade nicht, was Bartel zeigen wollte und offenbar auch zu zeigen meint, nämlich, dass es eine Bedeutung von »Original« gibt, in der Kreativität und ästhetischer Wert in einem nicht bloß kontingent additiven Sinn zusammenkommen. Anstelle eines Begriffs, in dem sich Kreativität und ästhetischer Wert in einer nicht kontingenten Weise verbinden lassen, bietet Bartel einen Begriff an, der einzelne Werke als Ursprünge kunsthistorisch einflussreicher Ideen identifiziert. Das Moment außergewöhnlicher Kreativität, das er zuvor stark gemacht hatte, scheint in

---

27  »When taken evaluatively, ›originality‹ is usually concerned with the description of some act of creativity; and when taken non-evaluatively, ›originality‹ is usually taken to be an issue of authenticity.« Bartel 2010, 69.

28  »A work ›is original‹ in the evaluative sense when we mean to praise an artist's creative activity, whereas an object ›is an original‹ in the authenticity-sense when the object has been established to be the product of some artist's own hand.« Bartel 2010, 70.

29  »My intuition is that what makes a work ›good‹ is far more elusive than what makes a work original, but also that ›original‹ is neither a necessary nor a sufficient condition for ›good‹.« Bartel 2010, 70.

30  »I am interested in finding an evaluative sense of originality that is not contingent on aesthetic worth but is worthwhile in its own respect, while still avoiding the ›original non-sense‹ of novelties.« Bartel 2010, 72-73.

31  »The evaluative use of ›original‹ only makes sense if we take it to be making a strong claim about the work: all works of art are the result of some creative activity, in a weak sense, but this obviously cannot be what is meant when ›original‹ is being used as a term of praise.« Bartel 2010, 70.

32  Bartel 2010, 75.

seiner Definition völlig zu verschwinden. Denn das Ergebnis kreativen Handelns zu sein, ist etwas ganz anderes, als der Ursprung einer kunsthistorisch einflussreichen Entwicklung zu sein. Selbst wenn wir annehmen, dass sich regelmäßig einzelne Werke eindeutig als Ursprung bedeutender Entwicklungen identifizieren lassen, und wenn wir zudem annehmen, dass diese Werke sich signifikant von anderen zuvor dagewesenen unterscheiden, bleibt doch das Kernproblem, das Bartel angetreten war zu lösen, bestehen: Wo ist der zwingende Zusammenhang von Kreativität und Wert? Wozu hat Bartel von außergewöhnlicher Kreativität gesprochen, wenn er in seiner Definition von »Original« gar nicht diese außergewöhnliche Kreativität, der sich ein bestimmtes Kunstwerk verdankt, als Quelle der wiederholenswerten Ursprungsidee benennt, sondern das *Kunstwerk* selbst? Wenn ein Werk dann ein Original ist, wenn es Nachahmer findet, geht Kreativität völlig unter.

Natürlich kann man »Original« so definieren. Damit setzt Crowther sich aber dem Einwand aus, dass einflussreiche Werke sich keineswegs zwingend besonderer künstlerischer Kreativität verdanken müssen: Sie könnten sich auch einer – von Bartel zuvor ausdrücklich ausgeschlossenen – gewöhnlichen Kreativität verdanken oder einem Zufall. Auch den Wert nennt Bartel in seiner Definition nicht. Stattdessen spricht er von der Implementierung einer Idee in verschiedene *settings*, hebt also auf kunsthistorischen Einfluss ab. Aber selbst wenn wir annehmen, dass kunsthistorisch einflussreiche Werke in aller Regel auch wertvolle und ästhetisch wertvolle Werke sind, so bleiben kunsthistorischer Einfluss und (ästhetischer) Wert dennoch zwei verschiedene Dinge. Schon weiter oben habe ich bemerkt, dass die ersten Werke eines Stils oder einer Kunstform selten die qualitätsvollsten sind. Die Diskrepanz zwischen Bartels erklärtem Argumentationsziel und der von ihm als Ergebnis angebotenen Definition ist bemerkenswert. Im Grunde legt er gar keine Verteidigung der Kreativitätsthese vor. Dennoch kann gerade die Verschiebung von Bartels Fokus in der Entwicklung seiner Argumentation als Indiz dafür dienen, wie sehr genieästhetische Einflüsse bis heute dazu verführen, nicht nur Neuheit und Wert gleichzusetzen, sondern auch Kreativität und Neuheit, Wert und Einfluss, Regelbruch und Produktivität und so weiter.

Mir scheint bis hierher nicht nur hinreichend deutlich geworden zu sein, dass die Kreativitätsthese nicht erfolgreich verteidigt werden kann, sondern auch warum: Sie verknüpft (mindestens) zwei voneinander unabhängige Bedeutungen zu einer einzigen: das Ergebnis kreativen Handelns zu sein bzw. sich von vorher Dagewesenem zu unterscheiden und ästhetisch wertvoll zu sein. Zwischen diesen Eigenschaften besteht aber offensichtlich kein notwendiger Zusammenhang.

### 5.1.2    Originalität als künstlerische Leistung

Die These, die ich im Folgenden als Leistungsthese bezeichne, lautet vereinfacht formuliert:

> Kunstwerke, zu deren Herstellung eine besondere Leistung erforderlich war, besitzen einen besonderen ästhetischen Wert.

Anders als den Vertretern der Kreativitätsthese, die die qualitative Überlegenheit von originellen Werken gegenüber bloß regelkonformen Werken behaupten, geht es Vertreterinnen der Leistungsthese meistens darum, für die ästhetische Überlegenheit von Originalen gegenüber Fälschungen zu argumentieren. Ich möchte mich auf einen einzigen Artikel beschränken, in dem diese These vertreten wird: Denis Dutton, »Artistic Crimes, The Problem of Forgery in the Arts« von 1979.[33]

Duttons Ausgangsszenario ist das eines als Fälschung enttarnten Gemäldes: Ein Bild, das lange Zeit für ein Werk Vermeers gehalten wurde, entpuppt sich als ein Werk van Meegerens. Obwohl das Gemälde dasselbe bleibt, scheint es durch die Enttarnung seinen Wert zu verlieren: Zuerst wurde es als ästhetisch hochwertig eingeschätzt, nach seiner Enttarnung gilt es als ästhetisch praktisch wertlos. Duttons These lautet, dass diese Einschätzung gerechtfertigt sei, genauer: dass es für den ästhetischen Wert eines Kunstwerkes relevant sei, ob es sich bei ihm um ein Original oder eine Fälschung handelt, und zwar weil der ästhetische Wert eines Kunstwerkes eng mit der künstlerischen Leistung verbunden sei, der sich ein Werk verdankt. Zunächst unterstreicht er mit einem anderen Beispiel, dass er sich ausdrücklich nicht nur auf Fälschungen von Gemälden bezieht: Eine Aufnahme, die ein Klavierstück – oh-

---

33  Man könnte die Frage stellen, inwiefern es Dutton in diesem Artikel um Originale geht, wenn er sagt: »The significant opposition I find then is not between ›forged‹ and ›original‹, but between correctly represented artistic performance and misrepresented artistic performance.« (Dutton 1979, 312). Tatsächlich setzt Dutton sich in einigen Absätzen seines Aufsatzes mit verschiedenen Bedeutungen von »Original« auseinander und macht dabei deutlich, dass es ihm nicht so sehr um die ästhetische Überlegenheit von Originalen als Erstvorkommnissen (im Verhältnis zu Kopien) geht. Das heißt aber keineswegs, dass es ihm nicht um Originale geht. Vielmehr wird deutlich, dass er offensichtlich von einem kunstwissenschaftlichen Begriff des Originals ausgeht.

ne Wissen der Zuhörer – schneller wiedergibt, als es aufgenommen wurde, erweckt den Eindruck, dass die Pianistin eine größere technische Fertigkeit besitzt, als tatsächlich der Fall ist. Die zunächst begeisterten Zuhörer wären wohl enttäuscht, würden sie erfahren, wie die Klänge, die sie gehört haben, tatsächlich zustande kamen. Auch in diesem Beispiel hat sich an den formalen Eigenschaften des Gehörten nichts geändert. Was sich geändert hat, ist, dass die Zuhörer nun wissen, wie das, was sie gehört haben, zustande gekommen ist.

Dutton stellt einen direkten Zusammenhang zwischen dem ästhetischen Wert eines Werkes und der bei seinem Zustandekommen erbrachten künstlerischen Leistung her. Dazu formuliert er zunächst zwei Prämissen. Erstens nimmt er an, dass alle Kunstwerke – gleich welchen Genres – in gewisser Weise *performances* seien. Das heißt: Alle Kunstwerke sind das Ergebnis menschlichen Handelns und müssen als solches verstanden werden.[34] Außerdem geht Dutton davon aus, dass »Kunstwerke als das Ergebnis menschlichen Handelns begreifen« auch bedeute »Kunstwerke als Ergebnis bestimmter *Leistungen* zu sehen«, denn diese Werke konnten nur hergestellt werden, weil ihre Urheber bestimmte Fertigkeiten besaßen und verschiedene Schwierigkeiten überwanden. Aus diesen Annahmen schließt Dutton, dass wir den ästhetischen Wert eines Kunstwerkes nur dann ermessen können, wenn wir begreifen, was zu seiner Herstellung nötig war. Zu sagen, dass eine bestimmte Anordnung von Farben auf einem Gemälde harmonisch ist, wäre demnach zwar nicht falsch, »a fuller appreciation and understanding, however, would involve recognizing how that pleasing harmony is a response to a problematic demand put upon the artist.«[35] Nur wenn wir verstünden, welche Herausforderungen die Schaffung eines bestimmten Werkes mit sich bringt, wüssten wir auch um seinen Wert. So wie wir auch nur dann, wenn wir wüssten, was in einer bestimmten Kunstform einen Erfolg ausmacht (und was einen Misserfolg), sagen könnten, welches Werk gut gelungen wäre und welches weniger gut. Eine gute Aufführung eines Klavierstückes setzte beispielsweise voraus, dass der Pianist sie allein mithilfe des Instruments und seiner zehn Finger zustande bringt. Unsere Auffassungen darüber, was in einem bestimmten Genre einen Erfolg

---

34 »The ultimate product is designed for our contemplation, as an object of particular interest in its own right, perhaps in isolation from other art objects or from the activity of the artist. But this isolation which frequently characterizes our mode of attention to aesthetic objects ought not to blind us to a fact that we may take for granted: that the work of art has a human origin, and must be understood as such.« Dutton 1979, 305.

35 Dutton 1979, 307.

oder einen Misserfolg ausmacht, könnten sich ändern, aber ohne sie könnten wir nicht wirklich verstehen, welches *achievement* das Kunstwerk, das wir gerade vor uns haben, darstellt.[36] Fälschungen hätten also genau deshalb nicht denselben ästhetischen Wert wie Originale, weil sie nicht das Ergebnis jener Leistung wären, die zu ihrer Herstellung erforderlich gewesen wäre, wäre ihre Produktionsgeschichte tatsächlich die, die wir glauben gemacht würden.

Den entscheidenden Schritt geht Dutton, indem er die zur Herstellung eines Werkes erforderliche künstlerische Leistung ausdrücklich als ästhetische Eigenschaft eben dieses Werkes versteht. Er besteht darauf, dass diese Verknüpfung von Leistung und ästhetischem Wert keine Frage des Geschmacks oder des Empfindens ist, sondern eine des Kunstbegriffs selbst, denn »reference to origins is a necessary constituent of the concept of a work of art.«[37] Dennoch zählen für Dutton ebenso die formalen Eigenschaften eines Werkes zu seinen ästhetischen Eigenschaften und tragen zu seinem ästhetischen Wert bei. Es gehe darum, weder die Ursprünge des Werkes noch seine formalen Eigenschaften außer Acht zu lassen. Duttons Fazit lautet: »When we learn that the kind of achievement an art object involves has been radically misrepresented to us, it is not as though we have learned a new fact about some familiar object of aesthetic attention. On the contrary, insofar as its position as a work of art is concerned, it is no longer the same object.«[38]

---

36 »But just as I know, and in fact ought to know, that the resultant recording of *Götterdämmerung* will feature voices which sustain their power throughout the whole opera in a way that would be impossible in any live performance, so I ought to know that the piano recording I am listening to is a collaboration of pianist and engineer, one which, perhaps, features runs at speeds human nerve and muscle could never alone produce. Until I know this, I cannot understand the nature of the achievement before me.« Dutton 1979, 308.

37 Dutton 1979, 309. In Bezug auf das Verhältnis von *künstlerischer Leistung* und dem Konzept *Kunst* schreibt Dutton weiter: »Art is treated among other things as human performance, the work of art having implicit in it the possibility of achievement of some kind. Thus the concept of art is constituted *a priori* of certain essential properties. I do not propose to enumerate those features (the question of the contents of any such list lies at the heart of the philosophy of art); but I do insist that reference to origins and achievement must be included among these properties. This whole issue is what gives the problem of forgery such central philosophical importance: theorists who claim that it ought to make no difference to appreciation whether a work is forged or not do not merely challenge a few dearly held cultural beliefs about what is important in art. They attack rather the very idea of art itself.« Dutton 1979, 310.

38 Dutton 1979, 313.

Man muss Dutton zugute halten, dass er den Fehler vermeidet, den wir bei allen drei Vertretern der Kreativitätsthese gesehen haben: Er behauptet keinen notwendigen Zusammenhang zwischen verschiedenen, nicht notwendig zusammenhängenden Eigenschaften. Indem er die Eigenschaft, das Ergebnis einer besonderen künstlerischen Leistung zu sein, als ästhetische Eigenschaft definiert, schafft er die nötige Voraussetzung dafür, den ästhetischen Wert eines Kunstwerks von der bei seiner Herstellung erbrachten künstlerischen Leistung abhängig zu machen, ohne einen Zusammenhang herzustellen, wo keiner ist. Dutton behauptet nicht (zugespitzt): Je mehr der Künstler schwitzt, desto schöner wird das Bild, sondern er sagt: Das Schwitzen selbst hat seinen Wert, und diesen Wert können wir als ästhetischen Wert bezeichnen, weil das Wissen um dieses Schwitzen uns hilft, das Werk zu verstehen. Das hätte die Konsequenz, dass Werke, die rein formal-ästhetisch keinen herausragenden Wert haben, aber sich einer außergewöhnlichen Leistung verdanken, einen höheren ästhetischen Wert besitzen könnten als solche, die zwar formal überragende ästhetische Qualität besitzen, sich aber keiner besonderen Leistung verdanken. Natürlich kann man darüber streiten, inwiefern diese Konsequenz vertretbar ist, aber in die Auseinandersetzung darüber einzusteigen, würde mich zu weit vom Gegenstand dieser Untersuchung wegführen. Mir soll es an dieser Stelle genügen, darauf hinzuweisen, dass Duttons Verteidigungsstrategie natürlich seinen Kunstbegriff voraussetzt. Sobald man zum Beispiel einen ästhetischen Formalismus vertritt, funktioniert das Leistungsargument nicht mehr.[39] Sobald die vorausgesetzte Definition von »ästhetisch« keinen direkten Bezug zur Produktionsgeschichte ästhetisch wertvoller Gegenstände impliziert, gibt es auch keinen logischen Zusammenhang zwischen dem ästhetischen Wert von Kunstwerken und dem Wert der bei ihrer Herstellung erbrachten Leistung.[40]

---

39  Vgl. dazu beispielsweise Reicher, die aufgrund ihrer Definition von »ästhetisch« zu dem Schluss kommt, Originalität besitze zwar einen Wert, aber keinen ästhetischen: »Der Wert der Originalität kommt einerseits daher, dass das Originelle neuartig ist, und Neues immer irgendwie besonders interessant ist; andererseits steckt hinter einem originellen Werk eine besondere geistige Leistung der Künstlerin (wir sprechen in diesem Zusammenhang oft von *Kreativität*); wir bewundern und schätzen außergewöhnliche Leistungen, und ein Teil dieser Bewunderung und Wertschätzung geht auf die Produkte dieser Leistungen über. Aber auch das ist kein ästhetischer Wert.« Reicher 2011, 67.

40  Für die Unterscheidung zwischen ästhetischem und künstlerischem Wert argumentiert Tomas Kulka in seinem Aufsatz von 1981: The Artistic and the Aesthetic Value of Art.

Mir scheint dennoch, dass Dutton trotz seiner grundsätzlich schlüssigen Verknüpfung von künstlerischer Leistung und ästhetischem Wert einen argumentativen Fehler macht. Dutton verteidigt das Leistungsargument ja, um dafür zu argumentieren, dass van Meegerens Bild der *Jünger von Emmaus* einen niedrigeren ästhetischen Wert besitzt, als es besitzen würde, wäre es ein echter Vermeer. Er argumentiert also für die ästhetische Minderwertigkeit einer Fälschung. An dieser Stelle begeht er den Fehler, eine Verbindung zwischen Leistung und Echtheit herzustellen, die es so nicht gibt. Wenn man seine Definition von »ästhetisch« teilt, wird man zwar ohne Weiteres zugeben, dass Werke, zu deren Herstellung eine größere künstlerische Leistung erforderlich war, jenen ästhetisch überlegen sind, zu deren Herstellung eine geringere künstlerische Leistung erforderlich war. Man wird aber ebenso einräumen müssen, dass das nicht zugleich bedeutet, dass Werke, deren wahre Entstehungsgeschichte wir kennen, sich einer höheren Leistung verdanken als jene, von denen wir eine falsche Produktionsgeschichte glauben. Oder – um es mit Duttons Worten zu sagen – eine »correctly represented artistic performance« ist einer »misrepresented artistic performance« nur dann überlegen, wenn für erstere eine höhere künstlerische Leistung erforderlich war. Das muss aber nicht in jedem Fall so sein. Ob ein Werk echt ist und ob ein Werk sich einer besonderen Leistung verdankt, sind zwei verschiedene Dinge. Die tatsächliche Produktionsgeschichte zu kennen, ist eine notwendige Voraussetzung dafür, auch die tatsächlich erbrachte künstlerische Leistung beurteilen zu können. Ob die tatsächlich erbrachte künstlerische Leistung dann aber tatsächlich geringer ausfällt als die vorgegebene, ist eine andere Frage.

Kurz: Auch Duttons Argumentation hat einen Mangel, nämlich den, dass sie nicht deutlich unterscheidet zwischen Kunstwerken, deren wahre Produktionsgeschichte wir kennen, und Kunstwerken, die sich einer besonderen künstlerischen Leistung verdanken. Das hat zur Folge, dass er seine Eingangsthese nicht verteidigen kann. Denn in dem konkreten Fall, den Dutton präsentiert, lässt sich unmöglich beurteilen, ob der ästhetische Wert von van Meegerens *Jünger von Emmaus* geringer ist als der von Vermeers *Jüngern von Emmaus* wäre, wären sie jemals gemalt worden. Ein Leistungsvergleich ist nur in Fällen möglich, in denen wir zwei Werke vor uns haben, von denen wir genau wissen, wie hoch die künstlerische Leistung war, die ihre jeweiligen Urheber bei der Herstellung erbracht haben. Das heißt, dass sich – wenn überhaupt – nur Kopienfälschungen und ihre Originale vergleichen lassen. Und auch dann bleibt es durchaus denkbar, dass eine Fälschung sich einer größeren künstlerischen« Leistung verdankt als ihr Original – was natürlich auch davon abhängt, wie man »künstlerische Leistung« definiert.[41]

Sowohl Dutton als auch die Verteidiger der Kreativitätsthese haben also den Fehler gemacht, einen notwendigen Zusammenhang zwischen so kontingenten Eigenschaften wie beispielsweise *Kreativität* und *Echtheit* anzunehmen. Bei Dutton ist zudem deutlich geworden, dass die Validität eines Argumentes in der Wertdebatte wesentlich davon abhängt, wie »ästhetische Eigenschaft« definiert wird. Nur wer einen Kunstbegriff vertritt, der es ermöglicht, Originalität als ästhetische Eigenschaft aufzufassen, kann schlüssig für die ästhetische Überlegenheit von Originalen argumentieren. Allerdings muss er dann auch darauf achten, dass er sich auf eine bestimmte Bedeutung von »Originalität« festlegt, sonst begeht er den Fehler, den Dutton begeht, der die ästhetische Überlegenheit von echten Werken zu verteidigen versucht, indem er für die Überlegenheit von Werken plädiert, die das Ergebnis einer besonderen Leistung sind.

### 5.1.3    Originalität als zeitliche Relation

Manche Philosophinnen gehen davon aus, dass Originalität ein primär historischer Wert ist, nämlich die Relation zwischen einem Kunstwerk und dem Zeitpunkt seiner Entstehung. Dabei ist natürlich nicht allein die Eigenschaft eines Werkes gemeint, zu einem bestimmten Zeitpunkt entstanden zu sein, sondern zugleich die Eigenschaft, zu diesem Zeitpunkt ein »historical first«[42] zu sein, also mindestens eine bestimmte (ästhetische) Eigenschaft zu besitzen, die kein anderes Werk zuvor besessen hat. Vereinfacht formuliert:

---

41 Sherri Irvin hat Dutton vorgeworfen, *achievement* stark überzubewerten. Zudem sieht sie Dutton gezwungen, auch aus künstlerischen Leistungen, die aus der Bewältigung sehr individueller Herausforderungen (z.B. körperlicher Behinderungen) resultieren, einen höheren ästhetischen Wert abzuleiten. »Dutton's account might be thought to give achievement an undeserved degree of primacy in our evaluation of the work. First, it is not clear, pace Dutton, that the artist's having overcome more substantial obstacles necessarily makes the artist's work better, or changes in any way how we ought, aesthetically, to assess it.« Irvin 2007, 291-292. Und: »It is hard to see how any theory of aesthetic value which accords such a central position to the artist's achievement could avoid acknowledging the relevance of Beethoven's deafness or Chuck Close's paralysis to the aesthetic assessment of their work.« Irvin 2007, 293.

42 Vgl. Bailey 2009: »What is originality and what if anything, does it have to do with artistic or aesthetic value? A common response to the first question is to be a historical first in some important respect.« Bailey 2009, 457.

Originalität ist die Eigenschaft eines Kunstwerkes, bestimmte (ästhetische) Eigenschaften zeitlich vor anderen Kunstwerken zu besitzen.

Diese Auffassung unterscheidet sich von denen, die Originalität als Ergebnis von Kreativität oder besonderer künstlerischer Leistung betrachten, dadurch, dass es für sie gleichgültig ist, welcher Ursache ein Kunstwerk seine Neuheit verdankt. Originalität in diesem Sinne schließt also Werke, die sich außergewöhnlicher künstlerischer Kreativität oder Leistung verdanken, ebenso ein wie Werke, deren Neuheit sich einer ganz durchschnittlichen Kreativität oder Leistung verdanken, sowie solche, deren Neuheit zufällig zustande gekommen ist.

Interessant ist, dass diese Originalitätsauffassung zu gegenteiligen Antworten auf die Frage führt, ob Originalität eine ästhetische Eigenschaft sei (und damit auch auf die Frage, ob Originale ästhetisch wertvoller seien als ihre Kopien). Ob diese Frage mit Ja oder Nein beantwortet wird, hängt nämlich davon ab, wie »ästhetisch« definiert wird. Wenn eine Autorin einen Kunstbegriff vertritt, in dem die Entstehungsgeschichte von Kunstwerken Relevanz für deren ästhetischen Wert besitzt, wird sie dafür argumentieren, dass Originalität von grundlegender Bedeutung für den ästhetischen Wert eines Kunstwerkes ist. Vertritt sie einen Kunstbegriff, in dem die Entstehungsgeschichte eines Werkes irrelevant für dessen ästhetischen Wert ist, wird sie dagegen argumentieren. Es gibt also grundsätzlich zwei verschiedene Thesen:

A) Originalität ist die Eigenschaft eines Kunstwerkes, bestimmte (ästhetische) Eigenschaften zeitlich vor anderen Kunstwerken zu besitzen. Als solche ist sie von grundlegender Bedeutung für den ästhetischen Wert von Kunstwerken.[43]

Und:

B) Originalität ist die Eigenschaft eines Kunstwerkes, bestimmte (ästhetische) Eigenschaften zeitlich vor anderen Kunstwerken zu besitzen. Als solche ist sie irrelevant für den ästhetischen Wert von Kunstwerken.

Ich möchte ein Beispiel anführen, in dem These B vertreten wird: *The Aesthetic Value of Originality* von Bruce Vermazen. Vermazen argumentiert ausdrücklich gegen die Genieästhetik und gegen Verteidiger der Kreativitätsthese.[44] Seine

---

43 Vgl. zum Beispiel Lessing 1983 und Irvin 2007.
44 Namentlich gegen Edward Young, Stefan Morawski und John Hoaglund.

These lautet: Originalität an sich trägt nichts zum ästhetischen Wert eines Kunstwerkes bei, weil sie einen rein historischen Wert darstellt.[45]

Vermazen bezeichnet ästhetischen Wert als *multidimensional measure*: Er geht davon aus, dass sich »ästhetisch wertvoll« auf keine bestimmte Eigenschaft bezieht, sondern auf eine Liste von Eigenschaften, nämlich auf jene, die den Wert eines bestimmten Kunstwerkes in den Augen seiner Rezipienten ausmachen. Die Eigenschaften, die zum ästhetischen Wert eines Kunstwerkes beitragen, leiten sich aus dem Kunstbegriff der Rezipientinnen oder aus ihren Erwartungen gegenüber Werken bestimmter Genres ab. Ob beispielsweise ein italienisches Sonett ästhetisch hochwertig ist, hängt davon ab, in welchem Maße und in welcher Qualität es die Eigenschaften besitzt, die seine Rezipienten von einem italienischen Sonett erwarten. Dabei können verschiedene Rezipienten durchaus verschiedene Eigenschaften auf ihrer Liste haben. Nach der Meinung von Vermazen gibt es aber gute Gründe, Originalität von allen Listen wertvoller Eigenschaften von Kunstwerken zu streichen.[46]

Um seine These zu begründen, stellt Vermazen zunächst die Frage, welchen Wert Originalität in den Augen derjenigen darstellt, die sie als Werteigenschaft von Kunstwerken betrachten. Er setzt sich mit den Thesen und Argumenten von Befürwortern der Kreativitätsthese wie Hoaglund wohlwollend auseinander und geht verschiedenen argumentativen Strategien zur Begründung von Originalität als ästhetischer Wert-Eigenschaft nach.[47] Jede Spur, die er verfolgt, führt ihn zu der Feststellung, dass Originalität im Kern als »newness with respect to something good« definiert wird, »that is, the new production of a good thing or good property of a thing«, und er schließt die Frage an: »What reason is there to count the originality as a merit of the work

---

45 »I will argue in this essay that originality *per se* is not a property of works of art that should be counted as contributing to their aesthetic value.« Vermazen 1991, 266.

46 »My claim that originality is not a property that should be counted as contributing to a work's aesthetic value is the claim that there are good reasons for anyone to exclude originality from the list of ranked properties.« Vermazen 1991, 267.

47 U. a. beschäftigt er sich mit einer Supervenienz-These: »That the property of originality supervenes on the complex of newness with respect to *p* and goodness with respect to *p*, and that this supervenient property confers a separate goodness on the work« (Vermazen 1991, 271) und mit Originalität als Mittel zur *Deautomatization*: »The claim is sometimes made that deautomatization and/or defamiliarization is the essential task of literature, or even of all art. If the claim were true, and if originality were bound up in some intimate way with deautomatization or defamiliarization, my arguments against the value of originality would appear suspicious« (Vermazen 1991, 272).

over and above the merit the thing or property has aside from its originality?«[48] Vermazen geht davon aus, dass niemand ernsthaft gewillt sein kann,
bloße Neuheit (*novelty*) als ästhetisch wertvolle Eigenschaft eines Kunstwerkes
zu verteidigen. Also macht er sich auf die Suche nach Definitionen von »Originalität«, die tatsächlich einen ästhetischen Mehrwert begründen, der über
die Neuheit eines ästhetisch wertvollen Aspekts eines Kunstwerkes hinausgeht, findet aber keine.[49] Vielmehr beobachtet er, dass Originalität nur dann
wertvoll zu sein scheint, wenn ein Kunstwerk eine Eigenschaft aufweist, die
zufällig zugleich neu und gut ist. Was diese Eigenschaft ästhetisch wertvoll
macht, scheint für Vermazen aber nur die Tatsache zu sein, dass sie gut ist,
nicht jene, dass sie neu ist. Er kommt so zu dem Schluss, dass Originalität
keinen ästhetischen Wert darstellt, weil sie nichts zum ästhetischen Wert eines Kunstwerkes beiträgt.[50]

Besonders interessant finde ich Vermazens Auseinandersetzung mit der
Technik der *Deautomatization/Defamiliarization* und der Wirkung von Originalität. Vermazen stellt sich folgende Frage: Wenn man annimmt, dass das Neue
und Unerwartete einen für Kunst wesentlichen Effekt hat, nämlich den, das
Publikum auf gewisse Weise zur Aufmerksamkeit herauszufordern, stellt Originalität dann nicht doch einen ästhetischen Wert dar? Vermazen verneint:
Wenn Originalität die Eigenschaft eines Kunstwerks ist, ein Merkmal zu besitzen, das zugleich gut und neu ist, dann ist Originalität eine Relation zwischen einer Eigenschaft eines Werkes und dem Zeitpunkt der Entstehung dieses Werkes. Diese Relation besteht auch dann, wenn das ehemals neue Merkmal schon lange nicht mehr neu ist und die einmal durch die Neuheit ange-
strebte Wirkung auf das Publikum sich nicht mehr einstellt, da das Werk ihm
längst vertraut ist. Umgekehrt könnten Werke, die niemals in diesem Sinne
Originalität besessen haben (weil sie keine Merkmale besitzen, die zum Zeitpunkt ihrer Entstehung neu waren), dennoch Merkmale besitzen, mit denen

---

48  Vermazen 1991, 270.
49  »No one wants to claim that bare newness confers value on an object. Thus a sensible
    strategy for understanding the concept of originality is to start with the idea of newness
    and explore how much or in what respect an object must be new in order to be valuable.«
    Vermazen 1991, 270.
50  »The aesthetic goodness of an original work, its other valuable aspects aside, seems to
    come from the goodness of the original property (a goodness it has even in later cases,
    where it has no claim to novelty) and not from originality *per se*, whether originality is
    conceived as a complex of newness and goodness or as a property supervening on that
    complex.« Vermazen 1991, 272.

manche Rezipientinnen noch nie zuvor konfrontiert wurden, sodass sich ein Überraschungseffekt einstellt, ganz ohne Originalität des Werkes.[51] Ob ein Werk einen Deautomatization-Effekt hat, hängt also schlicht davon ab, ob es Eigenschaften besitzt, die in der Erfahrung seines jeweiligen Publikums neu sind, und nicht davon, ob es Eigenschaften besitzt, die kein anderes Kunstwerk zuvor hatte. Originalität erzielt also nicht automatisch einen bestimmten Effekt. Im Gegenteil: Zu begreifen, was die Originalität eines Kunstwerkes in der vielleicht weit zurückliegenden Zeit seiner Entstehung bedeutet hat, setzt ein mitunter beträchtliches kunsthistorisches Hintergrundwissen voraus. Das ästhetische Erleben all jener Museumsbesucher, die nicht über ein solches vertieftes Wissen verfügen, kann also von der Originalität eines Werkes kaum beeinflusst werden.

Wenn der ästhetische Wert, den ein neues Werk besitzt, nicht an seine Neuheit gebunden ist, bedeutet das für Vermazen auch: Derselbe ästhetische Wert findet sich in allen Werken, die dieselben ästhetisch wertvollen Eigenschaften besitzen, auch wenn sie zu einem späteren Zeitpunkt entstanden sind. Damit plädiert Vermazen dafür, perfekte Kopien nicht als ästhetisch minderwertig zu betrachten.

Vermazen gesteht durchaus zu, dass Originalität einen Wert darstellt, allerdings keinen ästhetischen, sondern einen kunsthistorischen (zu wissen, welches Werk eine bestimmte Eigenschaft als erstes besessen hat, um diese besser erforschen zu können) oder auch einen emotionalen: Dieses Werk vor sich zu haben, sinnlich wahrzunehmen und von seinem Charakter als Ursprung und Zeuge einer bedeutenden kunsthistorischen Entwicklung bewegt zu werden. Sein Fazit lautet: »›Original‹ survives as a legitimate term of praise in the context of criticism of the arts though originality be excluded from the list of aesthetically valuable properties.«[52]

Ich halte Vermazens Argumentation für überzeugend. Wer ihn angreifen möchte, würde wohl am ehesten bei seiner Definition von ästhetischem Wert ansetzen, denn wenn man »ästhetischer Wert« anders definiert als er, wird

---

51  »A work may be original, speaking historically, and yet have lost its foregrounded quality for readers outside its context of birth, either because the work itself has become familiar or because the technique by which its crucial component or components were historically foregrounded has become familiar. Second, the foregrounding of a certain component may not be original. Originality is sufficient for foregrounding, but not necessary. The poet may borrow a device from some poetic practice that has been long neglected.« Vermazen 1991, 276.

52  Vermazen 1991, 277.

man zu einer anderen Einschätzung der ästhetischen Werthaftigkeit von Originalität gelangen.[53] Dennoch wird man auch Vermazen einen Vorwurf machen können, den man praktisch allen Debattenteilnehmern machen muss: Die Bedeutung von »Original« im gewöhnlichen Sprachgebrauch wird nicht berücksichtigt. Wäre Originalität schlicht die Eigenschaft eines Kunstwerkes, zu einem bestimmten Zeitpunkt neu gewesen zu sein, könnten wir ja auch Fälschungen als Originale bezeichnen, zumal stilistische Fälschungen wie van Meegerens *Jünger von Emmaus*. Zudem kann man Vermazen den Vorwurf machen, nicht zu klären, was er unter »neu« versteht. Jedes Ding, auch eine Kopie, ist in dem Moment neu, in dem sie entsteht – zumindest in dem Sinn, dass sie zuvor nicht existierte. Sollte Vermazen aber – was anzunehmen ist – »neu« so verstehen, dass es eine qualitative Differenz zu zuvor bereits bestehenden vergleichbaren Gegenständen impliziert, dann könnte seine These andere Schwierigkeiten mit sich bringen. Je nachdem, welche Eigenschaften eines Werkes genau neu sein müssten, um dieses zu einem Original zu machen, könnten wir gezwungen sein, Werke bestimmter Schulen oder Meister nicht mehr als Originale zu bezeichnen, nämlich dann, wenn diese sich im Moment ihrer Entstehung nicht sonderlich vom damals Üblichen oder von dem jeweils zuvor Geschaffenen unterscheiden. Niemand würde aber auf die Idee kommen, etwa den Großteil der Werke Dürers oder der Texte Lindgrens nicht für Originale zu halten, nur weil die meisten ihrer Werke sich nicht deutlich von ihren jeweils ältesten Werken unterscheiden. Ich halte es dagegen für offensichtlich, dass wir sie tatsächlich deshalb als Originale betrachten, weil sie von eben diesen Personen geschaffen worden sind. Ihre Originalität scheint also primär durch die Relation zu ihren Urheberinnen begründet zu sein und allenfalls indirekt mit ihrem Entstehungszeitpunkt zusammenzuhängen, wobei es geradezu unerheblich scheint, ob sie im Moment ihrer Entstehung in irgendeiner relevanten Hinsicht »neu« waren oder nicht.

Einen ganz anderen Ansatz als Vermazen, wenn auch einen, der Originalität ebenfalls vom Entstehungsmoment eines Werkes abhängig macht, verfolgt Mark Sagoff.[54] Seine Argumentation baut auf der These auf, dass »gut« zweistellig ist und dass folglich die Frage, ob eine Kopie oder Fälschung *ebenso*

---

53  Vgl. dazu u.a. Lessing 1983 und Irvin 2007.

54  Er präsentiert die gleiche Argumentationslinie in seinem Aufsatz »The Aesthetic Status of Forgeries« von 1976 und in seinem Aufsatz »Art and Authenticity: A Reply to Jaworski« aus dem Jahr 2014. Ich werde im Folgenden vor allem letzteren zitieren.

*gut* sein könne wie ein Original, sich nur unter der Bedingung sinnvoll beantworten lässt, dass sowohl das Original als auch die Kopie (oder Fälschung)
derselben Klasse ästhetischer Gegenstände angehören.

Es wäre immerhin denkbar, dass jemand eine hervorragende Kopie eines
misslungenen Meisterwerkes anfertigt. In dem Fall hätten wir also zwei visuell ununterscheidbare Bilder vor uns, von denen das eine hervorragend und
das andere missraten wäre. Hervorragend wäre das eine aber nur insofern
es eine Kopie ist, während das andere als Meisterwerk missraten wäre. Wir
haben also zwei verschiedene Referenzklassen vor uns, in Bezug auf die wir
die Qualität der Werke beurteilen: Meisterwerke und Kopien.

Wer behaupten will, dass Kopien genauso gut sein können wie Originale,
der müsste also zuerst eine Referenzklasse finden, der sowohl ein Original als
auch seine Kopie angehören, und dann müsste er zeigen, dass beide als Objekte dieser Klasse gleich gut wären. Weil Originale und ihre Kopien aber – Sagoff zufolge – tatsächlich oft nicht derselben Klasse ästhetischer Gegenstände
angehören, können visuell ununterscheidbare Kopien nicht grundsätzlich als
ihren Originalen ästhetisch gleichwertig gelten. Selbst wenn das oben als Beispiel angeführte Meisterwerk ästhetisch großartig wäre und die Kopie ebenfalls, wäre die Kopie also in einem anderen Sinne ästhetisch großartig als das
Meisterwerk, das heißt, sie teilen »the same art-relevant property only in a
weak and misleading sense.«

Entscheidend für Sagoffs Argumentation ist, dass er davon ausgeht, dass
die Referenzklassen für ästhetische Urteile über Kunstwerke nach stilistischen Kriterien gebildet werden müssen. Ihm zufolge besteht der Stil eines
Kunstwerkes im Wesentlichen in seiner Herkunft, das heißt er umfasst all jene Eigenschaften, die dieses Kunstwerk in eine Beziehung zu einer Epoche,
einer Künstlerin, einer Schule oder einem Ort setzen.[55] Kopien, die nicht dieselben Herkunftseigenschaften haben wie ihre Originale, können ihm zufolge
daher auch nicht im selben Sinn gut oder ästhetisch wertvoll sein wie ihre Originale. Es scheint also, dass eine Kopie, die beispielsweise nicht vom selben
Urheber stammt wie das Original oder nicht im selben Zeitraum angefertigt
wurde, überhaupt nicht unter ästhetischen Gesichtspunkten mit dem Original verglichen werden kann. Da Kopien, die im selben Zeitraum von dersel-

---

55 Hier zitiert Sagoff Goodman: »a property counts as stylistic only when it associates a work
   with one rather than another artist, period, region, school etc. A style is a complex cha-
   racteristic that serves somewhat as an answer to the questions: who? when? where?« Vgl.
   Goodman 1975.

ben Künstlerin angefertigt wurden wie das dazugehörige Original, selten sein dürften, müsste man also davon ausgehen, dass Kopien und ihre Originale in den weitaus meisten Fällen eine jeweils ganz eigene Art von Gegenständen wären, über die man überhaupt keine sinnvollen vergleichenden ästhetischen Urteile fällen könnte.

Wie Irvin beobachtet, besteht der Schwachpunkt von Sagoffs Argumentation in der Annahme, es könne keine ästhetisch relevanten Klassen von Gegenständen geben, denen zugleich Originale und ihre Kopien angehören können. Denn es gebe ja – ganz im Gegensatz zu Sagoffs These – eine ehrwürdige Tradition epochenübergreifender ästhetischer Vergleiche. Auch wenn man annimmt, dass ästhetische Urteile immer zweistellig sind, bedeute das also nicht, dass Kunstwerke notwendigerweise in bestimmte stilistische Klassen eingeteilt. werden müssten, um sinnvolle ästhetische Urteile über sie fällen zu können. Wenn man das aber einmal zugesteht, »then there is no non-question-begging way of excluding forgers and their works from the domain of aesthetic comparison«.[56] Zudem steht Sagoffs Annahme im Widerspruch zu der Tatsache, dass der Vergleich von Originalen und ihren Kopien seinerseits durchaus üblich ist und nachweislich ästhetisch aufschlussreiche Erkenntnisse generieren kann. Kurz: »Sagoff's claim that forgeries are not susceptible to aesthetic comparison with originals flies in the face of our actual, apparently legitimate practices.«[57]

Abgesehen davon kann man Sagoff natürlich auch dafür kritisieren, dass er keine Definition von »Original« anbietet. Er scheint einfach davon auszugehen, dass »Original« der Gegenbegriff zu »Fälschung« ist. Damit übernimmt er eine Prämisse, die wir so ähnlich auch in den meisten Beiträgen zur Authentizitätsdebatte finden.

## 5.2    Die Authentizitätsdebatte

Die Authentizitätsdebatte beschäftigt sich mit der Frage, welche Gegenstände als authentische Vorkommnisse eines Kunstwerkes gelten können. Sie beschäftigt sich also weniger ausdrücklich mit dem »Original« als die Wertdebatte. Sie könnte sogar ganz ohne irgendeinen Bezug zur Originalität von Kunstwerken geführt werden. Voraussetzung dafür wäre allerdings, dass nur

---

56  Irvin 2007, 290.
57  Irvin 2007, 291.

über »authentische Vorkommnisse von Kunstwerken« und nicht über »Originale von Kunstwerken« gesprochen würde und dass »Original von x« und »authentisches Vorkommnis von x« nicht für gleichbedeutend gehalten würden. Sobald aber »Original« im Text auftaucht und eben diese Synonymitäts-Annahme vertreten wird, die ihrerseits natürlich einer Begründung bedürfte (um die sich allerdings kaum einer zu bemühen scheint), geht es allerdings um Originale (außerdem tauchen auch in dieser Debatte mitunter genieästhetische Originalitäts-Stereotype auf).

Hätte Goodman in »Art and Authenticity« das Wort »original« vermieden, wäre diese Debatte hier vielleicht gar keiner Erwähnung wert. So aber erscheint sie mir als ein besonders gutes Beispiel für die Notwendigkeit der vorliegenden Untersuchung, und zwar gerade deswegen, weil die Synonymitäts-Annahme – trotz all ihrer intuitiven Plausibilität – an der Bedeutung von »Original« vorbeigeht.

### 5.2.1  Goodmans »Languages of Art«

In »Art and Authenticity«, dem dritten Kapitel seines Werkes »Languages of Art«, spricht Nelson Goodman ausführlich über Originale und Fälschungen. Er stellt eingangs die Frage, ob die Ununterscheidbarkeit zweier Bilder ihre ästhetische Gleichwertigkeit impliziere, und verneint sie.[58] Ästhetische Unterschiede zwischen beiden Bildern gebe es, solange wir Kenntnis über faktische Unterschiede zwischen ihnen besäßen, selbst wenn diese sich sinnlicher Wahrnehmung entzögen. Im nächsten Schritt vergleicht er zwei Ausführungen eines Gemäldes mit zwei Aufführungen eines Musikstückes. Anders als die beiden Gemälde seien die beiden Musikstücke tatsächlich ästhetisch gleichwertig. Denn von einem Gemälde könne es Kopien geben, von einem Musikstück hingegen nur Aufführungen: »Performances may vary in correctness and quality and even in ›authenticity‹ of a more esoteric kind; but all correct performances are equally genuine instances of the work. In contrast, even the most exact copies of the Rembrandt painting are simply imitations or forgeries, not new instances, of the work.«[59] Es ist also ebenso unmöglich, einen Haydn dadurch zu fälschen, dass man eines seiner Stücke spielt, wie es

---

58  »The fact that we cannot tell our two pictures apart by merely looking at them does not imply that they are aesthetically the same – and thus does not force us to conclude that the forgery is as good as the original.« Goodman 1988, 109.

59  Goodman 1988, 113.

unmöglich ist, einen echten Rembrandt hervorzubringen, indem man eines seiner Bilder malt. Diese These von der Unfälschbarkeit bestimmter Kunstwerke ist der Ausgangspunkt für Goodmans Definition von *autographisch*: »Let us speak of a work of art as autographic if the distinction between original and forgery of it is significant; or better if and only if even the most exact duplication of it does not thereby count as genuine.«[60]

Ob die Unterscheidung zwischen Original und Fälschung bedeutsam ist, hängt für Goodman davon ab, ob es neben der Geschichte des Werkes eine andere Bezugsgröße gibt, anhand derer sich überprüfen lässt, ob ein Gegenstand alle konstitutiven Eigenschaften des Werkes besitzt, dessen Vorkommnis er sein soll. Goodman geht davon aus, dass bei autographischen Werken ausschließlich die Produktionsgeschichte konstitutiv für ihre Echtheit ist, während bei den von ihm als allographisch bezeichneten Werken eine andere Bezugsgröße diese Funktion übernimmt, nämlich ein geeignetes Notationssystem. Bei Werken, die notiert werden, erscheint die Bezugnahme auf ihre Geschichte nicht erforderlich, um ihre Echtheit zu beweisen, denn »all that matters is what may be called *sameness of spelling*«.[61] Es genügt eine Überprüfung, inwieweit die vermeintlichen Vorkommnisse eines Werkes mit seiner Notation übereinstimmen. Alle Gegenstände, die mit der Notation übereinstimmen, sind gleichermaßen echte Vorkommnisse eines Werkes. Werke, die nicht notiert werden, haben dagegen nur ihre Produktionsgeschichte als Kriterium ihrer Echtheit. Darum kann es von ihnen auch keine weiteren Vorkommnisse geben; jedes weitere Vorkommnis hätte zwangsläufig eine andere Geschichte. Entsprechend lautet Goodmans Definition von »Fälschung«: »A forgery of a work of art is an object falsely purporting to have the history of production requisite for the (or an) original of the work«. Und er fügt hinzu: »Where there is a theoretically decisive test for determining that an object has all the constitutive properties of the work in question without determining how or by whom the object was produced, there is no requisite history of production and hence no forgery of a given work.«[62]

Die Reaktionen auf Goodmans Text sind zahlreich. Neben verschiedenen Vorschlägen, autographische und allographische Gattungen anders einzuteilen als Goodman, oder Beweisen dafür, dass es beispielsweise auch notier-

---

60  Goodman 1988, 113.
61  Goodman 1988, 115.
62  Goodman 1988, 122.

te Gemälde geben kann[63] – was Goodman seinerseits einräumt[64] – finden sich immer wieder Argumente für die ästhetische Gleichwertigkeit von Originalen und ununterscheidbaren Kopien. Die interessantesten Beiträge sind vielleicht jene, die darauf hinweisen, dass es Auffassungen über den ontologischen Status von Kunstwerken gibt, die nicht mit Goodmans Unterscheidung zwischen autographischen und allographischen Künsten kompatibel sind.[65] Für besonders bemerkenswert halte ich in diesem Zusammenhang Pillows Beobachtung, dass LeWitts Wandmalereien zugleich autographische und allographische Elemente besitzen und insofern Goodmans Unterscheidung in Frage stellen.[66] Immer wieder wird auch darauf hingewiesen, dass vieles in Goodmans Argumentation davon abhängt, wie »Vorkommnis« (instance) definiert wird.[67]

Der Fokus aller dieser Wortmeldungen liegt naturgemäß auf der Frage nach der Sinnhaftigkeit der Unterscheidung von autographischen und allographischen Künsten und, damit verbunden, auf der Frage, welche Gegenstände als Vorkommnisse verschiedener Arten von Kunstwerken gelten können. Die Frage nach der Bedeutung von »Original« wird dabei so gut wie nie gestellt. Vielmehr wird »Original« – wie in Goodmans Text – meistens einfach als Synonym für »authentisches Vorkommnis eines Kunstwerks« verwendet. Nur einige wenige Auseinandersetzungen mit Goodmans »Art and Authenticity« befassen sich ausdrücklich auch mit der Bedeutung von »Original«.

## 5.2.2 Der Begriff des Originals in »Art and Authenticity«

Was genau versteht Goodman unter einem »Original«? Die Antwort auf diese Frage ist banaler, als man zunächst meinen möchte. Denn Goodmans Begriff des Originals ist eine Prämisse – und kein Ergebnis – seiner Kunsttheorie. Genau genommen gibt es nur einen Hinweis auf eine implizite Definition von »Original« bei Goodman, nämlich seine Gegenüberstellung von »Original« und »Fälschung«. Er expliziert »Fälschung«, indem er sich auf »Original«

---

63  Vgl. Kennick 1985.

64  »If Kennick's aim is to show that painting is not necessarily autographic, I never said that it was. What constitutes identity of a work derives from practice, and practice may change.« Goodman 1986, 291.

65  Um hierzu nur einige jüngere Wortmeldungen zu zitieren: Janaway 1997, F. Sibley 2001 und Fokt 2013.

66  Pillow 2003.

67  Vgl. den Vorschlag bei Davies 2010.

bezieht. Aber er expliziert an keiner Stelle »Original«. Was aber meint er mit »Original«? Wie gesagt ist der einzige Hinweis die wiederholte Gegenüberstellung von »Original« und »Fälschung«. »Original« scheint für Goodman also das zu sein, was keine Fälschung ist. Diese Vermutung bestätigt sich in Goodmans Definition von »autographisch«: »Let us speak of a work of art as autographic if and only if the distinction between original and forgery of it is significant; or better, if and only if even the most exact duplication of it does not thereby count as genuine.«[68] Hier haben wir einen weiteren Hinweis: »Original« erscheint als Synonym von *genuine*. Andererseits wird es auch als Gegenbegriff zu *duplication* verwendet, wobei Goodman *duplication* an dieser Stelle so zu verstehen scheint, dass er nur Kopien meint, die zugleich auch Fälschungen sind (eben solche, die nicht als *genuine* gelten), sodass wir durchaus annehmen können, dass Goodmans Begriff des Originals im Wesentlichen ein Gegenbegriff zu »Fälschung« ist und nicht zu »Kopie« (*duplication*) allgemein, denn nicht alle Kopien sind ja auch Fälschungen.

Auch wenn Goodman behauptet, dass es nur von autographischen Werken Fälschungen geben könne – von daher könnte man sagen, er vertritt einen »autographischen Fälschungsbegriff« –, behauptet er nicht, dass es ebenfalls nur von autographischen Werken Originale geben könne, er vertritt also keinen »autographischen Begriff des Originals«. Tatsächlich tragen seine Unterscheidungen zwischen »autographisch« und »allographisch«, zwischen singulären und multiplen Künsten oder zwischen *one-stage*, *two-stage* und *three-stage* Künsten, nichts zu seinem Begriff des Originals bei. Für Goodman scheint schlicht jedes Vorkommnis eines Kunstwerkes ein Original zu sein, das keine Fälschung ist. Dazu gehören offenbar auch Vorkommnisse von Kunstwerken, von denen es nach Goodmans Auffassung gar keine Fälschungen geben kann, weil sie anhand ihrer Notation beliebig oft wiederholt werden können, wobei alle Wiederholungen eines Kunstwerks gleichermaßen vollwertige Exemplare dieses Kunstwerkes sind. Mit anderen Worten: »Authentisches Vorkommnis von x« und »Original von x« scheinen für Goodman vollkommen gleichbedeutend zu sein.

Allerdings führt der von Goodman vorausgesetzte Begriff, trotz seiner intuitiven Plausibilität, unmittelbar zu einer Frage: Wenn alle authentischen Vorkommnisse von Kunstwerken Originale sind, warum bezeichnen wir dann in aller Regel nicht alle authentischen Vorkommnisse von Kunstwerken als Originale? Wir können zwar beispielsweise vom Originaltext eines Buches

---

68  Goodman 1988, 103.

oder vom Originalsatz eines Musikstückes sprechen. In diesen Fällen ist dann aber von »Original-« im Sinne der Ursprünglichkeitsbedeutung die Rede, das heißt vom jeweiligen Erstvorkommnis des Werkes, und eben gerade nicht vom Werk als solchem.[69] Daher wäre es absolut ungewöhnlich die *Consolations* von Franz Liszt, den Film *Amadeus* oder Kraus' *I love Dick* Originale zu nennen, während es völlig üblich ist, die *Mona Lisa* oder einen Druck von Dürers *Rhinozeros* als Original zu bezeichnen.

Wie ich an späterer Stelle detailliert ausführen werde, können wir uns mit »Original« tatsächlich nur in einigen spezifischen Fällen sinnvoll auf ein notiertes Werk beziehen. In den meisten Fällen geht das nicht. Aber Goodman selbst geht es ja nicht um die Bedeutung von »Original«, sondern um die Frage nach der Authentizität von Kunstwerken, weshalb er sich die Frage, warum authentische Vorkommnisse vieler Werke nur in wenigen Fällen als Originale bezeichnet werden, gar nicht stellt. Dies tut auch fast keine der Autorinnen, die sich mit Goodmans Thesen befassen. Es gibt nur einige wenige, die sich die Frage stellen, wie »original« in »Art and Authenticity« verwendet wird und was »Original« bedeutet.

### 5.2.3 Kennicks Klärungsversuch

William E. Kennick beginnt seinen 1985 erschienenen Artikel »Art and Inauthenticity« mit der Feststellung, dass eine Antwort auf die Frage, ob es einen ästhetischen Unterschied zwischen einem echten Kunstwerk und einer Fälschung gebe, die Klärung mindestens dreier Konzepte voraussetze, nämlich »those of an aesthetic difference (and, *pari passu*, of an aesthetic similarity or identity), of a fake, and of a genuine, authentic, or original work of art.«[70] Er wolle sich mit der Klärung zweier dieser Konzepte befassen, nämlich mit

---

69 Goodman selbst gesteht zu, dass es Fälschungen auch in den allographischen Künsten geben kann, wobei es dann aber meist nicht die Werke als solche sind, die gefälscht werden, sondern bestimmte Vorkommnisse von Werken, von denen fälschlicherweise behauptet wird, sie besäßen bestimmte Eigenschaften: »What makes a performance an instance of a given work is not the same as what makes a performance a premiere, or played by a certain musician or upon a Stradivarius violin. Whether a performance has these latter properties is a matter of historical fact; and a performance falsely purporting to have any such property counts as a forgery, not of the musical composition but of a given performance or class of performances.« Goodman 1988, 107.

70 Kennick 1985, 3.

»those of a fake and of a genuine, authentic, or original work of art.«[71] Dabei bezieht er sich kritisch auf Positionen von Goodman und Sagoff. Letzterem wirft er vor, zu behaupten, jede Fälschung wäre auch eine Kopie, obwohl schon ein einfacher Hinweis auf van Meegerens stilistische Fälschungen diese Annahme widerlege. Ersterem macht er den Vorwurf, eine unklare Terminologie zu verwenden: »What Goodman obviously has in mind is a true or exact *copy* of Rembrandt's *Lucretia*, and yet he uses five different words – ›forgery‹, ›copy‹, ›reproduction‹, ›imitation‹ and ›fake‹ – as if it made little or no difference which he used; as if they were all, at least approximately, synonymous.«[72] Dabei seien diese Begriffe alles andere als Synonyme. Schließlich, so Kennick, müsse eine »unschuldige Kopie« ganz anders betrachtet werden als eine Kopie, die zugleich eine Fälschung sei. Kennick findet zehn verschiedene Begriffe, die man im Satz »Dies ist kein original N, es ist ein ...« einsetzen könnte. Der einzige Oberbegriff, der sie alle umfasse, ist ihm zufolge *Fake*. Das erschiene aber insofern seltsam, als *Fake* für gewöhnlich nicht als Gegenbegriff zu »Original« verwendet würde, sondern eher als Gegenbegriff zu »authentisch«, »wirklich« oder »echt«. Natürlich könne es aber authentische, wirkliche und echte Gemälde geben, die nicht zugleich auch »original« seien. Ein Künstler N könne ja durchaus eines seiner eigenen Gemälde penibel kopieren. Das Ergebnis wäre dann »a real, authentic, or genuine N, but it would not be an original N (the original N being the painting that was copied), any more than a copy by someone other than N would be an original N.«[73]

Kennick unterscheidet also – anders als Goodman – zwischen »real, authentic or genuine« und »original«. Letzteres scheint für ihn offensichtlich das Vorbild einer Kopie zu bezeichnen: »The painting that was copied«. Ersteres wäre ein Gemälde, das von einem bestimmten Künstler angefertigt wurde. Zwischen »real, authentic or genuine« und »original« gäbe es demnach keinen notwendigen Zusammenhang. Schließlich könne auch eine Kopie – von einem eigenen oder einem fremden Werk – »real, authentic or genuine« sein, solange sie eben von einem bestimmten Urheber stammt und keine Fälschung ist. Dennoch entschließt Kennick sich schließlich einfach aus praktischen Gründen dafür, solche Werke »original« zu nennen, die von einem bestimmten Künstler geschaffen wurden,[74] sodass er alle Werke, die »real, au-

---

71  Kennick 1985, 3.

72  Kennick 1985, 3.

73  Kennick 1985, 4.

74  Kennick legt Wert darauf, dass ein Künstler ein Werk schaffen kann, ohne selbst Hand anzulegen: »the creator or author of a painting need not be identical with the maker or

thentic or genuine« sind, damit zugleich auch als »original« bezeichnen kann: »I shall mean by ›an N‹ an original N, a painting created by N; in which case a real, authentic, or genuine N is always an original N.«[75] Nur so erscheint es Kennick vertretbar, »original« als Gegenbegriff zu *Fake* zu verwenden, was er wiederum für notwendig hält, um alle möglichen Arten von Reproduktionen und Fälschungen unter einem Oberbegriff zu versammeln.

Leider liefert Kennick also keine tiefergehende Analyse von »Original«, geschweige denn eine Explikation. Er geht zwar zunächst von einer anderen Bedeutung von »Original« aus als Goodman, indem er »Original« als Gegenbegriff zu »Kopie« auffasst – und eben nicht als Gegenbegriff zu »Fälschung«. Aber er spürt diesen verschiedenen Bedeutungen nicht weiter nach. Vielmehr begnügt er sich damit, seine Auffassung von der Bedeutung von »Original« zu Protokoll zu geben, bevor er sich bereit erklärt, diese Auffassung aus rein praktischen Gründen aufzugeben, um sich im Grunde den von Goodman verwendeten Begriff zu eigen zu machen und »Original« als »authentisches Werk« zu verstehen. Dann geht er dazu über, sich mit all jenen Begriffen zu befassen, die er weiter oben unter *Fake* subsumiert hat. Dem Original widmet er nur zwei Seiten seines Aufsatzes. Die Fälschung, der er dreimal so viel Platz einräumt, scheint ihn also – wie übrigens viele andere auch – wesentlich stärker zu interessieren.

### 5.2.4    Reichers Klärungsversuch

Eine etwas ausführlichere Auseinandersetzung mit Goodmans Aufsatz und seiner Auffassung von der Bedeutung von »Original« findet sich bei Reicher. Reicher lehnt Goodmans These von der Nichtfälschbarkeit allographischer Werke ab, weil sie seinen kunstontologischen Dualismus nicht teilt.[76] Sie vertritt dagegen einen kunstontologischen Monismus, in dem alle Kunstwerke abstrakte Gegenstände sind, von denen es potentiell mehrere Vorkommnisse geben kann. Ihr zufolge gibt es »keinen Grund für die Annahme, dass von ein und demselben Bild/ein und derselben Skulptur/ein und demselben

---

fabricator of the painting, i.e., the person who actually painted it.« (Kennick 1985, 5) Als Beispiel hierfür führt er einige Gemälde von Moholy-Nagy an.

75  Kennick 1985, 5.

76  »Die Einteilung in Werke, die kopierbar sind, und in Werke, die nicht kopierbar sind, *beruht* auf einer zweigeteilten Ontologie des Kunstwerks: Es wird *vorausgesetzt*, daß manche Werke (allographische) keine physikalischen Gegenstände sind, andere (autographische) aber schon.« Reicher 1998, 42.

Bauwerk grundsätzlich nicht zwei oder mehr Vorkommnisse existieren können.«[77] Denn, im Gegensatz zu manch anderen Kunstphilosophen, hält sie nicht einfach jede Eigenschaft eines nicht notierten Werkes für relevant für seine Authentizität (zum Beispiel schließt sie Eigenschaften aus, die Künstler gar nicht intendiert haben können, oder solche, die nur mittels einer chemischen Analyse festgestellt werden können), und zudem hält sie es nicht für ausgeschlossen, wenn auch zugegebenermaßen für unwahrscheinlich, dass es mehrere identische Vorkommnisse eines solchen Werkes geben kann.[78]

Reicher vertritt also – anders als Goodman – den Standpunkt, dass es von allen Werken Kopien und Fälschungen geben kann. Das betrifft Originalfälschungen,[79] aber auch Kopien, wenn auch keine perfekten Kopien, weil eine perfekte Kopie eines abstrakten Gegenstandes, beispielsweise eines Musikstückes, mit dem Original absolut identisch wäre. »Daher ist es unmöglich, eine perfekte Kopie eines Musikwerks herzustellen. Aber es ist unter Umständen möglich, eine nicht perfekte Kopie eines Musikwerks herzustellen. Jemand könnte ein Werk komponieren, in der Absicht, dass dieses Werk einem bereits existierenden möglichst ähnlich sein soll (also wenn möglich alle definitorischen Eigenschaften des Werks haben soll), aber er könnte daran scheitern. Dann hätte er eine nicht perfekte Kopie des ursprünglichen Werks geschaffen.«[80]

In einem Artikel über den »wahren Wert des Echten und des Falschen« expliziert Reicher »Kopie«, »Fälschung« und »Original«. Anders als bei »Fälschung« und »Kopie« entschließt sie sich zu einer rein negativen Formulierung des ersten Explikats: »Damit ein Gegenstand ein Original ist, darf er nicht einem anderen Gegenstand nachgebildet sein, und der Hersteller darf nicht die Absicht haben, die Rezipienten über seine Produktionsgeschichte zu täuschen. Weitere Bedingungen für den Status der Originalität gibt es nicht.«[81] Ihr zufolge ist ein Kunstwerk also dann ein Original, wenn es keine Fälschung und keine Kopie ist. Weitere Bestimmungen hält sie nicht für notwendig. »Fälschung« definiert Reicher ganz im Sinne Goodmans als die Eigenschaft, »dass diesem Gegenstand eine falsche Produktionsgeschichte

---

77  Reicher 2010, 121.
78  Reicher 2010, 120-122.
79  »Die *Londoner Symphonie* könnte eine Originalfälschung sein, das heißt, es könnte sich um ein Werk handeln, das nicht von Haydn stammt, dessen Komponist aber die Absicht hatte, die Rezipienten *glauben* zu lassen, dass es von Haydn stammt.« Reicher 2011, 56.
80  Reicher 2011, 58-59.
81  Reicher 2011, 61.

angedichtet wurde.«[82] Damit vertritt sie einen weiten Fälschungsbegriff, der auch solche Gegenstände einschließt, die keine Kopien sind, beispielsweise stilistische Fälschungen wie die van Meegerens. »Kopie« definiert Reicher folgendermaßen: »Eine Kopie eines Kunstwerks ist ein Gegenstand, der mit der Absicht hergestellt wurde, dem (oder einem) Original möglichst ähnlich zu sein, oder eine ohne Absicht entstandene Reproduktion.«[83] Ein Kunstwerk ist demzufolge »ein Original genau dann, wenn es nicht mit der Absicht hergestellt wurde, dem (oder einem) Original möglichst ähnlich zu sein, wenn es keine unabsichtlich entstandene Reproduktion ist, und wenn der Hersteller nicht die Absicht hatte, dass die Rezipienten über dieses Werk eine falsche Produktionsgeschichte glauben sollen.«[84]

Da »Originalität« nach Reichers Explikation eine rein extrinsische Eigenschaft ist, kritisiert sie Vertreter eines kunstontologischen Dualismus dafür, dass sie der Originalität von Kunstwerken eine so hohe Bedeutung beimessen.[85] Vor allem sieht sie keine Grundlage dafür, die Originalität von Kunstwerken als ästhetische Eigenschaft aufzufassen, geschweige denn eine ästhetische Wertung an sie zu knüpfen. »Ästhetischer Wert« impliziert für sie nämlich ausschließlich intrinsische Eigenschaften: das, »was wir mit ästhetischen Wertprädikaten ausdrücken, und das sind Prädikate wie Schönheit, Anmut, Erhabenheit, Eleganz, Schwung, Ausdruckskraft, Harmonie, Spannung, Ausgewogenheit, Dynamik, Brillanz, Lebendigkeit, Komik.«[86] Sie gesteht aber zu, dass es andere nicht-ästhetische Wertungskategorien gibt, in denen Originale Kopien oder Fälschungen überlegen sein können, wie Geldwert und Fetischwert.[87]

---

82  Reicher 2011, 51.
83  Reicher 2011, 52.
84  Reicher 2011, 55.
85  »Vertreter des kunstontologischen Dualismus tendieren dazu, dem ›Original‹ in der Kunst einen besonderen Stellenwert einzuräumen. Sie behaupten, dass eine Kopie, egal wie gut sie auch sei, niemals völlig dem Original gleichen könne. [...] Darauf ist zu entgegnen: Dass zwei Gegenstände qualitative Unterschiede aufweisen, schließt nicht aus, dass sie beide Exemplare ein und desselben Werkes sind. [...] Ein Gemälde ist natürlich ein vollständig bestimmter Gegenstand, aber daraus folgt nicht, dass das *Werk* vollständig bestimmt ist.« Reicher 2010, 121.
86  Reicher 2011, 65. Goodman vertritt eine andere Auffassung darüber, was ästhetische Eigenschaften sind: »the aesthetic properties of a picture include not only those found by looking at it but also those that determine how it is to be looked at.« Goodman 1988, 111-112.
87  Reicher 2011, 61-65.

Reichers Explikation vermeidet zahlreiche Probleme, dennoch ist auch ihr Vorschlag nicht unproblematisch. Nach Reichers Explikation müsste beispielsweise der *Mann mit dem Goldhelm* als Original betrachtet werden. Das heißt, was auch immer Rembrandt-Forscher dazu bewogen haben mag, ihn ausdrücklich nicht als Original anzuerkennen: Für Reicher wäre der *Mann mit dem Goldhelm* dennoch ein Original, denn es handelt sich bei diesem Gemälde weder um eine Kopie noch um eine Fälschung. Das halte ich zwar für vollkommen vertretbar, Reichers Explikation kann aber – ähnlich wie Goodmans Ansatz – auch nicht erklären, weshalb wir zahlreiche Gegenstände, die keine Kopien oder Fälschungen sind, dennoch nicht als Originale bezeichnen, wie zum Beispiel den Großteil der von Goodman als allographisch bezeichneten Werke oder auch zahlreiche Alltagsgegenstände. Meine jüngste Wachsmalkreidenzeichnung ist zum Beispiel weder eine Kopie noch eine Fälschung. Sie ist aber auch kein Original. Auch Mozarts *Kleine Nachtmusik* ist weder eine Kopie noch eine Fälschung und vermutlich auch kein Original. Ich halte das zumindest für ein Indiz dafür, dass wir, wenn wir einen Gegenstand als Original bezeichnen, offensichtlich etwas anderes aussagen als bloß »Hierbei handelt es sich weder um eine Kopie noch um eine Fälschung.«

## 5.3    Fazit zu »Original« in kunstphilosophischen Debatten

Wir haben gesehen, dass keine der hier präsentierten impliziten und expliziten Definitionen von »Original« in den angeführten Debattenbeiträgen wirklich überzeugen konnte. Auch wenn »Original« bisweilen tatsächlich eine gewisse Kreativität oder künstlerische Leistung oder einen bestimmten Entstehungszeitpunkt, eine bestimmte Entstehungsgeschichte oder zumindest Nichtkopiertsein oder Nichtgefälschtsein zu implizieren scheint, finden sich doch für jede dieser Bestimmungen auch Gegenbeispiele. Und selbst die etwas plausibler erscheinenden Ansätze, wie Reichers zurückhaltende Explikation, können nicht wirklich überzeugen, da auch sie die Bedeutung, die »Original« in bestimmten Aussagen (beispielsweise in Bezug auf den *Mann mit dem Goldhelm*) hat, nicht erklären können.

Am Ende des ersten Teils dieser Untersuchung scheint also zunächst einmal nur festzustehen: »Original« bedeutet wohl tatsächlich etwas anderes als in allen bisher präsentierten Vorschlägen angenommen, das heißt etwas anderes als: »x unterscheidet sich von zeitlich vor x entstandenen Gegenständen« oder: »x verdankt sich einer außergewöhnlichen Leistung«. Und selbst wenn es in den meisten Fällen zutreffen mag, dass von x zu sagen, es sei ein Original, auch die Aussage impliziert: »x ist weder eine Kopie noch eine Fälschung« oder »x ist echt« (wie auch immer genau man »echt« definiert), ist damit die Bedeutung von »Original« noch keineswegs adäquat wiedergegeben. Denn erstens gelten beispielsweise auch Werkstattarbeiten in der Regel nicht als Originale, auch wenn sie weder Kopien noch Fälschungen sind. Außerdem können wir nicht jeden Gegenstand, den wir als »echt« bezeichnen können, auch sinnvollerweise als »Original« bezeichnen. Das gilt nicht nur für »echten Hunger« oder »echtes Glück«, sondern auch für »echte Doldenfüßler«, »echtes Kunsthandwerk«, eine »echte Polka« oder ein »echtes Bowie-Konzert«. »Originalität« scheint also zumindest mehr zu sein als Echtheit oder als Nichtgefälschtsein und Nichtkopiertsein.

Nach den vorausgehenden Auseinandersetzungen mit typischen genieästhetischen, postgenieästhetischen und kunstphilosophischen Klärungsversuchen erscheint mir hinlänglich nachgewiesen, dass solche bisherigen Lösungsansätze kaum zur Entwicklung einer überzeugenden Explikation von »Original« taugen. Daher möchte ich im zweiten Teil dieser Arbeit einen eigenständigen Explikationsversuch unternehmen, der sich deutlich von den bisherigen unterscheidet.

# 6 Was »Original« möglicherweise bedeutet

Auch wenn sich die in den vorangehenden Kapiteln untersuchten Auffassungen über die Bedeutung von »Original« aus verschiedenen Gründen als unbefriedigend erwiesen haben, war die Auseinandersetzung mit ihnen doch aufschlussreich. Es ist unter anderem dreierlei deutlich geworden: Erstens sind übliche Auffassungen über die Bedeutung von »Original« unter anderem deswegen missverständlich, weil ihnen bestimmte *genieästhetische Annahmen* zugrunde liegen, wie beispielsweise jene, Originale verdankten sich der außergewöhnlichen Kreativität ihres Urhebers. Zweitens wird die Frage nach dem »Original« praktisch ausschließlich anhand von Aussagen über die Originalität von *Kunstwerken* verhandelt, obwohl ja auch viele Gegenstände, die keine Kunstwerke sind, als Originale bezeichnet werden, zum Beispiel der im Deutschen Historischen Museum in Berlin ausgestellte Zweispitz Napoleons. Drittens scheinen praktisch alle bisherigen Definitionen und Explikationsversuche von der Annahme auszugehen, es gebe so etwas wie *ein einziges Kriterium* – sei das eine bestimmte Entstehungsgeschichte, ein Entstehungszeitpunkt, ein Mindestmaß ästhetischer Qualität oder die Eigenschaft, nicht kopiert zu sein –, das für die Originalität eines Gegenstandes notwendig oder gar hinreichend sei. Mir scheint aber im ersten Teil dieser Untersuchung hinreichend deutlich geworden zu sein, dass kein auf einem einzigen Kriterium aufbauender Explikationsvorschlag überzeugen kann.

## 6.1 Schlussfolgerungen aus dem ersten Teil der Untersuchung

### 6.1.1 Genieästhetische Prämissen vermeiden

Es hat sich gezeigt, dass Auseinandersetzungen mit dem Original nicht nur in der Blütezeit der Genieästhetik, sondern bis heute von genieästhetischen

Stereotypen geprägt sind, die die Klarheit der Debatte nachhaltig beeinträchtigen. Beispielsweise erweist sich die Klärung der Frage, was ein Original sein könnte, als praktisch unmöglich, wenn unter einem Original das Werk eines »Genies« verstanden wird und wenn man unter einem »Genie« einen Künstler versteht, dessen kreative Tätigkeit nicht rational nachvollzogen werden kann. Wer diese Annahmen teilt, muss davon ausgehen, dass der Entstehungsprozess eines Originals unerklärlich sein muss. Für einen Vertreter einer solchen Auffassung ist es dann logischerweise auch unmöglich, irgendwelche validen Aussagen über die Intension oder die Extension von »Original« zu machen.

Es hat sich darüber hinaus gezeigt, dass auch bestimmte moderatere genieästhetische Vorstellungen über Originale auf problematischen Annahmen beruhen. Denn solche moderateren Vorstellungen gehen in aller Regel von einer notwendigen Verbindung zwischen verschiedenen Eigenschaften eines x aus, die aber allenfalls zufällig gleichzeitig Eigenschaften von x sind. Die Neuheit eines Kunstwerks steht beispielsweise in keinem notwendigen Zusammenhang zu seiner Werthaftigkeit. Die Kreativität einer Künstlerin steht in keinem notwendigen Zusammenhang zum kunsthistorischen Einfluss ihrer Werke. Die Leistung eines Künstlers steht in keinem notwendigen Zusammenhang zu seiner Kreativität und so weiter. Wie wir gesehen haben, werden solche und ähnliche Annahmen aber, obwohl sie kaum haltbar sind, nach wie vor vertreten, und zwar nicht zuletzt in philosophischen Debatten. Dabei erschweren derartige Annahmen schlüssige Aussagen über Originale und führen zu allerhand Missverständnissen. Vor allem aber taugen sie offensichtlich kaum zur Entwicklung einer tragfähigen Explikation von »Original«. Ich werde daher im Folgenden systematisch auf solche genieästhetischen Begriffe und Prämissen und jede weitergehende Auseinandersetzung mit ihnen verzichten. Das bedeutet aber nicht, dass ich nicht einige Hinweise aufgreifen möchte, die sich in genieästhetisch beeinflussten Argumentationsgängen finden:

Dazu gehört an erster Stelle die – von manchen geradezu um jeden Preis verteidigte – Überzeugung, Originale müssten wertvoll sein, jedenfalls wertvoller als ihre jeweiligen Kopien und Fälschungen, und zwar unbedingt auch dann, wenn sie ihnen zum Verwechseln ähnlich sind. Ich teile diese Auffassung unter einigen an anderer Stelle noch ausführlicher zu behandelnden Prämissen. Zugleich möchte ich die Annahme von der höheren Werthaftigkeit von Originalen in Verbindung bringen mit einer Annahme, die am deutlichsten bei Benjamin zutage tritt, aber ebenso bei von Gehlen oder Ullrich, nämlich, dass Originalität ein *Status* ist, der bestimmten Gegenständen aufgrund bestimmter kultureller Normen zugestanden wird. Auf beide Annahmen werde ich noch ausführlicher zurückkommen. An dieser Stelle geht es mir zunächst nur um die Feststellung, dass, wer diese beiden Annahmen – oder auch nur eine von ihnen – teilt, auch anerkennen muss, dass »Original« eine deutlich komplexere Struktur besitzt, als meistens angenommen zu werden scheint.

## 6.1.2  Der Untersuchungsbereich: Artefakte

Anders als die meisten Philosophinnen, die sich mit dem Begriff des Originals befassen, möchte ich ausdrücklich und systematisch nicht nur Kunstwerke in den Blick nehmen, sondern auch andere Gegenstände, die als Originale bezeichnet werden. Das schließt Gegenstände wie den Zweispitz Napoleons ebenso ein wie einen Steinway, die *Lady Inchiquin* oder sogar die Nürnberger Rostbratwurst. Genauer: Ich möchte in meiner Explikation alle Gegenstände berücksichtigen, die als »Original« bezeichnet werden können und für die die Bezeichnung »Original« allgemein verständlich ist. Das heißt, alle Gegenstände, in Bezug auf die man sagen kann: »Dieser Gegenstand ist ein Original«, wobei mehrere Menschen den Sinn dieser Aussage unabhängig voneinander verstehen.

Diese Erweiterung des Blickfelds über den Bereich der Kunst hinaus erleichtert zum einen die Freilegung der Bedeutung von »Original« jenseits genieästhetischer Stereotype. Wer würde vor dem Kühlregal eines Supermarktes angesichts einer Packung Nürnberger Rostbratwürste mit der Aufschrift »Das Original« schon von »Einzigartigkeit«, »Unerklärlichkeit« oder »übermenschlicher Leistung« schwärmen? Zum anderen scheint mir eine befriedigende Explikation von »Original« eine solche Vorgehensweise schlicht vorauszusetzen. Ein grundsätzlicher Ausschluss einer bestimmten Gruppe von Gegenständen – wie er in den meisten philosophischen Auseinandersetzungen mit dem Begriff des Originals praktiziert wird, die nur Originale von Kunstwerken in den Blick nehmen – erscheint mir dagegen begründungsbedürftig. Ich halte es sogar für wahrscheinlich, dass die Tatsache, dass Originale nichtkünstlerischer Artefakte in praktisch jedem Beitrag zum Thema ohne Begründung ausgeschlossen werden, einen nicht unerheblichen Anteil daran hat, dass es bisher noch keine wirklich tragfähige Explikation von »Original« gibt.

Wer natürlich in der Entwicklung einer Explikation von »Original« alle Gegenstände berücksichtigt, die als Originale bezeichnet werden, scheint zugleich davon auszugehen, dass der Begriff nicht völlig mehrdeutig ist. Denn wenn er ganz und gar mehrdeutig wäre, wenn also die Originalität der Nürnberger Rostbratwurst wirklich gar nichts mit jener der *Mona Lisa* zu tun hätte, dann wäre der Versuch, für die Originalität beider ein und dasselbe Explikat zu finden, jenem vergleichbar, ein Explikat für »Ball« zu finden, indem man Gemeinsamkeiten zwischen einem Spielgerät und einer Tanzveranstaltung auflistet – weil ja beide korrekt mit dem Wort »Ball« bezeichnet werden können. In so einem Fall könnte man zwar zweifellos Gemeinsamkeiten finden (beispielsweise bereiten beide Freude und versetzen Menschen in Bewegung), allerdings ließe sich aus diesen Gemeinsamkeiten keine annähernd befriedigende Explikation von »Ball« entwickeln.

Nun ist »Original«, wenn wir neben Kunstwerken und anderen Artefakten auch natürliche Gegenstände in den Blick nehmen, aber ganz offensichtlich so mehrdeutig, dass es keine Explikation gibt, die alle Bedeutungen von »Original« abdecken kann. Wenn wir beispielsweise den Literaturkritiker Marcel Reich-Ranicki als Original bezeichnen, meinen wir tatsächlich etwas ganz anderes, als wenn wir die *Mona Lisa* als Original bezeichnen. Im ersten Fall wollen wir so etwas sagen wie: Marcel Reich-Ranicki besaß eine ausgesprochen markante Persönlichkeit. Im zweiten Fall sagen wir so viel wie: Dieses Bild ist keine Fälschung oder Reproduktion der *Mona Lisa,* sondern es ist tatsächlich die *Mona Lisa.* Es scheint, dass wir »Original« in der ersten Bedeutung ausschließlich für bestimmte natürliche Objekte verwenden, denen wir eine eigene »Persönlichkeit« zugestehen: Das sind in der Regel Menschen und in einigen Fällen auch andere Tiere. »Original« in der zweiten Bedeutung scheinen wir dagegen praktisch ausschließlich für Artefakte zu gebrauchen. Dann meinen wir so etwas Ähnliches wie: Dieses Ding ist irgendwie echt und wertvoll und deswegen zu unterscheiden von möglichen Kopien, Fälschungen, Imitaten oder ähnlichem. Die Bedeutung, um die es mir im Folgenden geht, ist die zweite. Weil ich davon ausgehe, dass im Zusammenhang mit Artefakten praktisch ausschließlich diese zweite Bedeutung auftritt, beschränke ich mich in meiner Untersuchung im Folgenden also auf Originale von Artefakten. Und das heißt schließlich auch: Ich gehe tatsächlich davon aus, dass die Originalität der *Mona Lisa* und die der Nürnberger Rostbratwurst etwas miteinander zu tun haben.

### 6.1.3  Das Explikandum »Original« – und nicht »original x«

Die Frage, die sich die vorliegende Untersuchung stellt, lautet: »Was ist ein Original?« Sie lautet nicht: »Was ist ein original x?« Um deutlich zu machen, worin der Unterschied besteht und was das für die weitere Untersuchung bedeutet, möchte ich an dieser Stelle noch einmal kurz auf die Unterscheidung zwischen »original« und »Original« zurückzukommen, die ich schon im dritten Kapitel herausgearbeitet habe.

Wir haben gesehen, dass »original« entweder so viel wie »ursprünglich« oder aber so viel wie »echt« bedeuten kann. Wenn man von einem »original x« spricht, kann dementsprechend »ursprüngliches x« gemeint sein oder aber »echtes x«. Ob in einem konkreten Fall »ursprünglich« oder »echt« gemeint ist, geht in aller Regel aus dem Kontext hervor. Zudem gibt es vielleicht auch sprachliche Konventionen, die dafür verantwortlich sind, dass beispielsweise »Originaltext« nahezulegen scheint, dass die älteste Version eines bestimmten Textes gemeint ist, während »Originalrezept« nahelegt, dass es sich um eine authentische – aber nicht zwingend zugleich um die älteste – Rezeptur eines bestimmten Gerichts handelt. Obwohl »original« zweideutig ist und obwohl es leichte Bedeutungsunterschiede zwischen »original« und »ursprünglich« respektive zwischen »original« und »echt« geben mag, ist seine Bedeutung also grundsätzlich klar. Daher ist weder »original« noch »original x« Gegenstand der im zweiten Teil dieser Untersuchung folgenden Überlegungen.

Unklar erscheint dagegen, was eigentlich »Original« bedeutet. Denn offensichtlich ist nicht jeder Gegenstand, der sich als »original x« im Sinne von »ursprüngliches x« oder »echtes x« bezeichnen lässt, auch ein Original, und nicht jedes Original lässt sich ohne Bedeutungsveränderung als »original x« bezeichnen. Man kann zwar beinahe jeden Gegenstand in irgendeinem Sinne als »original« bezeichnen, indem man sich beispielsweise auf das Material bezieht (original Maulbeerseide, original Palisander), auf die Entstehungszeit oder den Entstehungsort (original antik, original florentinisch) oder auf eine Relation zu einer Person oder einem Ereignis (Originalschauplatz, Originalbesitz), aber das hat nicht notwendig zur Folge, dass man ein solches »original x« auch als »Original« bezeichnen kann. Man kann einen Schal aus Maulbeerseide als »original Maulbeerseidenschal« bezeichnen. Auch die Bedeutung der Aussage »Das hier ist ein original Maulbeerseidenschal« liegt auf der Hand, nämlich: »Dieser Schal ist aus echter Maulbeerseide«. Dagegen bleibt der Sinn der Aussage »Dieser Maulbeerseidenschal ist das/ein Original« fraglich. Es erscheint mir nur schwer denkbar, dass jemand mit »Dieser Maulbeerseidenschal ist das/ein Original« aussagen wollte: »Dieser Schal ist aus echter Maulbeerseide«. Dagegen erscheint es mir naheliegender, dass beispielsweise gemeint sein könnte, dass es sich um den Schal aus dem Besitz einer berühmten Persönlichkeit oder eine Requisite aus einem berühmten Film handelte oder auch um einen Markenartikel – alle diese möglichen Bedeutungen von »Dieser Maulbeerseidenschal ist das/ein Original« sind aber sicher keine möglichen Bedeutungen von »Das hier ist ein original Maulbeerseidenschal«. – Umgekehrt kann man die *Mona Lisa* – die zweifellos ein Original ist – natürlich auch als einen »original Leonardo« bezeichnen oder man kann »original« auch in anderer zutreffender Weise auf sie beziehen, indem man beispielsweise über sie sagt, sie wäre ein »original Renaissance-Gemälde«. Aber sie als ein Original zu bezeichnen, bedeutet zweifellos noch etwas anderes als eine bloße Bekräftigung einer oder auch aller ihrer Eigenschaften durch das Adverb »original«.

Warum ist es überhaupt so schwierig, auf den Punkt zu bringen, was es bedeutet, ein Ding ein Original zu nennen (also nicht original, sondern ein Original)? Das Problem ist ja nicht, dass wir nicht wüssten, was gemeint ist, wenn ein bestimmtes Ding ein Original genannt wird. Das Problem besteht allerdings darin, dass das, was »Original« jeweils bedeutet, im Einzelfall so stark differiert, dass man geneigt ist, »Original« für völlig äquivok zu halten. Über den *Mann mit dem Goldhelm* zu sagen: »Bei diesem Bild handelt es sich nicht um ein Original«, bedeutet: »Dieses Bild ist nicht von Rembrandt eigenhändig gemalt worden.« Über den im Deutschen Historischen Museum ausgestellten Zweispitz zu sagen: »Das hier ist ein Original«, bedeutet: »Dieser Zweispitz wurde von Napoleon Bonaparte getragen.« Und wenn es über eine Nürnberger Rostbratwurst auf einem Werbeplakat heißt: »Dies hier ist das Original«, bedeutet das: »Diese Wurst wurde in Nürnberg nach dem Originalrezept hergestellt und ist kein Nachahmerprodukt aus einer anderen Region oder nach einem anderen Rezept.« Die Frage ist also: Woher wissen wir, dass »Original« in der einen Aussage diese und in einer anderen jene Bedeutung hat? Und was genau – wenn überhaupt etwas – haben alle als Originale bezeichneten Gegenstände gemein?

## 6.2   Grundannahmen für die Explikation von »Original«

### 6.2.1   »Original« hat eine komplexere Struktur als meist angenommen

Dass »x ist ein Original« von so verschiedenen Gegenständen wie Lebensmitteln, Kunstwerken und Texten ausgesagt werden kann und dabei – auf den ersten Blick – auch noch sehr Verschiedenes bedeutet (von Person y eigenhändig hergestellt zu sein, eine bestimmte chemische Zusammensetzung zu besitzen, Vorkommnis eines Typenobjektes x zu sein, eine bestimmte Entstehungsgeschichte zu haben), scheint zunächst vielleicht die Vermutung nahezulegen, dass wir es doch mit einem mehrdeutigen Begriff zu tun haben. Ich glaube aber, dass es eine andere Erklärung für die scheinbare Mehrdeutigkeit von »Original« gibt. Ich gehe nämlich davon aus, dass für die Bedeutung von »Original« mehr Parameter eine Rolle spielen, als zumeist angenommen wird.

Wenn wir von einem Ding sagen, es sei ein Original, sagen wir eben nicht einfach aus, dass es sich durch »Genialität« auszeichnet oder durch »Einzigartigkeit«, »Präzedenzlosigkeit«, »Nichtkopiertsein«, »Werthaftigkeit« oder eine andere einzelne Eigenschaft. Wenn man so will, war das der Fehler der Genieästheten: Anzunehmen, dass »Original« eine derart simple Struktur besäße. Wie wir im ersten Teil dieser Untersuchung gesehen haben, scheinen die auf einer derart einfachen Struktur aufbauenden Explikate nicht zufriedenstellen zu können. Die Unterschiede zwischen all jenen Dingen, die sinnvoll als Originale bezeichnet werden können, sind hierfür einfach zu groß.

Zugleich halte ich aber auch die Gemeinsamkeiten zwischen allen sinnvollen Aussagen über die Originalität von Dingen einfach für zu groß, um davon auszugehen, dass »Original« mehrere, völlig verschiedene Bedeutungen besitzt. Beispielsweise bedeutet, ein Ding als Original zu bezeichnen – sei es Napoleons Zweispitz oder die *Mona Lisa* – praktisch immer, ihm in einer gewissen Hinsicht Echtheit zu bescheinigen, oft verbunden mit einem gewissen Wert – und es von anderen, nicht echten, weniger wertvollen Dingen abzugrenzen. Daher halte ich weder die genieästhetische Annahme, alle Originale müssten ein bestimmtes Kriterium erfüllen, noch die anscheinend oft implizit vorausgesetzte Annahme, »Original« hätte in Bezug auf Kunstwerke eine andere Bedeutung als in Bezug auf nichtkünstlerische Artefakte, für besonders hilfreich, sondern ziehe einen anderen Lösungsansatz vor, indem ich davon ausgehe, dass Originalität eine komplexe Bedingung voraussetzt, mit anderen Worten: Es scheint mir von mehr als nur einem Parameter abzuhängen, ob ein Ding ein Original ist oder nicht.

Wenn diese Annahme stimmt, dann ist »Original« nicht völlig mehrdeutig, es müssen aber auch nicht alle Originale genau ein und dasselbe Kriterium erfüllen – beispielsweise nicht kopiert sein –, um Originale zu sein. Von einem Ding zu sagen, es sei ein Original, bedeutet dann vielmehr auszusagen, dass es in einer bestimmten Beziehung zu verschiedenen anderen Dingen steht. Wenn das stimmt, dann sollten wir, um die Bedeutung von »Original« zu klären, nicht nach einer *einzelnen* Eigenschaft suchen, die vermeintlich ein Original zum Original macht (Alter, Qualität, Urheberschaft oder etwas Ähnliches), sondern wir sollten fragen, in *welcher Beziehung wozu* Gegenstände stehen müssen, um sinnvollerweise als Originale bezeichnet werden zu können.

### 6.2.2 Originalstatusbegründende Eigenschaft, Originalobjekt und Gegensatzobjekt

Wenn wir berücksichtigen, was wir bisher über die Bedeutung von Aussagen über Originale wissen, dann bedeutet, von einem x zu sagen, es sei ein Original, so viel wie: x ist ein F, und zwar kann damit – je nachdem, auf welchen Gegenstand wir uns mit der Aussage: »Dies ist das/ein Original« beziehen – gemeint sein: »Dies ist ein Zweispitz, den Napoleon getragen hat«, oder »Dies ist eine Rostbratwurst, die nach einer geschützten Rezeptur im Stadtgebiet von Nürnberg hergestellt wurde«, oder »Dies ist ein Bild, das von Jan Vermeer eigenhändig gemalt wurde«. Das heißt, die jeweiligen Gegenstände (x) und ihre jeweiligen originalstatusbegründenden Eigenschaften (F) können untereinander sehr verschieden sein: Die Eigenhändigkeit eines Vermeer-Gemäldes, die Rezeptur der Nürnberger Rostbratwurst, die Eigenschaft eines Gegenstandes, von einer bestimmten Firma produziert oder von einer bestimmten Person besessen worden zu sein. Solange wir aber keine anderen Parameter als die jeweils originalstatusbegründende Eigenschaft berücksichtigen, scheint ein x als Original zu bezeichnen, bis hierher dennoch erst einmal nicht mehr zu bedeuten als:

x ist ein F.

Das alleine kann aber natürlich noch nicht genügen. Anscheinend muss mindestens eine weitere Voraussetzung gegeben sein. Es scheint mir aussichtsreich, nach einer Voraussetzung zu suchen, die diese Bekräftigung – dass es sich bei x um ein F handelt – informativ werden lässt. Informativ ist »x ist ein

F« immer dann, wenn *fraglich* ist, *ob x tatsächlich ein F ist*. Aber auch das alleine scheint mir noch nicht zu genügen. Denn es ist ja nicht jedes x, von dem wir nicht genau wissen, ob es ein F ist, ein Original, sobald nur eben feststeht, dass es tatsächlich ein F ist. Beispielsweise wird mein Bus nicht dadurch zum Original, dass er pünktlich ist, nur weil seine Pünktlichkeit vielleicht in Frage steht, und eine Fotografie, bei der nicht sicher ist, ob es sich um den vierten oder den fünften Abzug eines Negativs handelt, wird nicht dadurch zum Original, dass sie tatsächlich der fünfte Abzug ist, nur weil das eben zunächst fraglich war. Kurz: Weder »x ist ein F« noch »x ist *tatsächlich* ein F« scheinen mir »Original« auch nur annähernd hinreichend zu explizieren.

Der wesentliche implizite Informationsgehalt der Aussage »Dies hier ist das/ein Original« scheint mir darin zu bestehen, dass ausgedrückt wird: »Dieses x ist tatsächlich ein F, *und zwar im Unterschied zu jenem anderen Ding dort, das kein F ist*.« Wenn das stimmt, muss es so etwas wie *Gegensatzobjekte* geben, Gegenstände, die zugleich *kein F sind* und *ein F zu sein scheinen*: Gegenstände, die *vermeintlich* F sind. Für diese Gegensatzobjekte möchte ich einen weiteren Parameter einführen, nämlich ein y. Gegensatzobjekte zum Bestandteil der Explikation von »Original« zu machen, entspricht der weit verbreiteten Intuition und Sprachpraxis, die »Original« meistens die Rolle eines Antonyms zuweist, in aller Regel als Gegenbegriff zu »Kopie« oder »Fälschung«. Diese Intuition mag beispielsweise hinter Reichers Explikationsvorschlag gestanden haben.

Mir ist wichtig, dass y *im Hinblick auf F Gegensatzobjekt* ist. Damit soll verdeutlicht werden, dass die Verwechselbarkeit von x und y nicht zwingend beispielsweise in einer visuellen Ähnlichkeit besteht oder eine Fälschungsabsicht der Produzentin von y voraussetzt. Die Verwechselbarkeit beschränkt sich vielmehr ausschließlich auf die jeweilige originalstatusbegründende Eigenschaft: Sobald y F zu sein scheint, ist es ein Gegensatzobjekt von x, das tatsächlich F ist. So wird ersichtlich, warum nicht nur Kopien und Fälschungen Gegensatzobjekte sein können, sondern auch Werkstattarbeiten wie der *Mann mit dem Goldhelm* oder irrtümlich falsch eingestufte Artefakte, wie ein vermeintlich romanischer Elfenbeinbecher, bei dem es sich in Wahrheit um ein historistisches Objekt handelt.[1] Denn auch wenn solche Artefakte keine Kopien oder Fälschungen sind, fehlt ihnen doch eine bestimmte originalstatusbegründende Eigenschaft, die sie zugleich vermeintlich besitzen; in den genannten Beispielen ist das der Urheber (der *Mann mit dem Goldhelm*) oder

---

1 Vgl. Jöhnk 1999.

das Alter (der Elfenbeinbecher). Weil wir wissen, dass nicht alle Gemälde, die in der Vergangenheit als »eigenhändige Rembrandts« galten, auch tatsächlich von Rembrandt eigenhändig gemalt worden sind, werden diejenigen Gemälde, die tatsächlich von Rembrandt gemalt worden sind, als Originale bezeichnet. Indem sie als Originale bezeichnet werden, werden sie also von vermeintlichen Rembrandts unterschieden, und zwar unabhängig davon, ob letztere Kopien, Fälschungen oder Werkstattarbeiten sind. Gegensatzobjekte von x sind also alle möglichen Gegenstände, die die originalstatusbegründende Eigenschaft F dieses x nur vermeintlich besitzen: Kopien oder Fälschungen, Imitate, Nachschöpfungen oder andere Dinge, die rein zufällig etwas an sich haben, das sie als ein F erscheinen lässt. Indem ich Gegensatzobjekte als Voraussetzung für Originalität betrachte, gehe ich davon aus, dass, von einem bestimmten x zu sagen, es sei ein Original, immer auch bedeutet, dieses x von einem y abzugrenzen, das die jeweilige originalstatusbegründende Eigenschaft vermeintlich besitzt. Ich glaube nicht nur, dass diese Voraussetzung in allen Fällen erfüllt ist, in denen Artefakte als Originale bezeichnet werden, sondern dass in der Abgrenzung der Originalobjekte von ihren Gegensatzobjekten auch eine wesentliche Funktion des Begriffs besteht.

Alle so weit gemachten Annahmen vorausgesetzt, bedeutet, ein x als Original zu bezeichnen, bis hierher:

x ist tatsächlich ein F, im Gegensatz zu y, das vermeintlich ein F ist.

Aber auch das kann noch nicht alles sein. Der bloße Umstand, dass ein x eine Eigenschaft besitzt, die ein y nur vermeintlich besitzt, macht das x noch nicht zum Original. Andernfalls wäre auch ein nur vermeintlich leckerer Kuchen ein Gegensatzobjekt eines wirklich leckeren Kuchens, und der wirklich leckere Kuchen wäre ein Original. Ich vermute daher, dass es noch eine weitere notwendige Voraussetzung für den Originalstatus von x gibt, nämlich die *Relevanz* der Eigenschaft F. Das scheint auf den ersten Blick eine Kleinigkeit zu sein, hat aber weitreichende Konsequenzen.

### 6.2.3   Der originalstatusbegründende Kontext

Zum einen bewegen wir uns ab dem Moment, in dem wir eine Eigenschaft als relevant bezeichnen, also etwas *über* diese Eigenschaft aussagen, logisch gesprochen auf einer anderen Ebene. Deswegen verwende ich im Folgenden für die relevante Eigenschaft anstelle der Prädikatkonstante F eine Prädikatvariable der Prädikatenlogik zweiter Stufe, nämlich »Z«.

Zum anderen stellt sich in dem Moment, in dem wir von einer relevanten Eigenschaft sprechen, natürlich die Frage: Relevant in welchem Zusammenhang? Ich glaube, dass Z in einem jeweils sehr spezifischen Kontext relevant sein muss, um eine originalstatusbegründende Eigenschaft eines x zu sein, und dass dieser Kontext folglich einen weiteren Parameter darstellt, der in der Explikation von »Original« berücksichtigt werden muss. Für diesen Kontext möchte ich die zusätzliche Variable »k« einführen.

Ich gehe also im Folgenden davon aus, dass es einen je spezifischen Kontext k (zum Beispiel ein kunstwissenschaftliches Forschungsprojekt) gibt, innerhalb dessen eine Eigenschaft Z (zum Beispiel von Rembrandt eigenhändig gemalt worden zu sein) eines Gegenstandes x (zum Beispiel des *Aristoteles mit einer Büste von Homer*) relevant ist, sodass in k jedes x, das Z ist, als Original gilt und damit ausdrücklich von jedem y unterschieden wird, das nur vermeintlich Z ist (zum Beispiel vom *Mann mit dem Goldhelm*). Wenn das zutrifft, bedeutet die Aussage: »Dieser Gegenstand ist ein Original« so viel wie: »Dieser Gegenstand besitzt eine bestimmte Eigenschaft, die *in einem bestimmten Kontext relevant* ist, tatsächlich, während ein anderer Gegenstand sie nur vermeintlich besitzt.«

Ich gehe davon aus, dass es sich bei k um einen *spezifischen Kontext* handeln muss. Das bedeutet, dass nicht jede beliebige Art von Relevanz genügt, um aus x ein Original zu machen. Denn auch dass ein Gemälde nicht breiter als zwei Meter ist und sich insofern von einem anderen Gemälde unterscheidet, kann ja in dem einen oder anderen Kontext – beispielsweise im Arrangement einer Ausstellung oder in der Organisation eines Museumsdepots – relevant sein, genügt aber nicht, um aus dem schmaleren Gemälde ein Original zu machen. Ich möchte daher die Kontexte, in denen Z eine Relevanz besitzt, sodass ein x, das tatsächlich Z ist, dadurch zum Original wird, im Folgenden als *originalstatusbegründende Kontexte* bezeichnen. Mit der Einführung dieser Kontexte greife ich die weiter oben erwähnte Beobachtung Benjamins, von Gehlens und anderer auf, dass »Originalität« eine Zuschreibung ist. Ich gehe damit ausdrücklich davon aus, dass die Fragen, welche Gegenstände Originale sind und aufgrund welcher ihrer Eigenschaften sie als Originale gelten sollen, innerhalb sehr klar definierter Gruppen von Experten entschieden werden, wobei nicht nur das von diesen Experten geteilte Wissen, sondern auch deren kulturelle und soziale Normen eine gewisse Rolle spielen.

Beispiele für solche originalstatusbegründenden Kontexte sind fachliche Urteile, die in Gruppen von Forschern oder Unternehmerinnen bezüglich bestimmter Eigenschaften ihrer Forschungsobjekte beziehungsweise Produkte gefällt werden. Beispielsweise hängt es vom Konsens der kunstwissenschaftlichen Forschung ab, welche Eigenschaften der *Mona Lisa* ihren Originalstatus begründen. Es ist für die Originalität der *Mona Lisa* beispielsweise nicht relevant, seit wann sie im Louvre hängt, wie groß sie ist oder welche chemische Zusammensetzung genau ihre Bestandteile aufweisen. Würde sich herausstellen, dass Leonardo Farben einer anderen Zusammensetzung verwendet hat als bisher vermutet, würde das der Originalität der *Mona Lisa* keinen Abbruch tun, solange nur eben feststeht, dass sie tatsächlich von ihm gemalt wurde. Dabei ist die Frage nach der chemischen Zusammensetzung der Bestandteile aber für die Originalität der Nürnberger Rostbratwurst sehr wichtig, und dass das so ist, ist wiederum in einem anderen Kontext so festgelegt worden, vermutlich von bestimmten Nürnberger Lebensmittelherstellerinnen. Nun ist es wiederum von keinerlei Bedeutung für die Originalität einer Nürnberger Rostbratwurst, wer sie angefertigt hat, solange das im Nürnberger Stadtgebiet und nach dem Originalrezept geschehen ist. Auch ist es irrelevant, ob es sich bei einer bestimmen Nürnberger Rostbratwurst vielleicht um eine Kopie einer anderen Nürnberger Rostbratwurst handelt, die eine Metzgerin – vielleicht in Ermangelung des Rezepttextes, aber mittels der Kopiermethode dennoch rezeptgetreu – angefertigt hat. Für die Originalität der *Mona Lisa* scheint es allerdings entscheidend zu sein, dass sie nicht von irgendwem, sondern von Leonardo da Vinci eigenhändig angefertigt wurde – und zwar egal wo – und dass es sich nicht um eine Kopie handelt, selbst wenn diese Kopie in sonstiger Hinsicht vom Original ununterscheidbar wäre.

Ich glaube also, dass in der Explikation von »Original« vier Parameter eine Rolle spielen: Das Originalobjekt x, das Gegensatzobjekt y, der Kontext k und die in k relevante Eigenschaft Z. Ein erster Vorschlag für die Explikation von »Original« könnte also lauten:

> x ist ein Original im Gegensatz zu y im Hinblick auf Z im Kontext k genau
> dann, wenn x Z ist und y nicht Z ist und y vermeintlich Z ist und Z in k relevant
> ist.

# 7 Bedingungen originalstatusbegründender Kontexte

Wie wir gesehen haben, sind originalstatusbegründende Kontexte deshalb ein notwendiger Bestandteil der Explikation von »Original«, weil eine Eigenschaft eines bestimmten Gegenstandes *relevant* sein muss, um eine originalstatusbegründende Eigenschaft sein zu können. Damit die Rede von der Relevanz einer Eigenschaft überhaupt Sinn ergibt, muss auch klar sein, *in welchem Zusammenhang* diese Relevanz gegeben ist. Der originalstatusbegründende Kontext ist eben dieser Zusammenhang, in dem bestimmte Eigenschaften bestimmter Gegenstände *so* relevant sind, dass diesen Gegenständen in diesem Zusammenhang der Status von Originalen eingeräumt wird. Wenn nun gilt, dass x genau dann ein Original ist, wenn es ein y, ein k und ein Z gibt, so dass x Z ist und y nicht Z ist und y vermeintlich Z ist und Z in k relevant ist, dann muss k zunächst einmal nur die folgende Bedingung erfüllen:

(1) *in k muss Z relevant sein.*

Allerdings wird deutlich, dass hier nicht irgendeine Art von Relevanz gefragt ist, wenn wir berücksichtigen, dass Z in k *so* relevant sein muss, dass x, die Z sind, von y, die vermeintlich Z sind, unterschieden werden, was zugleich bedeutet, dass ausschließlich ersteren ein Originalstatus eingeräumt wird. Mit anderen Worten: Für k muss Z eine ganz bestimmte Art von Relevanz besitzen. Welche Art von Relevanz das ist – und was genau das für die Beziehung zwischen Z und k – und folglich auch für k – bedeutet, soll im Folgenden geklärt werden.

## 7.1    Die Relevanz von Z in k

### 7.1.1    Was ist ein originalstatusbegründender Kontext?

Um zu klären, welche Bedingungen ein originalstatusbegründender Kontext erfüllen muss, ist es zunächst naheliegend, sich anzusehen, was ganz allgemein unter »Kontext« zu verstehen ist. Allgemein ist ein Kontext ein komplexes System aus Entitäten, die zueinander in Beziehung stehen. Wenn von einem Kontext die Rede ist, dann meistens, weil von einem bestimmten Effekt die Rede ist, den ein bestimmter Kontext erzielt. Beispielsweise gibt es semantische Kontexte, die die Bedeutung eines bestimmten Zeichens beeinflussen können, sodass dieses Zeichen in dem einen Kontext eine andere Bedeutung annimmt als in einem anderen. Dann besteht der Kontext aus bestimmten Zeichen, die so zueinander in Beziehung stehen, dass sie einem bestimmten Zeichen eine bestimmte Bedeutung verleihen, die dasselbe Zeichen in einem anderen Kontext womöglich nicht hätte. Mit Fragen wie diesen, die sich aus der Kontextabhängigkeit von Zeichen ergeben, befasst sich beispielsweise die Sprachphilosophie.

Es gibt aber auch weniger abstrakte Kontexte, zum Beispiel historische Kontexte. In historischen Kontexten stehen bestimmte Einzelpersonen, Gruppen von Personen, politische Akteure oder andere mit bestimmten Handlungsmöglichkeiten ausgestattete Institutionen, aber auch beispielsweise geographische oder klimatische Umstände und technische Möglichkeiten so zueinander in Beziehung, dass sie bestimmte Handlungen bestimmter Akteure wahrscheinlicher werden lassen als andere oder so, dass diese Handlungen auf eine bestimmte Weise gewertet werden oder einen bestimmten Effekt erzielen, den sie in einem anderen historischen Kontext womöglich nicht erzielen würden. So kommt es, dass manche Handlungsweisen in dem einen historischen Kontext vernünftig oder verdienstvoll erscheinen, in einem anderen dagegen dumm oder fahrlässig, dass manche Ereignisse in einem Kontext einen Wirtschaftsboom oder einen Krieg nach sich ziehen, in einem anderen dagegen nicht.

Wenn man verstehen will, was »Kontext« in einem bestimmten Fall bedeutet, muss man also klären, aus welchen Entitäten und aus welchen Relationen zwischen diesen Entitäten dieser Kontext besteht und welchen Effekt dieser Kontext etwa im Blick auf einen bestimmten Untersuchungsgegenstand hat. In der Auseinandersetzung mit originalstatusbegründenden Kontexten in der vorliegenden Untersuchung ist diese letzte Frage sozusagen der Einstieg. Denn ausgehend von der Prämisse, dass es Kontexte gibt, die den Originalstatus bestimmter Gegenstände begründen, stellt sich hier überhaupt erst die Frage, was für Kontexte das sind und wie sie beschaffen sein müssen, um diesen Effekt erzielen zu können. Wenn originalstatusbegründende Kontexte solche Kontexte sind, in denen bestimmten Gegenständen ein Originalstatus eingeräumt wird, wie müssen diese Kontexte dann beschaffen sein, um diesen Effekt zu erzielen? Um diese Frage möglichst zufriedenstellend beantworten zu können, scheint es mir zielführend, nicht allein k, sondern vor allem das Verhältnis zwischen k und Z in den Blick zu nehmen und die Frage so zu stellen: *Welche Relevanz* muss Z für k besitzen, damit k für x, die Z sind, zum originalstatusbegründenden Kontext wird?

### 7.1.2    Welche Relevanz muss Z in k besitzen?

Den originalstatusbegründenden Kontext möchte ich zunächst wie folgt explizieren:

> *k ist eine Gruppe von Akteuren, für die Z relevant ist.*

Zugleich gehe ich davon aus, dass es nicht genügt, dass es sich bei einem originalstatusbegründenden Kontext um eine Gruppe von Akteuren handelt, für die etwas (Z) relevant ist. Es wurde ja schon deutlich, dass offensichtlich nicht jeder beliebige Kontext, in dem etwas für bestimmte Akteure relevant ist, einen Originalstatus begründen kann. Oder – anders formuliert – nicht jede Art von Relevanz genügt, um den Kontext, in dem diese Relevanz gegeben ist, zum originalstatusbegründenden Kontext zu machen. Ansonsten müsste auch beispielsweise ein Ehepaar, das an seinem Hochzeitstag ein ansprechendes Restaurant sucht, ein originalstatusbegründender Kontext für ansprechende Restaurants sein, oder eine Gruppe von Freundinnen, die auf der Suche nach einem Sportwagen mit mindestens 120 PS sind, müsste ein originalstatusbegründender Kontext für Sportwagen mit mindestens 120 PS sein. Zwar ist in diesen beiden Gruppen die Relevanz eines bestimmten Dings gegeben – und vielleicht handelt es sich sogar um eine für diese Gruppen besonders hohe Relevanz –, aber es ist ebenso zweifellos nicht die *Art von Relevanz*, die dazu führt, dass ansprechende Restaurants oder Sportwagen mit mindestens 120 PS in diesen Gruppen einen Originalstatus innehätten.

Ob es sich bei einer Gruppe von Personen, die auf ein Ding (x) mit bestimmten Eigenschaften (Z) aus sind, um einen originalstatusbegründenden Kontext handelt, also um einen Kontext, der den Gegenständen, auf die er aus ist, einen Originalstatus einräumt, scheint mir daher weniger von der

Höhe der Relevanz abzuhängen, die Z in dieser Gruppe beigemessen wird, als vielmehr von der *Art der Relevanz*, die Z für diese Gruppe besitzt.[1] Ich gehe davon aus, dass nur solche Kontexte originalstatusbegründend sein können, in denen der Frage, ob ein x ein Z ist, eine ganz bestimmte Art von Relevanz zukommt, und zwar scheint mir diese Art von Relevanz zu implizieren, dass

(1) *Z der (oder ein) Zweck von k ist,*

(2) *k die Definitionsmacht über Z besitzt,*

(3) *in k eine systematische Unterscheidung vorgenommen wird zwischen x, die Z sind, und y, die vermeintlich Z sind.*

Nun könnte man einwenden, es wäre doch viel naheliegender, die Art des Kontexts für ausschlaggebend zu halten als die Art der Relevanz, die Z in diesem Kontext jeweils hat. Das Ehepaar und die Gruppe der Freundinnen wären demnach schlicht deswegen keine originalstatusbegründenden Kontexte, weil es ihnen an bestimmten formalen Voraussetzungen fehle, sie beispielsweise nicht über Fachwissen, über einen Expertenstatus oder über einen gewissen Institutionalisierungsgrad verfügten. Wenn ein bestimmter Kontext solche Voraussetzungen erfüllen würde, wäre es dagegen ganz egal, welche Art von Relevanz eine bestimmte Eigenschaft in diesem Kontext besitzt. Dem würde ich ausdrücklich widersprechen. Denn auch eine Gruppe, die eindeutig ein originalstatusbegründender Kontext für x ist, die Z sind – sagen wir beispielsweise eine archäologische Forschungsgruppe, die bestimmte Funde (x), die sie macht, als Originale einstuft, weil diese bestimmte Eigenschaften (Z) aufweisen –, ist zwar für diese Funde, also für x, die Z sind, originalstatusbegründend. Sie ist aber nicht automatisch auch originalstatusbegründend für x, die Y sind. Sagen wir: Y steht für »Polstermaterial aus Polyethylen«, und gehen wir einmal davon aus, dass es für unsere Forschungsgruppe absolut relevant ist, dass sie für die Aufbewahrung ihrer Funde Polstermaterialien aus Polyethylen zur Verfügung hat. Dennoch würde diese Gruppe diesen Polstermaterialien sicherlich keinen Originalstatus einräumen – auch wenn sie ihren Funden einen solchen Status einräumt und auch wenn sowohl Z als auch Y für diese Gruppe ausgesprochen relevant sind.

Ich halte es daher für naheliegend, dass es nicht von der Beschaffenheit des Kontextes abhängt, ob und in Bezug auf welche x ein Kontext originalstatusbegründend ist, sondern von der Art der Relation, die zwischen diesem

---

1 Natürlich hängt es auch von der originalstatusbegründenden Eigenschaft der jeweils relevanten Gegenstände ab. Mehr hierzu im Kapitel über originalstatusbegründende Eigenschaften.

Kontext und den für ihn relevanten Dingen besteht. Denn obwohl Y im selben Kontext auch eine gewisse, vielleicht sogar eine sehr hohe Relevanz zukommt, werden x, die Y sind, dadurch in diesem Kontext nicht automatisch zu Originalen. Dies gilt vermutlich sogar für den Fall, dass es Polstermaterialien gibt, die nur vermeintlich aus Polyethylen sind, und dass die Forschungsgruppe zum Zwecke der Unterscheidung zwischen Polstermaterialien aus Polyethylen und solchen, die nur vermeintlich aus Polyethylen sind, eine eigene Unterscheidungsmethode entwickelt haben sollte. Denn auch wenn dem Material dieser Stoffe in diesem Zusammenhang eine sehr hohe Relevanz zukommt *und* wenn es diesbezüglich eine Unterscheidungspraxis zwischen verschiedenen Stoffen gibt, sind dennoch zwei der oben formulierten Bedingungen für die *Art von Relevanz*, die Y in k zukommen müsste, um k zu einem originalstatusbegründenden Kontext für x zu machen, die Y sind, nicht erfüllt: Erstens ist Y nicht der *Zweck* der Forschungsgruppe, und zweitens hat die Forschungsgruppe keine *Definitionsmacht* im Hinblick auf Y.

Wenn wir diese drei Bedingungen voraussetzen, dann können konkret unter anderem folgende Kontexte originalstatusbegründend sein: Für den Originalstatus von Konsumgütern die jeweiligen Herstellerfirmen oder ihre Verbündeten (Herstellerverbände, Schutzvereine etc.), denn sie besitzen in aller Regel die Deutungshoheit über die eigenen Produkte und unterscheiden sie beispielsweise von allfälligen Imitaten anderer Hersteller. Für den Originalstatus von Kunstwerken bestimmte Projekt- oder Forschungsgruppen bestehend aus Kunsthistorikerinnen, Literatur- oder Musikwissenschaftlern, die sich schwerpunktmäßig mit der Erforschung von Werken mit bestimmten Eigenschaften befassen. Solche Forschungsgruppen werden häufig gerade zu dem Zweck ins Leben gerufen, Artefakte mit ganz bestimmten Eigenschaften zu erforschen. Seien es solche, die eigenhändig von einem bestimmten Künstler gefertigt wurden, oder solche, die aus einer bestimmten Epoche oder Region stammen, oder sei es das ursprüngliche Exemplar eines Werkes, das von seinen späteren Nachschöpfungen und Kopien unterschieden werden soll.

Was es bedeutet, dass Z der – oder zumindest ein wesentlicher – Zweck von k sein muss, scheint mir bereits hinreichend klar geworden zu sein. Dagegen scheinen mir die beiden anderen Bedingungen originalstatusbegründender Kontexte, die Definitionsmacht, die k im Hinblick auf Z besitzt, und die Abgrenzungspraxis, noch deutlicher erläutert werden zu müssen.

## 7.2   Die Definitionsmacht[2] von k im Hinblick auf Z

Die genaue Definition eines Forschungsgegenstandes oder eines Produktes ist in aller Regel ein notwendiger Teil der Forschungsarbeit oder einer unternehmerischen Tätigkeit. Es gilt in diesen Kontexten, Fragen wie diese zu beantworten: Was genau verstehen wir unter »eigenhändig« oder unter »nicht kopiert«; welche Verfahren dürfen unsere Partner bei der Produktion unseres Produktes verwenden, welche Vorgaben müssen unsere Zuliefererbetriebe in der Produktion der Produktbestandteile einhalten? Bei älteren Kunstwerken, etwa aus dem Frühmittelalter oder der Antike, geht es oft um das Alter, bei restaurierten Werken um die noch vorhandenen Quantitäten ursprünglicher Substanz. Bei Produkten geht es beispielsweise um Produktionsverfahren, Inhaltsstoffe und Hersteller. Woran in diesen Kontexten jeweils der Originalstatus festgemacht wird, das heißt, welche Eigenschaften für den jeweiligen originalstatusbegründenden Kontext von zentraler Relevanz sind, ist – innerhalb gewisser Grenzen, auf die noch eingegangen werden wird – flexibel und von bestimmten fachlichen Standards und kulturellen Normen abhängig. Wo aber liegen die Grenzen der Definitionsmacht originalstatusbegründender Kontexte, und was genau impliziert diese Definitionsmacht? Und inwiefern genau ist sie tatsächlich notwendig, um einen Kontext zum originalstatusbegründenden Kontext zu machen?

### 7.2.1   Zur Notwendigkeit der Definitionsmacht

Würden wir es als hinreichend betrachten, dass die Beschäftigung mit Z ein Zweck von k sein muss, um aus k einen originalstatusbegründenden Kontext zu machen, dann könnte man auch die weiter oben schon erwähnte Gruppe

---

2 Wenn ich im Folgenden von der Definitionsmacht spreche, die ein originalstatusbegründender Kontext über Z hat, dann spreche ich zwar von »Macht«, beziehe mich dabei aber ausdrücklich nicht auf Theorien der Macht, wie sie etwa Arendt, Foucault oder Luhmann entwickelt haben. Auch möchte ich auf jede ethische Wertung dieser Definitionsmacht verzichten. Dabei schließe ich ausdrücklich nicht aus, dass eine entsprechende Analyse der Definitionsmacht originalstatusbegründender Kontexte aufschlussreich sein könnte. Sie erscheint mir lediglich an dieser Stelle nicht notwendig und würde zudem den Rahmen der Untersuchung sprengen. Daher beschränke ich mich im Folgenden vielmehr darauf darzulegen, inwiefern die Definitionsmacht in Bezug auf Z eine Bedingung originalstatusbegründender Kontexte darstellt, worin diese Definitionsmacht besteht und wo ihre Grenzen liegen.

von Freundinnen auf der Suche nach dem Sportwagen als originalstatusbegründenden Kontext betrachten – vorausgesetzt, die Gruppe hätte sich zum Zweck eben dieser Suche zusammengesetzt, was wir einmal annehmen wollen. Es kann aber wohl als sicher gelten, dass eine solche Gruppe keinen originalstatusbegründenden Kontext darstellt. Die Tatsache alleine, dass sie sich zu dem Zweck zusammengefunden haben, einen Sportwagen mit mindestens 120 PS zu finden, führt nämlich nicht dazu, dass Sportwagen mit mindestens 120 PS in dieser Gruppe einen Originalstatus besitzen oder als Originale bezeichnet werden. Alleine der Umstand, dass die Beschäftigung mit Z und/oder die Identifizierung von x, die Z sind, der Zweck einer bestimmten Gruppe ist, scheint also nicht zu genügen, um diese Gruppe zu einem originalstatusbegründenden Kontext zu machen.

Wenn wir davon ausgehen, dass ein x dann zum Original wird, wenn es ein echtes Z ist und sich dadurch von y unterscheidet, die vermeintlich Z sind, dann setzt diese Unterscheidungspraxis zugleich eine Definition von Z voraus, die es erlaubt, x, die echte Z sind, eindeutig zu identifizieren, um sie von y, die vermeintliche Z sind, zu unterscheiden. Das heißt zum einen, dass es auch bestimmte Anforderungen an originalstatusbegründende Eigenschaften gibt. Auf diese komme ich in einem eigenen Kapitel noch ausführlich zu sprechen. Zum anderen bedeutet es, dass es eine Instanz geben muss, die eine solche eindeutige und allgemein anerkannte Definition schaffen kann. Für eine solche eindeutige Unterscheidung genügen nämlich die in aller Regel gängigen, vagen Vorstellungen darüber, was beispielsweise ein »eigenhändiger Rembrandt« oder eine »Nürnberger Rostbratwurst« ist, nicht. Wo immer es über solche vagen Vorstellungen hinaus keine offizielle und weithin anerkannte Definition gibt, gibt es daher auch kein Original.

Ich möchte ein Beispiel nennen: In der oberfränkischen Provinz, in der ich meine Gymnasialzeit verbracht habe, gibt es ein traditionelles Eintopfgericht namens »Hofer Schnitz«. Von diesem Gericht gibt es unzählige Varianten. Im Grunde besteht es einfach aus einer Kombination beliebiger regionaler Gemüsesorten und aus ein wenig Rindfleisch. Aber auch Hammelfleisch ist nicht verkehrt, ebenso kann man Hofer Schnitz auch ohne Fleisch auf den Tisch bringen. Dass es – zumindest aktuell – keine Instanz gibt, die eine offizielle Definition von »Hofer Schnitz« festlegen kann, heißt nun freilich weder, dass eine solche offizielle Definition schmerzlich vermisst würde, noch heißt es, dass »Hofer Schnitz« ein völlig beliebiger Begriff wäre: Spätestens wenn man den Eintopfcharakter in Frage stellen und etwa gebratene Zucchini- und Auberginenscheiben als »Hofer Schnitz« bezeichnen würde, wären sich wohl alle Menschen, die in irgendeiner Form mit dem Gericht vertraut sind, einig, dass es sich hierbei eindeutig nicht um Hofer Schnitz handelt. Es gibt eben – auch in Ermangelung einer offiziellen Definition – doch einige unverzichtbare Eigenschaften von »Hofer Schnitz«. Es gibt nur eben keine Instanz, die diese »notwendigen Eigenschaften« offiziell so definiert hätte, dass es möglich wäre, eine klare Grenze zu ziehen und eindeutig zu entscheiden, welche Gerichte als »Hofer Schnitz« gelten können und welche nicht und warum. Und genau deswegen kann man in Bezug auf ein Gericht oder ein Rezept für Hofer Schnitz – wie in Bezug auf alle Gegenstände, von denen es keine präzise und allgemein anerkannte Definition gibt – auch nicht wirklich sinnvoll von einem Original sprechen. Es fehlt der originalstatusbegründende Kontext, der eben nicht nur eine Gruppe von Personen sein müsste, die Hofer Schnitz für irgendwie wichtig halten oder die eine Vorstellung davon haben, was genau »Hofer Schnitz« wären – eine solche Gruppe könnte man zweifellos finden –, sondern die darüber hinaus auch in der Lage wäre, eine allgemein akzeptierte Definition von »Hofer Schnitz« zu entwickeln, die zudem eine genaue Unterscheidung zwischen echten und vermeintlichen Hofer Schnitz ermöglichen würde.

Damit ein x, das ein Z ist, von k als Original eingestuft werden kann, muss Z also nicht nur der/ein Zweck von k sein, sondern k braucht auch eine allgemein anerkannte Definition von Z. Aber muss k diese Definition auch unbedingt selbst schaffen? In jedem Fall scheint mir k – selbst wenn es vielleicht eine schon etablierte Definition von Z übernimmt – im Hinblick auf Z *definitionsmächtig* sein zu müssen. Ich möchte ein wenig ausführen, was das bedeutet.

### 7.2.2    Was die Definitionsmacht von k im Hinblick auf Z impliziert

Zur Definitionsmacht eines originalstatusbegründenden Kontextes gehört meines Erachtens zweierlei: Erstens die »Macht«, eine geeignete Definition von Z zu schaffen (oder zu finden, zu übernehmen und gegebenenfalls anzupassen), also eine, die es ermöglicht, x, die echte Z sind, eindeutig zu identifizieren und sie von y, die vermeintliche Z sind, zu unterscheiden. Und zweitens der nötige Einfluss, um dieser Definition zu allgemeiner Anerkennung zu verhelfen. Eine Gruppe, die eine dieser beiden Bedingungen nicht erfüllt, ist nicht wirklich ein originalstatusbegründender Kontext, auch wenn sie vielleicht den Anspruch hat, einer zu sein. Auch eine Gruppe, die ihre Definition von Z allgemein durchsetzen kann, ist nicht wirklich ein originalstatusbegründender Kontext, wenn diese Definition keine eindeutigen Aussagen darüber erlaubt, welche x Z sind – und welche y nicht. Das gilt auch für eine weithin anerkannte Forschergruppe wie das *Rembrandt Research Project* und deren Definition von »eigenhändigem Rembrandt« – die in einem späteren Kapitel noch ausführlicher unter die Lupe genommen wird: Wenn sie nicht in der Lage ist, eine Definition von »eigenhändigem Rembrandt« zu entwickeln, die geeignet ist, eine eindeutige Identifikation eigenhändiger Rembrandts zu gewährleisten, kann sie den Originalstatus »eigenhändiger Rembrandts« nicht wirklich begründen.

Ich glaube, dass für jeden originalstatusbegründenden Kontext gilt: Wenn k Z nicht hinreichend eindeutig definieren kann, um genau sagen zu können, welche x Z sind und welche y nicht, dann fehlt k ein Teil der Definitionsmacht, den es benötigen würde, um wirklich ein originalstatusbegründender Kontext zu sein. In Bezug auf manche Gegenstände – etwa Nürnberger Rostbratwürste, die *Mona Lisa* oder Napoleons Zweispitz – mag die Definition von Z leichter sein als in Bezug auf andere. Es ist durchaus auch möglich, dass Z in bestimmten Fällen überhaupt nicht hinreichend eindeutig definiert werden kann.[3] In so einem Fall wäre dann durchaus fraglich, inwiefern x, die Z sind, tatsächlich einen Originalstatus innehaben.

Definitionsmacht impliziert aber, wie gesagt, auch die allgemeine Anerkennung der von k aufgestellten Definition von Z. Eine Gruppe Privatgelehrter, die aufgrund ihrer persönlichen Recherchen und einiger von ihnen selbst entwickelter Methoden ihre ganz eigene Definition von »eigenhändigem Rembrandt« entwickelt hat, könnte zwar eine durchaus geeignete Definition entwickelt haben. Vielleicht hat sie sogar den Anspruch, diese Definition öffentlich durchzusetzen. Solange sich aber faktisch niemand ihre Definition zu eigen macht, besitzt diese Gruppe nicht die Definitionsmacht, die sie zu einem originalstatusbegründenden Kontext für eigenhändige Rembrandts machen würde. Diese Personen könnten dann zwar intern von »Originalen« sprechen, wenn sie sich auf die Rembrandt-Bilder beziehen, die nach ihrer Definition als eigenhändige Rembrandts gelten würden. Allerdings würde es sich dann um eine gruppeninterne Sprechweise handeln, die meines Erachtens alleine keinen Originalstatus konstituieren kann. Hierzu erscheint mir vielmehr die über k hinausreichende Akzeptanz der in k entwickelten Definition von Z notwendig. Dass ein originalstatusbegründender Kontext

---

3  Mir scheint, dass »eigenhändige Rembrandts« ein solcher Fall sind. Dazu werde ich mich im Kapitel über originalstatusbegründende Eigenschaften noch ausführlicher äußern.

die Definitionsmacht über Z besitzt, bedeutet demnach, dass die von den Akteuren dieses Kontextes getroffenen Aussagen darüber, was genau Z bedeutet (welche Eigenschaften im Einzelnen beispielsweise ein »eigenhändiges Rembrandt-Gemälde« oder eine »Nürnberger Rostbratwurst« oder eine »Gucci-Handtasche« besitzen muss), auch von Personen anerkannt werden, die zwar nicht direkt zu k gehören – beispielsweise keine Mitglieder des *Rembrandt Research Project* sind oder nicht zu *Gucci* gehören –, die aber die von k entwickelte Definition von Z anerkennen und teilen. Um bei den Beispielen zu bleiben, wären das unter anderem die Museumsleiterinnen, die jene Gemälde, die laut *Rembrandt Research Project* keine Originale sind, und zwar *weil* sie es laut *Rembrandt Research Project* nicht sind, auch nicht mehr als solche führen, sie also neu beschriften, umhängen oder gar abhängen; es wären jene Kunsthändlerinnen und -sammler, die das Urteil des *Rembrandt Research Project* darüber, welche Bilder Originale und welche nur Werkstattarbeiten sind, teilen und daher unter anderem dem *Mann mit dem Goldhelm* einen entsprechend niedrigeren Wert beimessen als zuvor und so weiter. Es wären die Inhaberinnen großer Ketten, die von *Gucci* als Fälschungen eingestufte Taschen aus ihren Läden nehmen. Es wären die Kunden, die bereit sind, für eine von *Gucci* als Original eingestufte Tasche das Vielfach dessen zu zahlen, was sie vielleicht für eine von *Gucci* als Fälschung eingestufte Tasche zahlen würden, und so weiter.

Ich möchte die Personen, die k die Definitionsmacht über Z einräumen, indem sie sich die in k entwickelte oder gepflegte Definition von Z zu eigen machen, als die *Zielgruppe* von Z bezeichnen. Zur Zielgruppe von Z gehören alle Personen, die mit Z einigermaßen vertraut sind, die aber andererseits selbst nicht die Mittel oder den Status besitzen, der es ihnen erlauben würde, eine Art offizielle Definition darüber aufzustellen, was Z genau bedeutet und welche x folglich tatsächlich Z sind und welche y nur vermeintlich. Angehörige dieser Zielgruppe haben also durchaus eine Vorstellung davon, was eine »Nürnberger Rostbratwurst«, ein »eigenhändiger Rembrandt« oder eine »Gucci-Handtasche« ist, aber wenn sie präzise angeben wollen, welche Würste als »Nürnberger Rostbratwurst« gelten können und welche nicht und warum, welche Werke echte oder eigenhändige Rembrandts sind und welche nicht und warum, welche Produkte wirklich Gucci-Produkte sind und welche nicht und warum und so weiter, beziehen sie sich auf die Definitionen der jeweiligen originalstatusbegründenden Kontexte und sind auf diese angewiesen. Angehörige der Zielgruppe können Museumsdirektoren sein oder Kunstliebhaber, Einkäuferinnen in der Lebensmittel- oder Modebranche oder deren Kundinnen, Archivare, Juristinnen oder Journalisten, kurz, alle Personen, die aus welchen Gründen auch immer mit der Frage konfrontiert sind, was genau zum Beispiel ein echter Rembrandt oder eine original Nürnberger Rostbratwurst oder eine echte Gucci-Handtasche ist und was also beispielsweise als solche/r verkauft oder beworben werden darf und was nicht.

Natürlich ergeben sich aus der Definitionsmacht von k in Bezug auf Z gewisse Anforderungen für k. Sowohl die Fähigkeit, eine geeignete Definition von Z zu entwickeln, als auch die Akzeptanz, die diese Definition bei der Zielgruppe von Z findet, scheint mir eine erhebliche *Professionalität* von k vorauszusetzen. Diese kann natürlich von Kontext zu Kontext sehr verschieden sein. Das Wissen, die Kompetenzen und die Organisationsform des Schutzverbandes Nürnberger Bratwürste ist freilich ganz anders geartet als die eines archäologischen oder kunstwissenschaftlichen Forschungsteams oder jene eines Wirtschaftsunternehmens. Und auch insofern stimmt es natürlich, dass das weiter oben als Beispiel erwähnte Ehepaar auf der Suche nach einem ansprechenden Restaurant ebenso wie die Gruppe von Freundinnen auf der Suche nach einem Sportwagen mit mindestens 120 PS unwahrscheinliche Kandidaten für einen originalstatusbegründenden Kontext sind. Denn aufgrund ihrer mangelnden Professionalität erscheint es praktisch ausgeschlossen, dass sie die Definitionsmacht in Bezug auf die für sie relevanten Gegenstände besitzen könnten. Die Professionalität von k ist ihrerseits aber nichts als eine wahrscheinlich notwendige Voraussetzung für die Definitionsmacht von k. Sie ist weder unbedingt noch direkt eine Voraussetzung dafür, dass k ein originalstatusbegründender Kontext ist. Dagegen ist die Definitionsmacht, die k bezüglich Z besitzt – also die Fähigkeit die Zielgruppe zur Akzeptanz einer bestimmten Definition von Z zu bewegen –, eine direkte Voraussetzung dafür, dass k ein originalstatusbegründender Kontext für x ist, die Z sind.

Schließlich möchte ich ausdrücklich einräumen, dass es konkurrierende originalstatusbegründende Kontexte geben kann. Wenn Bilder des Meisters NN von zwei verschiedenen Forschungsgruppen untersucht werden, die deutlich abweichende Vorstellungen darüber haben, welche Bilder als Bilder dieses Meisters gelten sollen, und dementsprechend verschiedene Definitionen anbieten, die jeweils von verschiedenen Teilen der Zielgruppe akzeptiert werden, dann haben wir es mit solchen konkurrierenden originalstatusbegründenden Kontexten zu tun. In der Praxis scheint es eine solche Konkurrenz allerdings selten zu geben. Es ist aber möglich, dass es sie gibt. Das will ich ausdrücklich festhalten, gemeinsam mit der Behauptung, dass diese Möglichkeit konkurrierender originalstatusbegründender Kontexte weder gegen das hier entwickelte Konzept des originalstatusbegründenden Kontextes noch gegen die vorgeschlagene Explikation von »Original« spricht.

### 7.2.3   Die Grenzen der Definitionsmacht

Dass k Definitionsmacht im Hinblick auf Z besitzt setzt voraus, dass es in Bezug auf Z ein Minimum an Definitionsfreiheit geben muss. Das ist keineswegs banal, denn es gibt Gegenstände, in Bezug auf die die Definitionsfreiheit zu gering ist, um von Definitionsmacht sprechen zu können.

In Bezug auf Dinge wie die *Mona Lisa* oder die Nürnberger Rostbratwurst gibt es eine hinreichend große Definitionsfreiheit. Das heißt, es wäre denkbar, dass man die *Mona Lisa* als einen physischen Gegenstand definiert oder aber als ein abstraktes Bild (das zumindest theoretisch in mehreren konkreten Vorkommnissen existieren könnte),[4] als Gemälde mitsamt seiner Rückseite und seiner Rahmung oder aber nur als die Vorderseite des Gemäldes; es wäre denkbar, dass man die unteren Gemäldeschichten als zur *Mona Lisa* gehörig betrachtet oder aber ausdrücklich diese nicht. Und so weiter. Die Frage: »Was genau ist eigentlich die *Mona Lisa*?« kann also durchaus verschieden beantwortet werden, sodass eine Gruppe von Personen, der es gelingt, eine Definition von »Mona Lisa« zu schaffen, die von der Zielgruppe – also von jenen Personen, die sich für die *Mona Lisa* interessieren – akzeptiert wird, als originalstatusbegründender Kontext verstanden werden kann. Ähnliches gilt für die Nürnberger Rostbratwurst: Welches Rezept genau befolgt werden muss und wo genau die Grenzen des Produktionsgebietes liegen sollen, ob es eine Rolle spielen soll, woher die einzelnen Zutaten bezogen werden und wer genau die Würste herstellt – alles das sind gewissermaßen bewegliche Stellschrauben an der Definition von Z, deren Justierung im originalstatusbegründenden Kontext erfolgt.

Nun gibt es aber, wie gesagt, Gegenstände, in Bezug auf die eine solche Definitionsfreiheit nicht gegeben ist. Das sind in aller Regel natürliche Gegenstände. Wenn es um Dinge wie Granit, Wacholder, Kupfer oder Nacktmulle geht, ist zwar nicht gar keine Definitionsfreiheit gegeben. Allerdings ist die Definitionsfreiheit darüber, was genau als Nacktmull, als Granit oder als Wacholder gelten soll so gering, dass das Bild der mehr oder weniger frei justierbaren Stellschrauben hier nicht mehr angebracht ist. Was genau ein

---

4   Vgl. Sibley 2001.

Nacktmull ist, hängt viel stärker von empirischen Befunden ab und viel weniger von kulturellen Normen, als das bei einer Nürnberger Rostbratwurst der Fall ist. Der Definitionsspielraum ist im Falle natürlicher Objekte so klein, dass nicht mehr von einer Definitionsfreiheit im obigen Sinne die Rede sein kann. Auch das kann ein Grund dafür sein, dass natürliche Gegenstände in aller Regel nicht im selben Sinne als Originale bezeichnet werden wie Artefakte.[5]

Besonders interessant erscheint aber die Frage nach der oberen Grenze der Definitionsmacht. Dass k in Bezug auf Z definitionsmächtig ist, bedeutet ja nicht, dass diese Definitionsmacht absolut wäre. Denn diese Macht besteht ja gerade auch in der Akzeptanz, die der von k vorgeschlagenen Definition von Z (z.B.: Eine Nürnberger Rostbratwurst ist eine Wurst, die nach Rezept xy im Stadtgebiet von Nürnberg hergestellt worden ist) von der Zielgruppe entgegengebracht wird. Das heißt, wenn die Zielgruppe die von k vorgeschlagene Definition von Z nicht akzeptiert, hat k auch keine Definitionsmacht im Hinblick auf Z. Die obere Grenze der Definitionsmacht liegt also dort, wo die Akzeptanz der Zielgruppe endet. Das heißt auch: Andere, normative Kriterien haben allenfalls indirekten Einfluss auf die Grenzen der Definitionsmacht. Sollte der Schutzverband Nürnberger Bratwürste e. V. eine Nürnberger Rostbratwurst als »von Fettglasur überzogenen weichen Schaumzucker in Wurstform« definieren, besteht also zumindest theoretisch die Möglichkeit, dass die Zielgruppe diese Definition akzeptieren würde. Würde sie das tun, würde auch die Definitionsmacht des Schutzverbandes so weit reichen, und als »Nürnberger Rostbratwürste« würden dann eben mit Fettglasur überzogene Schaumzuckerwürste gelten. Dass die Akzeptanz der Zielgruppe aber so weit reichen würde, kann als praktisch ausgeschlossen gelten. Wahrscheinlicher wäre dagegen ein Szenario, in dem die Zielgruppe es akzeptieren würde, wenn der Schutzverband den Herstellungsort von Nürnberger Rostbratwürsten auch auf umliegende Gemeinden wie Zirndorf oder Schwabach ausweiten würde. Aber auch hier könnte der Lokalpatriotismus der Zielgruppe der Definitionsmacht des Schutzverbandes klare Grenzen setzen, sollte dieser etwa beschließen wollen, das Gebiet auf die Nachbarstadt Fürth auszuweiten.

---

5  Eine Ausnahme sind Fälle, in denen Artefakte Gegensatzobjekte eines natürlichen Gegenstandes sind.

## 7.3    Abgrenzungspraxis

Neben den Bedingungen, dass Z ein Zweck von k sein muss und dass k in
Bezug auf Z definitionsmächtig sein muss, scheint es mir noch eine dritte
Bedingung originalstatusbegründender Kontexte zu geben, nämlich, dass in
k ausdrücklich zwischen x, die Z sind, und y, die vermeintlich Z sind, unterschieden wird. Ich halte diese Abgrenzungspraxis für eine notwendige Bedingung originalstatusbegründender Kontexte, weil von einem x zu sagen »Das
hier ist das/ein Original«, mir zu implizieren scheint, dass dieses x, das ein
Z ist, durch die Originalbezeichnung von den y unterschieden wird, die vermeintlich Z sind, und zwar weil x – gerade weil es Z ist – in k als wertvoller
gilt als y, das nur vermeintlich Z ist.

Mit anderen Worten: In k werden Z gewollt, und deswegen müssen echte
Z von falschen Z unterschieden werden. Denn nur um erstere geht es in k.
Das heißt auch: Wenn es einen Kontext gibt, in dem es x gibt, die Z sind, und
y, die vermeintliche Z sind, in dem aber erstere letzteren nicht grundsätzlich vorgezogen werden – weil y beispielsweise einen ähnlich hohen Status
besitzen wie x –, dann wird den x, die Z sind, auch kein Originalstatus eingeräumt, und dann ist folglich auch der Kontext, in dem das geschieht, kein
originalstatusbegründender Kontext für diese x. Ich möchte die Notwendigkeit dieser Abgrenzungspraxis noch etwas genauer begründen.

### 7.3.1    Zur Notwendigkeit der Abgrenzungspraxis

Zunächst scheint mir zweierlei wichtig. Zum einen möchte ich die Abgrenzungspraxis originalstatusbegründender Kontexte als eine *wertende Abgrenzungspraxis* charakterisieren. Zum anderen möchte ich hier ausdrücklich noch
einmal auf den Unterschied zwischen »Original« und »original x« hinweisen.
Beides erscheint mir notwendig, um die von k praktizierte Abgrenzung zwischen x, die Z sind, und y, die vermeintlich Z sind, so verstanden zu wissen,
dass sich ihr Status als notwendige Bedingung originalstatusbegründender
Kontexte hinreichend begründen lässt.

Zunächst zum wertenden Charakter der Unterscheidung zwischen x und
y: Wenn in einem originalstatusbegründenden Kontext von Originalen die
Rede ist und diese dabei von anderen Gegenständen unterschieden werden,
dann scheint mir das immer auch zu implizieren, dass in diesem Kontext die
Originale diesen anderen Gegenständen vorgezogen werden. Man kann das
als eine Wertung bezeichnen. Es heißt, x, die Z sind, wird in k ein höherer

Wert beigemessen als y, die vermeintlich Z sind – und zwar einfach, weil die einen Z sind und die anderen nicht und weil Z in k relevant ist. Ein Bild, das vom *Rembrandt Research Project* als eigenhändiger Rembrandt eingestuft wird, ist in diesem Kontext mehr wert als ein Bild, das als Werkstattarbeit eingestuft wird. Eine Wurst, die nach den Kriterien des Schutzverbandes Nürnberger Bratwürste e. V. eine echte Nürnberger Rostbratwurst ist, ist für den Verband mehr wert als eine Wurst, die lediglich unter dem Namen »Nürnberger Rostbratwurst« verkauft wird, aber beispielsweise nicht nach dem Originalrezept hergestellt wurde. Und so weiter. Diese wertende Abgrenzung impliziert nun aber freilich keineswegs, dass die x, die Z sind, den y, die vermeintlich Z sind, in jeder Hinsicht überlegen wären. Es heißt nicht, dass x automatisch schöner oder hochpreisiger wären oder einen höheren ästhetischen oder historischen oder emotionalen Wert besäßen. Auch wenn x in k im Hinblick auf Z als wertvoller erachtet werden als y, ist es durchaus möglich, dass y zugleich schöner oder interessanter oder emotional wertvoller sind als x. Die imitierte Nürnberger Bratwurst könnte beispielsweise durchaus besser schmecken als das Original. Sie ist nur eben keine »Nürnberger Rostbratwurst« nach der Definition des Schutzverbands. Auf diese Definition aber kommt es dem Schutzverband an. Allgemein gesprochen: Dass k zwischen dem x, das ein Z ist, und dem y, das ein vermeintliches Z ist, unterscheidet, bedeutet zugleich, dass in k die x den y im Hinblick auf Z überlegen sind. Es bedeutet folglich nicht, dass x y in anderer Hinsicht überlegen sein müsste, noch, dass x y auch in jedem anderen Kontext überlegen sein müsste. In einem Kontext, in dem Z nicht relevant ist, könnte eine wertende Unterscheidung zwischen x, die Z sind, und y, die vermeintlich Z sind, zu anderen Ergebnissen kommen als in k. Dass es in k eine wertende Unterscheidung zwischen x und y gibt, heißt einfach nur: In k sind Z gewollt, nicht aber vermeintliche Z, und wenn Z gewollt sind, sind x, die Z sind, eindeutig den y vorzuziehen, die vermeintlich Z sind. Das heißt aber auch: Wären y, die vermeintlich Z sind, in k ebenso gewollt wie x, die echte Z sind – zum Beispiel weil alle y, die vermeintlich Z sind, zugleich echte Y sind und Y in k ebenso relevant ist wie Z –, dann wäre k kein originalstatusbegründender Kontext für diese x. Zu einem originalstatusbegründenden Kontext wird k erst dann, wenn in k x, die Z sind, den y, die vermeintlich Z sind, vorgezogen werden. Ich werde das weiter unten anhand eines Beispiels noch weiter ausführen.

Nun zur Unterscheidung zwischen »original x« und »Original«. Während man praktisch jedes x als »original x« bezeichnen kann, ohne dass eine entsprechende Aussage unbedingt eine Abgrenzung von einem »nicht original x« implizieren würde, scheint mir eine Aussage über ein »Original« eine solche Abgrenzung in jedem Fall einzuschließen. Zu sagen: »Dies hier ist ein original Maulbeerseidenschal«, impliziert nicht unbedingt eine Abgrenzung des bewussten Schals von einem anderen, der kein Maulbeerseidenschal wäre. Zu sagen: »Dieser Schal hier ist ein Original«, scheint mir dagegen eine Unterscheidung von einem anderen Schal vorauszusetzen, der kein Original ist – was auch immer mit »Original« im konkreten Fall genau gemeint wäre. Diese Unterscheidung zwischen »original x« und »Original« wird vielleicht an einem anderen Beispiel noch anschaulicher: Stellen wir uns vor, in einem Konzert spielt der Violinist Frank Peter Zimmermann die *Lady Inchiquin*: Wie würde diese Geige in der Werbung für das Konzert, in der medialen Berichterstattung, in den Gesprächen der Zuhörerinnen bezeichnet werden: Als »Lady Inchiquin« oder als »Original«? Vermutlich als »Lady Inchiquin«. Es würde heißen: »Zimmermann spielt auf der *Lady Inchiquin*«, »Die Geige, die er in der Hand hält, ist die *Lady Inchiquin*« und so weiter. Vielleicht würde es auch heißen: »Er spielt auf einer Stradivari« oder »Er spielt auf einer original Stradivari«, es könnte auch heißen: »Er spielt auf der original *Lady Inchiquin*«, aber es würde doch wohl kaum heißen: »Er spielt auf dem Original«. – Nun stellen wir uns vor, dass sich wenige Wochen vor dem Konzert herausstellt, dass Zimmermann, um die *Lady Inchiquin* zu schonen, schon seit Jahren zu Übungszwecken ebenso wie bei Konzerten in der Regel eine eigens angefertigte Nachbildung der *Lady Inchiquin* verwendet. Als Reaktion auf die Veröffentlichung dieser Nachricht betont Zimmermann in einem Interview mit Nachdruck: »Beim nächsten Konzert spiele ich natürlich nicht auf der Nachbildung, sondern auf der echten *Lady Inchiquin*.« Wie würde nun beim Konzert und in der Berichterstattung über die Geige gesprochen werden? Nun erst ergäbe der Satz »Zimmermann spielt auf dem Original« oder: »Die Geige, die er in der Hand hält, ist das Original« Sinn. Kurz: Es scheint mir evident, dass »Original« der Unterscheidung der Geige von ihrem Gegensatzobjekt dient, und eben das scheint mir die Bedeutung von »Original« zu sein: Ein x, das ein Z ist, wird in k von y unterschieden, das vermeintlich ein Z ist, weil Z in k relevant ist.

Man kann hier freilich einwenden, dass diese Behauptung eine bloße Intuition ist, die man nicht teilen muss. Um diese Behauptung zu bekräftigen, möchte ich daher zwei Argumente anführen: Erstens, dass sich die Abgrenzung zwischen x, die Z sind, und y, die vermeintlich Z sind, schon aus der Definition von Z ergibt, dass sie also in einer Aussage über ein echtes Z immer mitausgesagt ist. Zweitens, dass in den Fällen, in denen sich aus der

Definition von Z keine Unterscheidung zwischen echten und vermeintlichen Z ergibt – auch solche Fälle kommen vor –, x, die echte Z sind, auch nicht als Originale bezeichnet werden können, sondern allenfalls als »original x«.

## 7.3.2    Die Abgrenzung ergibt sich aus der Definition von Z

In vielen Fällen ist die Abgrenzung echter Z von vermeintlichen Z der Zweck, für den der originalstatusbegründende Kontext gebildet wurde. In solchen Fällen ist die von k entwickelte Definition von Z ausdrücklich ein Mittel zu diesem Zweck. Der Schutzverband Nürnberger Bratwürste ist ein Beispiel hierfür. Er wurde gegründet, um »Nürnberger Rostbratwurst« zu einer rechtlich geschützten Bezeichnung zu machen, also um eine Definition von »Nürnberger Rostbratwurst« zu schaffen, die es erlaubt, fortan zwischen solchen Würsten zu unterscheiden, die unter diese Definition fallen, und solchen, die zwar Nürnberger Rostbratwürste zu sein scheinen und es vielleicht gemäß anderer oder älterer Definitionen auch sind, die aber nicht unter die engere und präzise Definition des Schutzverbandes fallen. Eben diese Unterscheidung vermeintlicher (nach bisheriger oder allgemeiner umgangssprachlicher) »Nürnberger Rostbratwürste« und »echter Nürnberger Rostbratwürste« (also jener, die unter die Definition des Schutzverbandes fallen) wird ausgesagt, wenn von einer Nürnberger Rostbratwurst als Original gesprochen wird.

Nun gibt es aber fraglos auch originalstatusbegründende Kontexte, deren Zweck einfach nur in der Beschäftigung mit Z besteht, ohne dass dabei von vornherein eine Abgrenzung zwischen echten und vermeintlichen Z beabsichtigt ist. Ein solcher Kontext wird aber meines Erachtens erst dann zum originalstatusbegründenden Kontext, wenn er die Gegenstände, mit denen er sich befasst, ausdrücklich als Originale bezeichnet. Und das scheint mir frühestens in dem Moment sinnvollerweise möglich zu sein, in dem in diesem Kontext eine wertende Abgrenzung zwischen echten Z und vermeintlichen Z vorgenommen wird. Ein Beispiel für einen solchen Kontext wäre ein archäologisches Forschungsprojekt, das Z erforschen will und in dessen Verlauf zwischen den Funden auch Fälschungen entdeckt werden. In einem solchen Fall ist es nicht von vornherein das Ziel, echte und vermeintliche Z zu unterscheiden – sondern es ist das Ziel, x zu finden, die Z sind, um Z zu erforschen –, aber in dem Moment, in dem y gefunden werden, die Z zu sein scheinen, es aber nicht sind, muss in k zwischen x und y, zwischen echten und vermeintlichen Z, unterschieden werden, um sicherzustellen, dass die Arbeit von k ihrem Zweck gerecht wird und nicht etwa Daten erhoben und berücksichtigt werden, die nichts mit Z zu tun haben, weil sie von y stammen, die bloß vermeintlich Z sind. Erst ab diesem Moment, in dem es auch vermeintliche Z gibt, scheint es mir sinnvoll und unter Umständen sogar notwendig, die x, die echte Z sind, als Originale zu bezeichnen. Solange nur x gefunden werden, die Z sind, wird ein x dagegen schlicht als das bezeichnet werden, als was es in k relevant ist: nämlich als Z. Zum Original wird es also erst durch die Abgrenzung von y, die nur vermeintlich Z sind.

Sobald es vermeintliche Z gibt, wird eine Aussage über ein Z potentiell missverständlich. Zumindest wird sie regelmäßig die Nachfrage provozieren, ob denn mit »Z« nun ein echtes oder ein vermeintliches Z gemeint sei. Zum Zweck dieser Klarstellung, dass eben mit der betreffenden Aussage nur echte Z gemeint sind, dient »Original«. Nun kann man für diese Klarstellung natürlich auch »original« verwenden. Man kann, um auszudrücken, dass ein echtes Z gemeint ist und kein vermeintliches, beispielsweise auch sagen: »Dies hier ist das/ein original Z«. Das ändert aber nichts daran, dass »Original« genau diese spezifische Funktion hat, jeweils die x zu bezeichnen, die in einem Kontext, in dem Z relevant ist, echte Z sind, und sich dadurch von y, die vermeintliche Z sind, unterscheiden. Diese Funktion *kann* »original« zwar auch erfüllen (ebenso wie »echt«, »richtig« und andere Synonyme), aber »Original« erfüllt diese Funktion auch.

In jedem Fall ergibt sich die Unterscheidung zwischen x, die echte Z sind, und y, die vermeintliche Z sind, aus der Definition von Z. Denn in dem Moment, in dem beispielsweise eine Definition von »Nürnberger Rostbratwurst« aufgestellt wird, die nur solche Würste als Nürnberger Rostbratwürste gelten lässt, die im Stadtgebiet von Nürnberg nach einem bestimmten Rezept hergestellt worden sind, werden zugleich jene Rostbratwürste, die nur nach einem ähnlichen Rezept hergestellt worden sind oder in einem weiteren Gebiet, zu Gegensatzobjekten – auch wenn sie zuvor vielleicht als Nürnberger Rostbratwürste gegolten haben. So ergibt sich aus der Einführung der Definition von Z eine Unterscheidung zwischen x, die »Nürnberger Rostbratwürste« im Sinne dieser Definition sind, und y, die zwar in einem anderen Sinne als Nürnberger Rostbratwürste bezeichnet werden könnten und vor der Einführung der Definition des Schutzverbandes vielleicht auch so bezeichnet worden wären, die aber im Sinne der von k entwickelten Definition nur mehr vermeintlich »Nürnberger Rostbratwürste« sind. Würde in Zukunft irgendwann eine Definition von »Hofer Schnitz« aufgestellt, die nur noch solche Eintopfgerichte als Hofer Schmitz gelten lässt, die Kartoffeln, Karotten, Rosenkohl und Rindfleisch enthalten und die im Landkreis Hof von berechtigten Gast-

wirten verkauft würden, würden damit zugleich alle Gerichte, auf die diese
Angaben nicht zutreffen, die aber vielleicht bis dahin auch als Hofer Schnitz
gelten konnten, zu Gegensatzobjekten. Nun gibt es keinen originalstatusbegründenden Kontext für Hofer Schnitz. Und genau deswegen kann man in
Bezug auf ein solches Gericht oder Rezept für dieses Gericht auch nicht von
einem Original sprechen. Dennoch kann man in Bezug auf ein Rezept für
Hofer Schnitz sagen: »Das sind original Hofer Schnitz«. Damit meint man
dann vielleicht so viel wie: »So gehören Hofer Schnitz meiner Meinung nach
gekocht.« Man bezieht sich mit einer solchen Aussage nicht unbedingt auf
eine ganz bestimmte Definition von »Hofer Schnitz«, unter die manche als
»Hofer Schnitz« bezeichnete Rezepte oder Gerichte eben nicht fallen. Wann
immer man ein Ding allerdings als Original bezeichnet, steht aber eine solche
Definition im Hintergrund, nämlich das in k gewollte Z. Indem k Z definiert,
schafft es eine Abgrenzung zwischen den Dingen, die unter diese Definition fallen, und den Dingen, die zwar vielleicht eine gewisse Ähnlichkeit mit Z
besitzen, aber nicht unter die Definition fallen. Insofern impliziert jede Aussage über ein Original zugleich eine Abgrenzung des gemeinten Originals von
seinen Gegensatzobjekten.

### 7.3.3   Wenn sich aus der Definition keine Abgrenzung zwischen echten und vermeintlichen Z ergibt

Nicht jede in einem bestimmten professionellen Kontext entwickelte Definition relevanter Eigenschaften dient auch der Unterscheidung zwischen echten
und vermeintlichen Trägern dieser Eigenschaften. Es gibt Kontexte, die sich
beispielsweise mit der Erforschung bestimmter Gegenstände befassen und
dabei auch Definitionen entwickeln, ohne dass daraus eine Abgrenzungspraxis entstehen würde. Das ist insbesondere dann der Fall, wenn zwar Objekte
mit verschiedenen Eigenschaften erforscht werden – sagen wir x, die Z sind,
und y, die vermeintlich Z sind, und z, die Y sind –, wenn aber keines dieser Objekte aufgrund seiner Eigenschaften einem anderen vorgezogen wird,
sondern die Forschung vielmehr der Feststellung dieser Unterschiede dient
und die Objekte dabei weitgehend gleichrangig einordnet.

Solche Kontexte kann es in vielen Bereichen geben.[6] Ich möchte ein imagi-
näres literatur- oder musikwissenschaftliches Forschungsprojekt als Beispiel

---

6  Vgl. dazu beispielsweise die Forschung am Werk Giorgio de Chiricos, Roos 2012.

heranziehen, das die verschiedenen Fassungen eines bestimmten Stückes erforscht. Sagen wir, eine Komponistin hat eine Ballade ihres Liebhabers ver-
tont. Im Laufe der Forschung tauchen sowohl verschiedene Textvarianten als
auch verschiedene Versionen der Vertonung auf, die sich beide aber zweifelsfrei der Komponistin und ihrem Liebhaber zuordnen lassen, zugleich vielleicht aufschlussreiche Einblicke in die künstlerische Entwicklung dieser beiden Personen bieten und insofern für das Projekt relevant und wertvoll sind.
In diesem Kontext schiene es weder nötig noch angebracht, eine oder einige
der vorliegenden Fassungen des Stückes den anderen vorzuziehen oder nur
einige von ihnen als Originale einzustufen und die anderen nicht. Eine solche
wertende Unterscheidungspraxis erschiene erst in dem Moment angebracht,
in dem beispielsweise abweichende Versionen auftauchen, die tatsächlich weder von der Komponistin noch von ihrem Liebhaber stammen, sondern von
anderen Personen. Dann müsste sich das Forscherteam mit der Frage auseinandersetzen, ob auch diese Versionen als eine Version derselben Ballade
gelten sollen oder nicht. Dabei wird es eine Rolle spielen, ob das Künstlerpaar
die andere Person und ihre Arbeit gekannt und wertgeschätzt, ja sie vielleicht
sogar in Auftrag gegeben, sich an der Arbeit beteiligt oder diese ausdrücklich
gutgeheißen und sich zu eigen gemacht hat. Vielleicht würde eine hinreichend große Nähe und Beteiligung des Paares den Forscherinnen genügen,
um auch diese Versionen als authentische Versionen des Stückes einzuord-
nen. Vielleicht auch nicht. Jedenfalls würde es erst ab dem Moment, in dem
feststünde, dass es diese von Dritten verfassten Versionen der Ballade gibt
und dass sie aus bestimmten Gründen nicht als authentisch einzustufen sind,
sinnvoll, die anderen, als authentisch betrachteten Versionen als Originale zu
bezeichnen.

Ein x als Original zu bezeichnen, bedeutet also immer, es in einer wertenden Weise von einem y abzugrenzen, und zwar deswegen, weil das x eine
bestimmte Eigenschaft besitzt, die in einem bestimmten Kontext eine bestimmte Relevanz besitzt, während y eben diese Eigenschaft nur vermeintlich
besitzt. Das x als Original zu bezeichnen, bedeutet also, es y vorzuziehen, und
zwar deswegen, weil es, im Unterschied zu y, eine bestimmte Eigenschaft
tatsächlich besitzt. Was aber soll es bedeuten, dass y eine Eigenschaft vermeintlich besitzt? Diese Frage soll im folgenden Kapitel eingehend behandelt
werden.

# 8 Gegensatzobjekte

## 8.1 Die vermeintliche Originalität von y als Voraussetzung für die Originalität von x

Wenn gilt, dass x genau dann ein Original ist, wenn es ein y, ein k und ein Z gibt, so dass x Z ist und y nicht Z ist und y vermeintlich Z ist und Z in k relevant ist, dann impliziert die Originalität von x die *vermeintliche Originalität* von y. Mit anderen Worten: Ein Gegenstand, der kein Gegensatzobjekt hat, kann kein Original sein. Was heißt das für y? Zunächst muss y folgende Bedingung erfüllen:

> (1) *y muss vermeintlich Z sein.*

Das heißt:

> (2) *y ist kein Z.*

Und:

> (3) *Jemand muss y für ein Z halten.*

Wir müssen an dieser Stelle zwei Fragen stellen. Erstens: *Für wen* muss y vermeintlich Z sein, damit y ein Gegensatzobjekt von x ist? Zugleich gilt es eine weitere Frage zu beantworten, nämlich: Was heißt »vermeintlich«? Mit anderen Worten: Wie wahrscheinlich muss es sein, dass y für ein Z gehalten wird, damit dieses y vermeintlich ein Z ist? Beide Fragen sind eng miteinander verbunden.

## 8.1.1 Wann ist ein Irrtum in Bezug auf y »wahrscheinlich«?

Was könnte es heißen, dass ein Irrtum über die Eigenschaft eines Dings wahrscheinlich oder unwahrscheinlich ist? Zunächst einmal fällt es relativ leicht, sich Irrtümer vorzustellen, die wahrscheinlicher sind als andere. So ist es beispielsweise ziemlich unwahrscheinlich, dass es einen Gegenstand geben könnte, der vermeintlich der Eiffelturm ist. Alle Welt weiß, wo sich der Eiffelturm befindet und wie er aussieht. Er ist ein markantes Bauwerk im Herzen der französischen Hauptstadt. Daher würde jeder eine Nachbildung oder Imitation leicht erkennen, und niemand würde einen anderen Turm mit dem Eiffelturm verwechseln. Es sei denn, der Eiffelturm würde über Nacht, unbemerkt von der Öffentlichkeit, abgebaut, und an seiner Stelle würde blitzschnell eine täuschend echte Nachbildung errichtet. Das ist allerdings kaum vorstellbar. Es ist ebenfalls nur schwer vorstellbar, dass es etwas geben könnte, das vermeintlich ein David-Bowie-Konzert ist. Jeder kennt David Bowie. Niemand würde wohl ein Konzert, in dem nicht Bowie singt, als Bowie-Konzert ausgeben, und niemand, der Bowie kennt, würde ihn mit einem anderen Sänger verwechseln. Es ist nur schwer vorstellbar, dass es ein vermeintliches Bowie-Konzert geben könnte.

Nun haben wir aber auch gesagt, dass wir, wenn wir danach fragen, wie wahrscheinlich ein Irrtum sein muss, um den Gegenstand, bezüglich dessen sich jemand geirrt hat, zum Gegensatzobjekt eines Originals zu machen, auch klären müssen, *wer* sich da irrt. Es mag tatsächlich sehr unwahrscheinlich sein, dass es ein Bauwerk geben könnte, das eine durchschnittliche Europäerin für den Eiffelturm hält, obwohl es das nicht ist. Aber es könnte ja beispielsweise einen Laoten geben, der kaum etwas über Europa geschweige denn über Pariser Bauwerke weiß. Wenn er nun durch Zufall einen Werbeclip über Paris sieht und dabei von einer »Tour Eiffel« reden hört und dann verschiedene Bilder der Stadt eingeblendet werden, könnte es sein, dass er die Tour Saint-Jacques für den Eiffelturm hält. Ebenso wie umgekehrt ein Pariser, der einen Clip über Laos sieht und dabei von »Luang Prabang« reden hört und dann Bilder von Wat Phou sieht, die Stadt mit dem Tempelbezirk verwechseln könnte. Ebenso könnte ein Kleinkind, das den Namen »Bowie« wie ein Synonym für »Musiker« verwendet, weil seine Eltern eingefleischte Bowie-Fans sind und es den Namen »Bowie« schon oft im Zusammenhang mit Musik gehört hat, jedes Konzert für ein Bowie-Konzert halten, auch ein Pink-Floyd-Konzert, das sein Vater gerade auf Youtube sieht.

Ich glaube, dass es sich bei den Irrtümern des Laoten, des Parisers und des Kleinkinds nicht um jene Art von Irrtum handelt, die eine Voraussetzung für originalstatusbegründende Eigenschaften ist, weil sie nicht zum Kreis der Personen gehören, deren Irrtum in diesem Zusammenhang relevant ist. Um ein Ding zum Gegensatzobjekt eines Originals zu machen, scheint sich eine ganz andere Gruppe von Personen mit einer gewissen Wahrscheinlichkeit irren zu müssen.

## 8.1.2    Die Zielgruppe

Die Zielgruppe habe ich weiter oben schon eingeführt, möchte hier aber – soweit das möglich ist – noch etwas mehr über sie sagen. Ich gehe davon aus, dass es für jedes Z eine Zielgruppe gibt. Diese Zielgruppe besteht aus denjenigen Personen, die Z kennen und die an Z interessiert sind. Das können Konsumenten eines Produktes sein, Besucherinnen von Museen, Fans einer Musikerin oder die an einer bestimmten historischen Figur interessierte Öffentlichkeit. Die Grenzen der Zielgruppe werden in der Regel fließend sein. Zugleich lässt sich wohl in jedem Fall sagen, wer eindeutig zur Zielgruppe gehört, nämlich Personen, die Z sehr gut kennen und selbst nicht zum originalstatusbegründenden Kontext gehören. Das können Menschen sein, die sich aus persönlichem Interesse in ihrer Freizeit ausgiebig mit Z befassen, Mitglieder von Z-Vereinen oder auch Z-Profis, die ein ähnlich hohes Wissen über Z haben wie die Angehörigen des originalstatusbegründenden Kontexts. Ebenso lässt sich sagen, wer sicher nicht zur Zielgruppe gehört, nämlich alle diejenigen Personen, die noch nie von Z gehört haben oder die Z überhaupt nicht kennen oder die – wie in den obigen Beispielen – Z nur dem Namen nach kennen, aber so gut wie keine Kenntnis über Z besitzen.

Wenn es nun ein y gibt, das ein relevanter Teil der Zielgruppe für ein Z hält, dann scheint mir eine hinreichende Irrtumswahrscheinlichkeit gegeben zu sein, um die Angehörigen von k dazu zu motivieren, alle x, die Z sind, ausdrücklich von diesem y abzugrenzen, indem sie den x einen Originalstatus einräumen. Dasselbe gilt auch für den Fall, dass lediglich im Kontext k davon *ausgegangen* wird, dass relevante Teile der Zielgruppe nicht mit Sicherheit sagen könnten, ob es sich bei einem bestimmten y, das als ein Z präsentiert wird, tatsächlich um ein Z handelt oder nicht –, und es gilt selbstverständlich auch für den Fall, in dem die Irrtumswahrscheinlichkeit noch höher ist, nämlich dann, wenn Experten, beispielsweise jene, die zum originalstatusbegründenden Kontext gehören, sich selbst schon geirrt und ein y fälschlicherweise für ein Z gehalten haben.

Mir ist natürlich bewusst, dass »relevante Teile der Zielgruppe« und »Z kennen und an Z interessiert sein« keine sehr präzisen Angaben sind. Genauere Angaben halte ich aber an dieser Stelle, angesichts der Fülle und Verschiedenheit möglicher originalstatusbegründender Eigenschaften und der jeweils irrtumsfähigen Personen, auch weder für möglich noch für unbedingt notwendig. So vage sie sein mögen, können diese Formulierungen ja zumindest Folgendes deutlich machen: Die Wahrscheinlichkeit, mit der sich Personen irren, die mit Z nicht vertraut sind, spielt hier keine Rolle. Nur weil *ich* zum Beispiel praktisch keine Ahnung von Makonde-Schnitzereien habe, macht das die Gegenstände, die *ich* irrtümlicherweise für Makonde-Schnitzereien halten könnte, nicht zu Gegensatzobjekten von Makonde-Schnitzereien. Denn ich gehöre nicht zur Zielgruppe von Makonde-Schnitzereien und stelle schon gar keinen relevanten Teil der Zielgruppe dar. Deswegen hat meine diesbezügliche Ahnungslosigkeit keinerlei Einfluss darauf, ob die Eigenschaft, eine Makonde-Schnitzerei zu sein, eine originalstatusbegründende Eigenschaft ist. Ob sie eine originalstatusbegründende Eigenschaft ist, hängt vielmehr davon ab, ob es Gegenstände gibt, von denen ein relevanter Teil derjenigen Personen, die solche Schnitzereien kennen und ein gewisses Interesse an ihnen haben, auf den ersten Blick nicht sicher sagen kann, ob sie Makonde-Schnitzereien sind oder nicht – und natürlich davon, ob es einen originalstatusbegründenden Kontext für Makonde-Kunst gibt.

Aber nicht nur die Wahrscheinlichkeit, mit der sich Personen irren, die Z nicht kennen, ist irrelevant. Auch die Wahrscheinlichkeit, mit der sich Personen irren, die Z besonders gut kennen, kann nicht der Maßstab für die gesuchte Irrtumswahrscheinlichkeit sein. Ein Experte für traditionelle afrikanische Kunst wäre vielleicht in deutlich überdurchschnittlichem Maß mit Makonde-Schnitzereien vertraut. Er würde daher wohl bei vielen Gegenständen, die andere Liebhaberinnen von Makonde-Kunst auf den ersten Blick für echte Makonde-Schnitzereien halten würden, sofort erkennen, dass es sich nicht um Makonde-Schnitzereien handelt. Die Wahrscheinlichkeit, mit der er sich irren würde, ist also sehr gering. Vielleicht gäbe es überhaupt keine Gegenstände, die er fälschlicherweise für Makonde-Schnitzereien halten würde. Dennoch würde er, als Experte, womöglich ziemlich genau vorhersagen können, welche Gegenstände beispielsweise Studierende oder Liebhaber afrikanischer Kunst irrtümlicherweise für Makonde-Schnitzkunst halten würden. Er könnte ihnen dabei helfen, zwischen echten und vermeintlichen Makonde-Schnitzereien zu unterscheiden. So könnte er die Sinnhaftigkeit einer solchen Unterscheidung ausdrücklich bestätigen, ohne dass er selbst Gefahr laufen würde, sich zu irren. Sofern er zum originalstatusbegründenden Kontext gehört, könnte er in diesem Fall wohl durch seine Definition von »Makonde-Schnitzerei« und durch die Originalbezeichnung, die er den x vorbehalten würde, die unter diese Definition fallen, ausdrücklich dazu beitragen, dass sich eine Abgrenzung etabliert zwischen x, die Makonde-Schnitzereien sind, und y, die Angehörige der Zielgruppe fälschlicherweise für Makonde-Schnitzereien halten. Würden sich allerdings keine Angehörigen der Zielgruppe täuschen und die Expertinnen einen solchen Irrtum der Zielgruppe selbst nicht für wahrscheinlich halten, gäbe es schlicht keinen Grund, die x, die unter die Definition der Experten fallen, als Originale zu bezeichnen.

Nun befindet sich Irrtumswahrscheinlichkeit, sofern es sich eben um eine Wahrscheinlichkeit handelt, auf einer Skala. Das heißt, wir müssen versuchen, eine einigermaßen sinnvolle Aussage darüber zu machen, wie hoch diese Wahrscheinlichkeit mindestens sein muss, um eine Voraussetzung für Originalität sein zu können.

### 8.1.3   Die Skala der Irrtumswahrscheinlichkeit

Ich glaube, dass der untere Grenzwert auf der Wahrscheinlichkeitsskala dort liegt, wo in k davon ausgegangen wird, dass es ein y geben könnte, das kein Z ist, das aber relevante Teile der Zielgruppe für ein Z halten könnten. In einem solchen Fall muss es faktisch weder ein y geben, noch muss sich irgendeine Angehörige der Zielgruppe tatsächlich geirrt haben. Darüber hinaus besteht die Möglichkeit, dass es auch in Zukunft kein solches y gibt und sich auch in Zukunft niemand irren wird. Es gäbe also lediglich im originalstatusbegründenden Kontext die Einschätzung, dass ein solcher Irrtum wahrscheinlich genug ist, um auf diesen Verdacht hin, allen x, die tatsächlich Z sind, einen Originalstatus einzuräumen und sie damit ausdrücklich von den y, die womöglich existieren könnten und die Teile der Zielgruppe für Z halten könnten, zu unterscheiden. Diese Praxis der Abgrenzung von potentiellen Gegensatzobjekten ist in der Produktion von Konsumgütern beispielsweise zum Schutz vor Produktpiraterie relativ weit verbreitet.[1]

Die nächste Stufe auf der Wahrscheinlichkeitsskala wäre dann gegeben, wenn nur einige wenige Angehörige der Zielgruppe sich tatsächlich irren oder in der Vergangenheit geirrt haben. Die wiederum nächste Stufe wäre die, dass große Teile der Zielgruppe sich irren. Und natürlich begründet die Irrtumswahrscheinlichkeit auch dann den Originalstatus eines x, das ein echtes Z ist, wenn sie deutlich höher ist. Das ist beispielsweise bei den Van-Meegeren-Fälschungen der Fall, bezüglich derer sich selbst ausgewiesene Experten, die man dem originalstatusbegründenden Kontext zuordnen könnte, getäuscht haben.

---

1  Vgl. Grigori 2014.

Die obere Grenze der Irrtumswahrscheinlichkeit liegt vermutlich dort, wo niemand den Irrtum bemerkt. Wenn nicht nur die gesamte Zielgruppe, sondern auch alle Angehörigen des originalstatusbegründenden Kontexts nicht merken, dass sie ein y, das kein Z ist, für ein Z halten, dann ist dieses y zwar *de facto* ein Gegensatzobjekt, es wird aber in k nicht als solches erkannt. Das kann dann, wenn dieses y das einzige Gegensatzobjekt von x wäre, dazu führen, dass x in k keinen Originalstatus erhält. In diesem Fall wäre die Irrtumswahrscheinlichkeit bezüglich y also zu hoch, um den Originalstatus von x zu begründen.

### 8.1.4   Ohne Irrtumswahrscheinlichkeit keine Originale

Wo immer es aber weder ein y gibt, das Angehörige der Zielgruppe fälschlicherweise für ein Z halten, und wo immer auch in k nicht davon ausgegangen wird, dass es ein y geben könnte, bezüglich dessen Angehörige der Zielgruppe sich irren könnten, ist Z keine originalstatusbegründende Eigenschaft, und ein x, das ein Z ist, kein Original.

Es gibt keinen Turm, den ein relevanter Teil der Zielgruppe fälschlicherweise für den Eiffelturm hält, noch gibt es ein Bauwerk oder sonst einen Gegenstand, von dem die Personen, die die Definitionsmacht über den Eiffelturm haben, glauben, dass es wahrscheinlich wäre, dass er für den Eiffelturm gehalten werden könnte. Deswegen ist der Eiffelturm kein Original. Ebenso gibt es kein Konzert, das Bowie-Fans und -Kenner fälschlicherweise für ein Bowie-Konzert halten. In beiden Fällen ist es zudem unwahrscheinlich, dass ein solcher Irrtum irgendwann einmal eintreten könnte oder dass ein Täuschungsversuch gelingen würde. Natürlich ist das nicht völlig ausgeschlossen. Es bedürfte aber wohl einer sorgfältig vorbereiteten absichtlichen Täuschung oder eines anderen besonderen Umstandes, um eine solche Täuschung tatsächlich zu erzeugen. Wenn sich dann allerdings ein hinreichend großer Teil der Zielgruppe bezüglich eines bestimmten y irrt oder wenn man in k davon ausgeht, dass das der Fall sein könnte, dann ist dieses y ein Gegensatzobjekt, und jedes x, das tatsächlich ein Z ist, ist ein Original.

Ein Beispiel für einen solchen unwahrscheinlichen Irrtumsfall sind van Meegerens Vermeer-Fälschungen. Jedem, der diese Fälschungen heute mit den Bildern Vermeers vergleicht, fällt der Unterschied sofort ins Auge. Gäbe es heute einen originalstatusbegründenden Kontext k, etwa ein kunsthistorisches Forschungsprojekt zu Vermeer, würden van Meegerens Fälschungen in diesem Kontext wohl kaum als Gegensatzobjekte von Vermeers Bildern betrachtet. Dennoch haben sich damals nicht nur einfache Kunstliebhaber, sondern sogar renommierte Kunsthistoriker getäuscht. Verantwortlich dafür war wohl unter anderem der einfache Umstand, dass es Mitte des 20. Jahrhunderts noch keine fortgeschrittenen Reproduktionsverfahren gab, die es erlaubt hätten, hochwertige Reproduktionen mehrerer echter Vermeers nebeneinander zu sehen und sie mit den vermeintlichen Vermeers van Meegerens zu vergleichen.[2] Tatsache ist, dass die Irrtumswahrscheinlichkeit damals hoch genug war, um van Meegerens Fälschungen zu vermeintlichen Vermeers werden zu lassen, auch wenn sie heute wohl nicht mehr hoch genug wäre. Es gibt also nicht nur eine Skala der Irrtumswahrscheinlichkeit, sondern diese Wahrscheinlichkeit ist auch kontextabhängig.

Dass ein Irrtum nur dann hinreichend wahrscheinlich ist, wenn es ein y gibt, das kein Z ist, von dem in k allerdings vermutet wird, dass ein relevanter Teil der Zielgruppe es für ein Z halten könnte, hat eine interessante Konsequenz: Wenn es diese Irrtumswahrscheinlichkeit nicht gibt, dann wird auch einem x, das ein Z ist, von k kein Originalstatus eingeräumt werden. Das gilt nicht nur für den Eiffelturm, sondern wahrscheinlich insbesondere auch für Vorkommnisse von Vivaldis *Vier Jahreszeiten*, Brechts *Mutter Courage* und anderen von Goodman als »allographisch« bezeichneten Werken. Wenn Z ein »allographisches Kunstwerk« ist, kann es nämlich als besonders unwahrscheinlich gelten, dass es ein y gibt, das vermeintlich Z ist. Ich vermute, dass es diese besonders niedrige Irrtumswahrscheinlichkeit ist, die hinter Goodmans Intuition von der Unfälschbarkeit allographischer Kunstwerke steht. Diese These möchte ich im Folgenden etwas vertiefen.

---

2 Goodman bemerkt dazu: »Nowadays even the fairly knowing layman is astonished that any competent judge could have taken a van Meegeren for a Vermeer, so obvious are the differences. What has happened? The general level of aesthetic sensibility has hardly risen so fast that the layman of today sees more acutely than the expert of twenty years ago. Rather, the better information now at hand makes the discrimination easier.« Goodman 1988, 101.

## 8.2    Exkurs: Wann »allographische« Werke Originale sind

### 8.2.1    Goodmans These von der Unfälschbarkeit »allographischer« Werke

Nach Goodman sind allographische Werke solche Werke, bei denen die Unterscheidung zwischen Original und Fälschung nicht bedeutsam (*significant*) ist, weil auch Duplikate (*duplication*) solcher Werke als original (*genuine*) gelten. Als Beispiel nennt er Musikstücke.[3] Er geht also davon aus, dass Musikstücke nicht gefälscht werden können. Um diese Aussage Goodmans zu verstehen und ihm gerecht zu werden, muss man wissen, dass er unter »Fälschung« ausschließlich solche Fälschungen versteht, die zugleich Kopien sind. Nur unter dieser Voraussetzung ergibt seine Aussage Sinn, dass Musikstücke nicht gefälscht werden könnten. Denn zweifellos könnte man in betrügerischer Absicht falsche Behauptungen über ein Musikstück aufstellen und somit eine Fälschung schaffen, indem man beispielsweise einer Eigenkomposition die Urheberschaft eines berühmten Komponisten andichtet. Man kann einer Eigenkomposition aber nicht nur eine andere Urheberschaft andichten, sondern auch sonstige Eigenschaften. Deshalb trifft auch folgende Aussage von Goodman nicht wirklich zu: »There are, indeed, compositions falsely purporting to be by Haydn as there are paintings falsely purporting to be by Rembrandt; but of the *London Symphony*, unlike the *Lucretia*, there can be no forgeries.«[4] Denn natürlich könnte ja jemand beispielsweise Teile des Stückes ändern und diese deutlich veränderte Fassung als Haydns *London Symphony* ausgeben. Dann hätte er eine Fälschung des Typenobjekts *London Symphony* geschaffen. Das wäre dann zwar eine schlechte Fälschung, auf die nicht viele hereinfallen würden, aber es wäre dennoch eine Fälschung.

Worauf es Goodman in dieser Aussage wirklich anzukommen scheint, sind aber nicht Fälschungen allgemein, sondern Kopienfälschungen. Das

---

3 »Let us speak of a work of art as *autographic* if and only if the distinction between original and forgery of it is significant; or better, if and only if even the most exact duplication of it does not thereby count as genuine. If a work of art is autographic, we may also call that art autographic. Thus painting is autographic, music nonautographic, or *allographic*.« Goodman 1988, 113.

4 Goodman 1988, 112. Goodman scheint sich nicht bewusst zu sein, dass Haydn ein Dutzend *London Symphonies* geschrieben hat. Für sein Argument tut das an dieser Stelle auch nichts zur Sache, sodass ich, wo ich dieses Argument im Folgenden aufgreife, wie Goodman so tun werde, als gäbe es nur eine *London Symphony* von Haydn.

Phänomen, für das er sich interessiert, ist, dass in aller Regel eine Kopie eines Musikstückes (oder jedes anderen »allographischen« Werkes) ihrerseits ein authentisches Vorkommnis desselben Stückes ist, also keine Fälschung, während eine Kopie eines Gemäldes kein authentisches Vorkommnis desselben Gemäldes ist. Seine Erklärung hierfür liegt, wie wir weiter oben schon gesehen haben, in den verschiedenen Authentizitätskriterien für Werke verschiedener Kunstgattungen. Er unterscheidet die Gattungen in autographische und allographische. Die Echtheit eines autographischen Werkes hängt Goodman zufolge von seiner Produktionsgeschichte ab, die Echtheit eines allographischen Werkes von seiner Notation. Diese Annahme kann mit guten Gründen in Frage gestellt werden.[5] Aber selbst wenn wir sie der Einfachheit halber teilen und damit auch gelten lassen, dass eine Kopie eines autographischen Werkes ihrerseits schlechthin kein echtes Vorkommnis desselben Werkes sein kann, weil ihr die Geschichte ihres Vorbildes fehlt, während eine Kopie eines allographischen Werkes automatisch echt ist, sofern sie (was bei einer getreuen Kopie als wahrscheinlich gelten kann) mit der Notation des Werkes übereinstimmt, folgt daraus nicht, dass es von Musikstücken (und anderen allographischen Werken) per se keine Kopienfälschungen geben kann. Es ist nämlich durchaus denkbar, dass es eine Kopie eines Musikstückes geben könnte, die nicht mit der Notation des Stückes übereinstimmt. Eine solche Kopie würde die Bedingungen dafür erfüllen, eine Kopie zu sein, sofern sie ihrem Vorbild mit der Intention nachgebildet wurde, ihm möglichst ähnlich zu sein. Zugleich wäre sie kein authentisches Vorkommnis desselben Musikstückes wie ihr Vorbild, wenn sie nicht in hinreichendem Maß mit seiner Notation übereinstimmt. Kurz: Sie wäre einfach eine schlechte Kopie. Eine solche schlechte Kopie könnte dann auch eine Fälschung dieses Musikstückes sein. Auf jeden Fall aber wäre sie ihrerseits kein authentisches Vorkommnis desselben Musikstückes.[6]

Wenn es also offensichtlich sowohl Fälschungen als auch Kopien(fälschungen) von allographischen Werken geben kann, warum besitzt Goodmans These von der Unfälschbarkeit allographischer Kunstwerke dann dennoch eine so hohe Plausibilität? Diese *prima facie* Plausibilität scheint mir, wie gesagt,

---

5 Vgl. Reicher 2010, 115-122. Auch Goodman gesteht immerhin ein, dass »painting is not necessarily autographic. I never said it was. What constitutes identity of a work derives from practice, and practice may change.« Goodman 1986, 291.
6 Vgl. Reicher 2011, 57-59.

von der bei autographischen und allographischen Werken je unterschiedlichen Höhe der Irrtumswahrscheinlichkeit abzuhängen, beziehungsweise von der Wahrscheinlichkeit der Existenz von Gegensatzobjekten. Denn autographische Werke besitzen anscheinend viel öfter Gegensatzobjekte als allographische, und das liegt gewissermaßen in der Natur der Sache: Die Höhe der Wahrscheinlichkeit, dass es ein y gibt, das vermeintlich Z ist, hängt ja von der Definition von Z ab. Wenn es von Z nun in der Regel nur eine sehr begrenzte Anzahl von Vorkommnissen gibt und wenn ein x, das ein Z ist, zum Beispiel eben unter anderem gerade deswegen, weil das so ist, zusätzlich einen hohen Wert besitzt, ist die Wahrscheinlichkeit, dass y entstehen, die vermeintlich Z sind, wesentlich höher, als wenn Z (wie bei allographischen Werken) so definiert ist, dass es potentiell unendlich viele Vorkommnisse hat, die außerdem untereinander signifikante Unterschiede aufweisen können.

Denn erstens muss etwas, das nicht wirklich, sondern nur vermeintlich ein Vorkommnis eines bestimmten allographischen Werkes ist, mehr Bedingungen erfüllen als etwas, das nicht wirklich, sondern nur vermeintlich ein Vorkommnis eines bestimmten autographischen Werkes ist. Und zweitens ist auch die Motivation, ein Gegensatzobjekt eines allographischen Werkes herzustellen, vergleichsweise gering. Und deswegen ist die Wahrscheinlichkeit, dass Gegensatzobjekte allographischer Werke existieren, besonders die Wahrscheinlichkeit, dass sie gefälscht werden, wesentlich geringer als die Wahrscheinlichkeit, mit der Gegensatzobjekte, insbesondere Fälschungen, von autographischen Werken entstehen. Dennoch kann es natürlich durchaus Gegensatzobjekte, auch Kopienfälschungen, von Musikstücken geben. Und tatsächlich gibt es sie auch, wie ich kurz anhand einiger Beispiele ausführen möchte.

### 8.2.2    Wann Musikstücke Originale sind

Ich möchte hier kurz noch etwas ausführlicher darlegen, dass und warum es Fälschungen, Kopien und allgemein Gegensatzobjekte von Musikstücken im Vergleich zu denen etwa von Gemälden relativ selten gibt. Ich vermute, dass diese faktische Seltenheit von Gegensatzobjekten ein wesentlicher Grund dafür ist, weshalb Musikstücke kaum als Originale bezeichnet werden. Es gibt eben selten etwas, das ein bestimmtes Stück zu sein scheint, es aber nicht ist, sodass es auch kaum einmal nötig erscheint, echte Vorkommnisse von Musikstücken als Originale zu bezeichnen. Vermutlich sind wir es daher schlicht nicht gewohnt, von Musikstücken als Originalen zu sprechen.

Dennoch gibt es Gegensatzobjekte von Musikstücken ebenso wie Musikstücke und Vorkommnisse von Musikstücken, die alle Bedingungen eines Originals erfüllen.

Wie wir eben gesehen haben, scheint Goodman insofern falsch zu liegen, als es durchaus denkbar ist, dass es eine Kopie eines Musikstückes geben kann, die ihrerseits kein authentisches Vorkommnis desselben Stückes ist, denn solche Kopien sind möglich. Allerdings kommen sie nur selten vor, und noch seltener dürfte es sich bei ihnen um Fälschungen handeln. Goodmans These, im Unterschied zu einem autographischen Werk wie Rembrandts *Lucretia*, könnte man ein allographisches Werk, wie die *London Symphony*, nicht durch Kopieren fälschen, scheint mir von daher auf der Beobachtung zu beruhen, dass es von Musikstücken einfach kaum Kopienfälschungen *gibt* und dass solche Kopienfälschungen tatsächlich schwer vorstellbar sind. Dass dem so ist, liegt wahrscheinlich vor allem daran, dass üblicherweise nur ein Exemplar eines Gemäldes oder sonst eines »autographischen« Werkes als echt gilt, während von Musikstücken der klassischen europäischen Musik und von anderen »allographischen« Werken teils potentiell unendlich viele Exemplare entstehen können, weil sie notiert sind. Dass sie notiert sind, ist wiederum einem geradezu banalen Umstand geschuldet, nämlich der Tatsache, dass die meisten Musikstücke von mehreren Personen ausgeführt werden müssen, die diese zudem nicht selbst geschaffen haben (Bach hätte das *Weihnachtsoratorium* schlecht alleine aufführen können, auch Liszt hätte sich wohl schwer getan, seine *Ungarische Rhapsodie Nr. 2* zu vier Händen alleine zu spielen oder seiner Mitspielerin ohne Notation deutlich zu machen, was genau sie spielen soll). Wenn es für das Zustandekommen eines Kunstwerkes notwendig oder erwünscht ist, dass Personen, die dieses Kunstwerk nicht geschaffen haben, an seiner Ausführung beteiligt werden, und wenn es dabei notwendig wird, dass diese Personen einige präzise definierten Vorgaben des Urhebers dieses Werkes befolgen müssen, dann wird hierzu irgendeine Art von Notation geschaffen werden müssen, in der die Anweisungen des Urhebers festgehalten werden. Sobald diese Anweisungen aber festgehalten sind, können weitere Exemplare desselben Werkes entstehen, bei denen die Vorgaben des Urhebers ebenso getreu eingehalten werden können wie bei der Entstehung des ersten. Wenn der Urheber mit der Entstehung mehrerer Exemplare einverstanden ist, scheint mir nichts dagegen zu sprechen, mehrere Exemplare als authentisch anzuerkennen. Das gilt natürlich nicht nur für Musikstücke, sondern genauso für Werke der bildenden Kunst, wie Drucke, Güsse oder auch großflächige Malereien. Allerdings ist beispielsweise bei Gemälden die Beteiligung anderer Personen seltener notwendig als etwa in der Musik, dennoch ist sie auch hier denkbar und kommt vor.[7]

Musikstücke unterscheiden sich von Gemälden zusätzlich dadurch, dass sie aufgeführt werden und dass diese Aufführungen zeitlich begrenzt sind. Es wäre wohl schlicht bedauerlich, wenn nur eine einzige Aufführung eines Werkes »echt« wäre und alle, die bei dieser einen Aufführung nicht dabei waren, keinen Zugang zu einer authentischen Aufführung des Werkes hätten. Dennoch wäre es natürlich denkbar, dass auch eine Komponistin in Anspruch nehmen würde, was in der Regel für Gemälde gilt, nämlich dass es von jedem ihrer Stücke nur jeweils ein echtes Exemplar gibt, und zwar eines, das sie selbst aufführt oder das in ihrem Beisein nach ihren Vorgaben aufgeführt wird. So könnte sie beispielsweise vermeiden, dass schlechte Aufführungen oder fragwürdige Interpretationen ihrer Stücke als authentisch gelten oder dass Musiker, mit deren Aufführungspraktiken sie nicht einverstanden ist, ihr Stück aufführen könnten. Diese müssten sich stattdessen damit begnügen, Kopien oder Fälschungen ihrer Stücke zu spielen, was ihnen dann aus rein rechtlichen oder wirtschaftlichen Gründen eventuell auch unattraktiv erschiene. Die Musikerin könnte also darauf bestehen, dass ihre Stücke nur jeweils einmal aufgeführt werden und dass nur die Aufnahmen, die bei dieser einen Aufführung entstehen, echt sein sollen. Dann wäre die Premiere ihres Stückes x das Original von x, und jede weitere Ausführung desselben Stückes sowie jede Aufnahme, die nicht bei der Erstaufführung entstanden ist, wäre ein Gegensatzobjekt. Dass wir diese Authentizitätskriterien in aller Regel aber tatsächlich nicht auf Musikstücke anwenden, ebenso wie wir neben dem jeweiligen Erstvorkommnis eines Gemäldes in aller Regel keine weiteren Exemplare oder Interpretationen desselben Bildes als authentisch anerkennen, hat – wie auch Goodman zugibt – rein konventionelle Ursachen: »Painting is not necessarily autographic. I never said it was. What constitutes identity of a work derives from practice, and practice may change.«[8]

Wenn es aber einmal eine Notation und potentiell unendlich viele authentische Exemplare eines Werkes gibt – und es sich also um ein »allographisches« Werk handelt –, müssen Gegensatzobjekte eines solchen Werkes mindestens eine Voraussetzung mehr erfüllen als Gegensatzobjekte von »autographischen« Werken. Um letztere zu fälschen, genügt es, eine hinreichend gute Kopie zu schaffen, also einen Gegenstand, der dem Original möglichst

---

7 Vgl. die Beispiele Sol LeWitt (Pillow 2003) und Moholy-Nagy (Kennick 1985, 5).
8 Goodman 1986, 291.

ähnlich ist. Um »allographische« Werke zu fälschen, muss die Fälscherin zwar auch einen Gegenstand schaffen, der dem Original – also einem authentischen Vorkommnis des Werkes – möglichst ähnlich ist, zugleich muss sie aber darauf achten, tatsächlich eine Fälschung und nicht einfach ein weiteres Vorkommnis desselben Werkes zu schaffen. Die Fälschung muss dem Original also einerseits ähnlich sein, andererseits aber nicht zu ähnlich. Wer Bachs *Toccata und Fuge in D-Moll* fälschen wollte, dürfte sich beispielsweise nicht damit begnügen, ein paar Verzierungen einzubauen oder die Tempi leicht zu modifizieren, denn dann würde er nichts als eine freie Interpretation schaffen, sondern er müsste, damit es eine echte Fälschung würde, ganze Takte oder Notenzeilen substantiell verändern, dabei aber in betrügerischer Absicht den Anschein zu wahren versuchen, es handele sich um Bachs Originalversion.

Dass es kaum Fälschungen »allographischer« Werke gibt, liegt aber wohl nicht daran, dass sie eine übermäßig große Herausforderung für Fälscher wären, sondern vielmehr daran, dass die Motivation, Fälschungen eines Werkes zu schaffen, von dem es potentiell unendlich viele authentische Vorkommnisse geben kann, im Regelfall sehr gering sein dürfte. Sobald wir nämlich davon ausgehen, dass es von einem Ding potentiell unendlich viele authentische Exemplare geben kann, die zudem untereinander mehr oder weniger verschieden sein können – so wie die Interpretationen eines Musikstückes oder eines Gedichts oder die Inszenierungen eines Theaterstückes oder einer Oper –, ist nicht nur die Bandbreite verschiedener »echter Exemplare« relativ groß, sondern auch die Möglichkeit und die Motivation zur Schaffung von Gegensatzobjekten sehr gering.

Dabei gilt es zunächst einmal festzuhalten, dass solche Fälschungen selbstverständlich möglich sind. Jemand könnte beispielsweise eine Handvoll Takte der *Kleinen Nachtmusik* leicht verändern, sodass das Ergebnis zwar eindeutig kein echtes Vorkommnis der *Kleinen Nachtmusik* mehr wäre, aber auch Menschen, die das Stück einigermaßen kennen, sich täuschen und es für ein solches halten würden. Die Frage ist nur: Wozu würde jemand eine solche Fälschung schaffen? Die Noten sowie diverse Aufnahmen und Aufführungen der *Kleinen Nachtmusik* sind für jeden leicht zugänglich. Jeder hat Zugang zu unzähligen authentischen Vorkommnissen der *Kleinen Nachtmusik* – wenn er will, auch kostenfrei. Eine Fälschung dieses Stückes hätte daher allenfalls einen gewissen Unterhaltungswert. Sie hätte dagegen aber beispielsweise kaum einen nennenswerten finanziellen Wert, wie er als Anreiz für Fälschungen oft eine zentrale Rolle spielt. Ganz anders verhält es sich mit Fälschungen »autographischer« Kunstwerke und Unikate. Wenn es nur genau ein echtes Vorkommnis der *Mona Lisa* gibt, dann hätte eine Person, die es schaffen würde, andere davon zu überzeugen, dass eigentlich *sie* – und nicht der *Louvre* – im Besitz der echten *Mona Lisa* wäre, damit einen enormen Gewinn. Daher erscheint es wesentlich attraktiver, »autographische« als »allographische« Werke zu fälschen. Und das ist wohl der wesentliche Grund dafür, weswegen es mehr Fälschungen von Gemälden als von Symphonien gibt.

Aber es gibt noch mindestens einen weiteren Grund dafür, dass Musikstücke wesentlich seltener als Originale bezeichnet werden als Werke der bildenden Kunst. Erinnern wir uns kurz daran, dass die bloße Tatsache, dass Fälschungen und Kopien eines x existieren (können), weder eine notwendige noch eine hinreichende Bedingung für die Originalität von x ist. Das heißt, eine Kopie oder Fälschung zu sein, ist keine notwendige Bedingung für Gegensatzobjekte. Es können beispielsweise auch Schülerarbeiten Gegensatzobjekte sein, falls die Eigenschaft, vom Meister xy persönlich geschaffen zu sein, eine originalstatusbegründende Eigenschaft ist. Nun gibt es das Phänomen von Schülerarbeiten und die Frage, welche Werke aus wessen Hand stammen, aber nicht nur im Bereich der bildenden Kunst, sondern genauso in der musikhistorischen Forschung. Allerdings scheint die Rede von Originalen dort unüblich oder wenigstens deutlich weniger verbreitet zu sein. Ein Grund dafür, dass Musikstücke seltener Originale zu sein scheinen als Werke der bildenden Kunst, könnte also schlicht darin bestehen, dass sie seltener so bezeichnet werden. Dabei gibt es hier ganz ähnliche Zuschreibungspraktiken. So ist die Frage, welche der vielen Orgelwerke, die Johann Sebastian Bach zugeschrieben werden, tatsächlich von ihm verfasst wurden, vielleicht genauso heiß umstritten wie die Frage nach den eigenhändigen Rembrandts. Und welche Gründe es auch immer dafür geben mag, dass ein echter Bach nicht ebenso selbstverständlich als Original *bezeichnet wird* wie ein echter Rembrandt: Es gibt keinen Grund, davon auszugehen, dass ein echter Bach nicht ebenso ein Original *ist* wie ein echter Rembrandt. Es spricht nämlich alles dafür, dass auch im Falle des Bach'schen Werkes alle Originalitätsparameter erfüllt sind: Die musikhistorische Forschung im Rahmen der ständigen Aktualisierung des Bach-Werke-Verzeichnisses scheint alle Bedingungen eines originalstatusbegründenden Kontextes zu erfüllen. In diesem Kontext besitzt die Eigenschaft, ein von Bach geschriebenes Stück zu sein, eben jene Art von Relevanz, die anderen Originalen in anderen Kontexten zukommt, und zudem gibt es Gegensatzobjekte wie zum Beispiel fälschlicherweise Bach zugeschriebene Orgelwerke seiner Schüler, denen Bachs Werke in diesem Kontext vorgezogen werden, eben weil sie Bachs Werke sind.

Tatsächlich gibt es aber auch viele Musikstücke, bei denen nicht alle Originalitätsparameter gegeben sind. Denken wir beispielsweise an Leonard Cohens *Hallelujah*, an Mozarts *Kleine Nachtmusik* oder an Sarah Ferris *On my Own*. Während man möglicherweise zu jedem dieser Stücke einen originalstatusbegründenden Kontext finden könnte, das heißt einen Kontext, in dem diese Stücke und bestimmte ihrer Eigenschaften eine hinreichende Relevanz besitzen, sodass er unter anderem auch die Definitionsmacht über diese Stücke besitzt, ist fraglich, ob diese Stücke Gegensatzobjekte haben. Natürlich gibt es beispielsweise verschiedene Interpretationen und Bearbeitungen der *Kleinen Nachtmusik*. Manche sind gelungener als andere, aber keine von ihnen kann für sich gewissermaßen in Anspruch nehmen, die echte *Kleine Nachtmusik* im Unterschied zu den anderen zu sein. Ebenso gibt es verschiedene Cover-Versionen von Cohens *Hallelujah*, die sich untereinander vermutlich noch deutlicher unterscheiden als die verschiedenen Interpretationen der *Kleinen Nachtmusik*, und auch in diesem Fall können einige Versionen als gelungener gelten als andere, dennoch ist keine von ihnen »echt« im Unterschied zu den anderen, sondern sie sind einfach verschiedene Versionen eines Stücks. Auch ist es nicht so, dass eine Verwechslung beispielsweise der Version der *Norwegian Singers* mit der ursprünglichen Version Cohens wahrscheinlich wäre oder dass es einen spezifischen Kontext gäbe, in dem die Eigenschaft, die Version von Cohen zu sein, so relevant wäre, dass andere Versionen als *unecht* gelten würden – abgesehen davon, dass es wohl auch keine *vermeintlich* von Cohen stammenden Versionen des *Hallelujah* gibt und dass es jedenfalls sehr schwer ist, sich eine solche vermeintliche Cohen-Version vorzustellen. Ähnliches gilt für *On my Own* von Sarah Ferri, ein Song, von dem es bislang, soweit ich weiß, noch keine Cover-Versionen gibt: Was sollte sein Gegensatzobjekt sein? Welche seiner Eigenschaften könnte originalstatusbegründend sein – und in welchem Kontext? Es mag zwar im Produktionskontext dieses Songs, also für die Sängerin, ihre Produzentin, ihren Manager und andere Personen, durchaus relevant sein, dass dieser Song von ihr gesungen wird, aber auch wenn ZAZ eines Tages eine Cover-Version von *On my Own* aufnimmt, ist diese Version sehr wahrscheinlich weder *vermeintlich* der Song *On my Own* – denn er wäre *tatsächlich* dieser Song –, noch wäre er *vermeintlich* von Ferri gesungen worden, denn ZAZ hätte keinerlei Interesse daran, zu verschleiern, dass sie es ist, die diese Cover-Version singt. Kurz: Das Entstehen einer Cover-Version ist nicht mit dem Entstehen eines Gegensatzobjektes gleichzusetzen. Daher ist auch die gecoverte Version eines Songs nicht automatisch ein Original. Ferris Version von *On my Own* ist zwar die Originalversion (im Sinne von: ursprüngliche Version), sie ist auch die original Ferri-Version (im Sinne von: die echt von Ferri gesungene Version), aber sie ist nicht das Original von *On my Own* und wird wohl auch kaum so bezeichnet. Sie ist hinreichend dadurch gekennzeichnet, dass sie als die Ferri-Version, die ursprüngliche Version oder die Originalversion von *On my Own* bezeichnet wird. Sie als Original zu bezeichnen, wäre dagegen irreführend, weil es implizieren würde, dass die Cover-Versionen keine authentischen Vorkommnisse desselben Songs wären.

Schließlich bleibt festzuhalten, dass Gegenstände, die tatsächlich alle Voraussetzungen dafür erfüllen, ein Gegensatzobjekt eines bestimmten Musikstückes zu sein, zum einen schwer vorstellbar sind, während zum anderen die Beweggründe, ein solches Gegensatzobjekt zu schaffen, in der Regel sehr mager sein dürften. Auch wenn ich also davon ausgehe, dass es Fälschungen und Kopien von Musikstücken geben kann, glaube ich nicht – entgegen Goodmans Auffassung –, dass alle authentischen Vorkommnisse eines Musikstückes schon deswegen Originale sind. Denn wie wir gesehen haben, ist ein echtes x zu sein, bei weitem noch nicht hinreichend dafür, ein Original zu sein. Ich vertrete daher den Standpunkt, dass auch viele »echte« Musikstücke und andere »allographische« Gegenstände die Originalitäts-Bedingungen nicht erfüllen, und zwar vor allem deswegen, weil sie in der Regel keine Gegensatzobjekte haben. Wo immer Musikstücke aber – so wie im Beispiel von Bachs Orgelwerken – alle Bedingungen erfüllen, wo sie einen originalstatusbegründenden Kontext, eine originalstatusbegründende Eigenschaft und Gegensatzobjekte haben, scheint mir nichts dagegen zu sprechen, dass diese Musikstücke Originale sind.

## 8.3    Verschiedene Arten von Gegensatzobjekten

Wir haben schon gesehen, dass Gegensatzobjekte von Originalen in vielen Fällen Fälschungen sind und oft zugleich Kopien, dass es aber auch Kopien gibt, die keine Fälschungen sind und dennoch Gegensatzobjekte, sowie Gegensatzobjekte, die weder Kopien noch Fälschungen sind, sondern beispielsweise Werkstattarbeiten. Dabei ist es in jedem Fall das vermeintliche Besitzen originalstatusbegründender Eigenschaften, das ein y zu einem Gegensatzobjekt eines x macht. Das heißt beispielsweise auch: Eine Fälschung ist nicht schon deswegen ein Gegensatzobjekt eines x, das ein Z ist, weil sie eine Fälschung eines Z ist. Sie ist vielmehr deswegen ein Gegensatzobjekt, weil sie im Unterschied zu x, das tatsächlich ein Z ist, nur vermeintlich ein Z ist und weil Z in k relevant ist. Eine Fälschung, die so schlecht gemacht ist, dass kein Mitglied des originalstatusbegründenden Kontexts davon ausgeht, dass Angehörige der Zielgruppe diese Fälschung für ein echtes Z halten könnten, wäre beispielsweise kein Gegensatzobjekt eines x, das ein echtes Z ist. Dasselbe trifft auf Kopien zu. Ich möchte mich an dieser Stelle ein wenig damit auseinandersetzen, was genau verschiedene Arten von Gegenständen jeweils zu Gegensatzobjekten eines Originals macht.

### 8.3.1    Wann eine Fälschung ein Gegensatzobjekt ist

Eine Fälschung ist ein Gegenstand, der mit der Absicht hergestellt oder präsentiert wird, andere Personen über seine wahre Produktionsgeschichte zu täuschen. Andere Bedingungen scheint es nicht zu geben.[9] Die Täuschungsabsicht des Produzenten, Händlers oder Besitzers ist die einzige Bedingung dafür, dass es sich bei dem von ihm in dieser Absicht präsentierten Gegenstand um eine Fälschung handelt. Gegensatzobjekte von Originalen müssen dagegen andere Bedingungen erfüllen, von denen keine notwendig mit einer Täuschungsabsicht verknüpft ist: Sie müssen eine in k relevante Eigenschaft Z vermeintlich besitzen. So gesehen erstaunt es nicht, dass weder alle Fälschungen zugleich Gegensatzobjekte von Originalen sind, noch Gegensatzobjekte von Originalen immer auch Fälschungen sein müssen, sondern dass es Gegensatzobjekte gibt, die keine Fälschungen sind, und Fälschungen, die keine Gegensatzobjekte sind.

Das naheliegende Beispiel einer Fälschung, die kein Gegensatzobjekt eines Originals ist, ist das oben schon vorgetragene Beispiel einer Fälschung, die so schlecht gemacht ist, dass sie ganz offensichtlich niemanden täuschen kann, sodass schlicht keine Irrtumswahrscheinlichkeit besteht. Aber es sind auch andere Gründe dafür denkbar, die dafür sorgen können, dass es sich bei einer Fälschung nicht um ein Gegensatzobjekt eines Originals handelt. Zum Beispiel könnte es sein, dass es gar kein Original gibt. So hat der Fälscher, der Affen- und Menschenknochen zu einem vermeintlich urzeitlichen menschlichen Skelett kombiniert hat, das 1912 zuerst als »Piltdown man« und 1953 dann als eine der größten Fälschungen der Wissenschaftsgeschichte für Aufsehen

---

9 Vgl. Reicher 2011 und Schmücker 2011.

sorgte,[10] mit seiner Fälschung kein anderes urzeitliches Skelett nachgeahmt, sondern sich einfach eines ausgedacht. Fälschungen dieser Art kommen immer wieder vor, man denke nur an die berühmten vermeintlichen »Hitler-Tagebücher«. Wann immer es zwar Fälschungen gibt, aber keine dazugehörigen Originale, sind diese Fälschungen natürlich keine Gegensatzobjekte im Sinne der obigen Explikation.

Schließlich sind auch Fälle denkbar, in denen es zwar eine Fälschung gibt, die vorgeblich die Produktionsgeschichte eines bestimmten anderen Gegenstandes besitzt und mit diesem auch tatsächlich verwechselt wird, aber dennoch kein Gegensatzobjekt dieses Gegenstandes ist, weil es sich bei diesem Gegenstand nämlich – mangels originalstatusbegründenden Kontexts – nicht um ein Original handelt. Wenn eine Gruppe Jugendlicher eine Nachricht abfängt, die an einen Jungen aus der Parallelklasse adressiert ist, und diese Nachricht durch eine Fälschung ersetzt, dann ist die abgefangene Nachricht zwar die Originalnachricht, das heißt, sie ist original im Sinne von »echt« und im Sinne von »ursprünglich«, aber sie ist kein Original, weil ihr ein spezifischer originalstatusbegründender Kontext fehlt. Damit ist auch die gefälschte Nachricht eine echte Fälschung und vielleicht obendrein eine besonders gemeine, aber sie ist kein Gegensatzobjekt der echten Nachricht.

Dennoch glaube ich, dass einiges dafür spricht, dass Fälschungen in den weitaus meisten Fällen zugleich Gegensatzobjekte von Originalen sind, und zwar aus einem ganz einfachen Grund: Die Motivation, eine Fälschung zu schaffen, steigt mit dem Gewinn, der sich mit dieser Fälschung erzielen lässt, und der ist umso höher, je höher der Wert desjenigen Gegenstandes ist, dessen originalstatusbegründende Eigenschaft der Fälschung angedichtet wird. Ebenso steigt die Wahrscheinlichkeit, dass ein Gegenstand ein Original ist, mit seinem Wert. Denn dass sich ein originalstatusbegründender Kontext bildet, in dem eine Eigenschaft Z relevant ist, ist umso wahrscheinlicher, je höher der Wert ist, der Z beigemessen wird.

### 8.3.2   Unter welcher Bedingung Kopien und andere Nachbildungen Gegensatzobjekte sind

Eine Kopie ist ein Gegenstand, der mit der Absicht hergestellt wurde, einem anderen Gegenstand möglichst ähnlich zu sein. Eine Kopie ist also nicht unbedingt eine Fälschung. Das ist sie nur unter der Bedingung, dass ihre Schöp-

---

10  De Groote et al. 2016.

ferin zugleich die Absicht hatte, bestimmte Personen glauben zu machen, dass die Kopie die Produktionsgeschichte des kopierten Gegenstandes besitzt. Ebenso ist eine Kopie nicht unbedingt ein Gegensatzobjekt des Gegenstandes, dem sie nachgeahmt wurde. Das ist sie nur, wenn 1) der Gegenstand, dem sie nachgeahmt wurde, ein Original ist, 2) sie die originalstatusbegründende Eigenschaft dieses Gegenstandes nicht besitzt und 3) sie die originalstatusbegründende Eigenschaft dieses Gegenstandes vermeintlich besitzt.

Es gibt natürlich viele Kopien, die diese Voraussetzungen erfüllen. Aber es sind auch Kopien denkbar, die eine dieser drei Bedingungen oder gleich alle drei nicht erfüllen. Eine Kopie einer Sachertorte kann ihrerseits eine echte Sachertorte sein, besitzt also die originalstatusbegründende Eigenschaft des Originals selbst. Eine Kopie einer Buntstiftzeichnung meines Sohnes kann ihrem Vorbild sehr ähnlich sein, ist aber, weil das Vorbild der Kopie kein Original ist, auch kein Gegensatzobjekt. Schließlich ist auch Sturtevants Kopie von Warhols *Flowers* kein Gegensatzobjekt von Warhols Original, weil sie seine originalstatusbegründende Eigenschaft, von Warhol gemacht worden zu sein beziehungsweise die Produktionsgeschichte von Warhols *Flowers* zu haben, ganz offensichtlich nicht besitzt. In diesem letzten Fall fehlt also die Vermeintlichkeit.

Aber nicht nur für Kopien gilt, dass sie keine Gegensatzobjekte ihres Originals sind, wenn sie dessen originalstatusbegründende Eigenschaft offensichtlich nicht besitzen. Es gilt auch für alle anderen Nachahmerprodukte, Zitate oder Interpretationen von Originalen, die sich zwar an einem Original orientieren, dessen zentrale Eigenschaften aufgreifen und ihm dadurch vielleicht auch zum Verwechseln ähnlich sind, die aber zugleich ganz deutlich machen, dass sie dessen originalstatusbegründende Eigenschaft – beispielsweise dessen Geschichte – nicht besitzen. Das trifft auf zahlreiche Werke der zeitgenössischen Kunst zu, insbesondere auf Werke der *Appropriation Art* oder auf Cover-Versionen.

### 8.3.3  Gegensatzobjekte, die weder Fälschungen noch Kopien sind

Es ist nicht nur so, dass Fälschungen, Kopien und andere Nachbildungen nicht in jedem Fall auch Gegensatzobjekte von Originalen sind, sondern, wie schon mehrfach deutlich geworden ist, sind Gegensatzobjekte ihrerseits auch nicht immer Fälschungen, Kopien oder andere Nachahmungen. Das schon mehrfach angeführte Beispiel für ein solches Gegensatzobjekt sind Werkstatt- oder Schülerarbeiten.

Eine Werkstatt- oder Schülerarbeit ist keine Fälschung – vorausgesetzt, sie wurde nicht mit der Absicht hergestellt, ihr eine falsche Produktionsgeschichte anzudichten (auch solche Fälle, in denen beispielsweise ein Gehilfe sein eigenes Werk als Werk des Meisters ausgibt, sind natürlich denkbar). Eine Werkstatt- oder Schülerarbeit ist keine Kopie oder sonstige Nachahmung, wenn sie keinem anderen Werk nachgebildet wurde (auch das ist ja denkbar: Dass ein Schüler das Werk seines Meisters kopiert, um dadurch zu lernen). Aber auch wenn eine Werkstatt- oder Schülerarbeit weder eine Fälschung noch eine Kopie ist, kann sie ein Gegensatzobjekt eines Originals sein, und zwar unter der Voraussetzung, dass sie die originalstatusbegründende Eigenschaft eines Originals, das heißt eine in einem originalstatusbegründenden Kontext relevante Eigenschaft der Meisterbilder vermeintlich besitzt. Wenn Werkstatt- oder Schülerarbeiten Gegensatzobjekte sind, dann sind sie in aller Regel Gegensatzobjekte der Kunstwerke, die eigenhändig vom Meister der jeweiligen Werkstatt beziehungsweise des jeweiligen Schülers gefertigt wurden. Der originalstatusbegründende Kontext, in dem diese Eigenschaft relevant ist, kann ein kunsthistorisches Forschungsprojekt sein. In diesem Forschungsprojekt wäre entsprechend die Eigenschaft eines Bildes, vom Meister eigenhändig gefertigt zu sein, eine originalstatusbegründende Eigenschaft. Eigenhändigen Meisterwerken würde von den Forschern ein Originalstatus eingeräumt. Entsprechend wäre, *vermeintlich vom Meister eigenhändig gefertigt zu sein*, die Eigenschaft, die die nicht unmittelbar als solche zu erkennenden Schülerarbeiten aus der Werkstatt des Meisters zu Gegensatzobjekten dieser Originale macht.

Es sind aber auch andere Fälle denkbar, in denen Gegensatzobjekte keine Kopien oder Fälschungen zu sein brauchen. Sollte etwa ein Hofer Metzger in bloßer Unkenntnis der originalstatusbegründenden Eigenschaften echter Nürnberger Rostbratwürste auf den Gedanken kommen, sich das Originalrezept zu besorgen und in seiner Metzgerei in der Hofer Ludwigsstraße Würste nach diesem Rezept herzustellen, um sie als Nürnberger Rostbratwürste zu verkaufen, dann wären diese von ihm hergestellten Würste Gegensatzobjekte echter Nürnberger Rostbratwürste, also Würste, die die originalstatusbegründenden Eigenschaften anderer Würste vermeintlich besitzen. Dennoch wären diese falschen Nürnberger keine Fälschungen, denn der Metzger hat sie ja nicht mit einer Täuschungsabsicht hergestellt. Sie wären auch keine Kopien, weil er ja keine Nürnberger Rostbratwürste kopiert, sondern seine Würste nach dem Originalrezept hergestellt hat. Dennoch wären sie – wenn sie für echte Nürnberger Rostbratwürste gehalten würden – Gegensatzobjekte, und zwar weil sie eine Bedingung nicht erfüllen, die echte Nürnberger Rostbratwürste erfüllen müssen, nämlich im Stadtgebiet von Nürnberg hergestellt worden zu sein.

Ein weiteres Beispiel: Im Hannoveraner Kestner-Museum findet sich ein zylindrischer Elfenbeinbecher, der mit einer Belagerungsszene versehen ist und auf drei Kugelbeinen steht. »Aufgrund der Darstellung und Form des Stückes würde man es in das 16. Jahrhundert datieren«.[11] Bei genauerem Hinsehen erkennt das geschulte Auge des Kunsthistorikers in den Physiognomien der Figuren aber Darstellungskonventionen der Wilhelminischen Ära, die den Becher als eine Schöpfung aus der zweiten Hälfte des 19. Jahrhunderts entlarven. Der Becher ist also vermeintlich aus dem 16. Jahrhundert. In einem spezifischen Kontext, in dem ein Elfenbeinbecher, der tatsächlich aus dem 16. Jahrhundert stammt, ein Original wäre, wäre dieser Becher also ein Gegensatzobjekt – und das ganz unabhängig davon, ob es sich um eine Fälschung handelt. Denn bei diesem Becher lässt sich schlicht nicht definitiv sagen, »ob es sich bei dem Werk tatsächlich um eine gezielte Fälschung handelt oder vielleicht nur um ein typisches historistisches Objekt, in welchem der Stil einer vergangenen Epoche nachempfunden werden soll«.[12]

Es bleibt also festzuhalten, dass alle jene Dinge Gegensatzobjekte sind, die die originalstatusbegründende Eigenschaft eines Originals vermeintlich besitzen. Ein y, das vermeintlich Z ist und sich dadurch von einem x unterscheidet, das Z ist, wobei Z in k relevant ist, ist ein Gegensatzobjekt. Und das unabhängig davon, für welche Eigenschaft Z steht, ob der Hersteller von y eine Täuschungsabsicht verfolgte, welche Absichten er überhaupt verfolgte, ob das y dem x nachempfunden ist, ob es zu einem späteren Zeitpunkt entstanden ist als das x und so weiter.

### 8.3.4    Potentielle Gegensatzobjekte

Wenn die Originalität von x die vermeintliche Originalität von y voraussetzt, kann es ohne Gegensatzobjekte keine Originale geben. Gegenstände, die bestimmte Eigenschaften besitzen, die in bestimmten spezifischen Kontexten relevant sind, sind daher keine Originale, wenn es keine anderen Gegenstände gibt, die ebendiese relevanten Eigenschaften vermeintlich besitzen. Dennoch

---

11  Jöhnk 1999[2], 46.
12  Jöhnk 1999[2], 46.

kann auch ein rein potentielles Gegensatzobjekt unter bestimmten Voraussetzungen den Originalstatus eines x begründen.

Ich habe weiter oben bei der Auseinandersetzung mit der Frage, was »vermeintlich« in der Explikation von »Original« bedeuten soll, darauf hingewiesen, dass es so etwas wie einen unteren Grenzwert der Irrtumswahrscheinlichkeit geben muss und dass dieser dort liegt, wo in k davon ausgegangen
wird, dass es ein y geben könnte, das kein Z ist, das Angehörige der Zielgruppe
aber für ein Z halten könnten. In einem solchen Fall, der am unteren Rand der
Irrtumswahrscheinlichkeitsskala angesiedelt ist, muss nicht nur kein tatsäch-
licher Irrtum stattfinden, sondern es muss auch gar kein y existieren, das ein
vermeintliches Z ist. Es genügt völlig, dass es im originalstatusbegründenden
Kontext die Einschätzung gibt, dass die Existenz oder die Entstehung eines
solchen y wahrscheinlich ist. Schon auf diesen Verdacht hin kann in k allen
x, die tatsächlich Z sind, ein Originalstatus eingeräumt werden, und auch in
diesem Fall werden die x, die tatsächlich Z sind, ausdrücklich von den potentiellen y, die vermeintlich Z sind, unterschieden.

Solche potentiellen Gegensatzobjekte scheint es besonders häufig in
Produktionskontexten zu geben, in denen bestimmte Produkte schon im
Moment ihrer Entstehung ausdrücklich von möglichen Gegensatzobjekten
unterschieden werden. Wenn es einen spezifischen Kontext gibt, innerhalb
dessen gilt, dass das Produkt x, das von der Firma NN entwickelt wurde, nur
dann Z ist, wenn es neben allen seinen anderen relevanten Eigenschaften wie
Inhaltsstoffen, Maßen, Funktionen, auch die Eigenschaft besitzt, von der
Firma NN hergestellt zu sein, und wenn es zugleich möglich ist, dass andere
Firmen ein vergleichbares Produkt y herstellen, wobei ausdrücklich gelten
soll, dass ein solches von anderen Firmen hergestelltes y nicht als Z gelten soll,
dann ist die Herstellung durch die Firma NN eine originalstatusbegründende
Eigenschaft des Produktes x.

Beispiele für solche Produkte finden sich *en masse*, denn zumindest in In-
dustrienationen ist heute praktisch jedes Produkt, das auf den Markt kommt,
ein potentielles Opfer von Produktpiraterie und wird daher bisweilen schon
in seinem Entwicklungsprozess zum Objekt ausgefeilter Schutzstrategien.
Dazu gehört eine präventive Risikoanalyse »um potenzielle Angriffspunkte
von Fälschern zu evaluieren und Gegenmaßnahmen einzuplanen. Im besten
Fall kann eine präventive Gegenstrategie die Produktion von Fälschungen im
Keim ersticken.«[13] Ein solcher rechtlicher Schutz ist jedenfalls ein Hinweis

---

13 Grigori 2014, 73.

auf den Originalstatus des Produktes, das den Schutz genießt. Er legt nämlich einerseits nahe, dass es einen Kontext gibt, der die Definitionsmacht über
dieses Produkt besitzt, und andererseits, dass dieses Produkt von möglichen
Nachahmer-Produkten anderer Hersteller ausdrücklich unterschieden wird.
Daher scheint mir viel dafür zu sprechen, dass ein Produkt – oder sonst ein
Artefakt – dessen Herstellern Rechte eingeräumt wurden, die eine ausdrückliche Unterscheidung von möglichen Nachahmerprodukten einschließen, in
aller Regel ein Original ist, und zwar auch dann, wenn dieses Original nur
potentielle Gegensatzobjekte hat.

Zugleich sind es aber weder der rechtliche Schutz noch die eventuellen
präventiven technischen oder wirtschaftlichen Maßnahmen, die den Originalstatus des Produktes begründen. Der Originalstatus solcher, von potentiellen Gegensatzobjekten unterschiedener Produkte kann ja auch unabhängig
von solchen Schutzmaßnahmen gegeben sein. Auch lange vor der Einführung solcher rechtlicher Schutzmechanismen scheinen bestimmte Produkte
bestimmter Hersteller schon in vielen Fällen einen Originalstatus innegehabt
zu haben, sofern sie ausdrücklich von möglichen Nachahmerprodukten unterschieden worden sind: »While trademark law is a relatively recent area tra-
cing its roots back to the industrial revolution and the evolution of liberal
economic constitutions in the 19th century, there has always been a need for
consumers to distinguish between goods of different origins, and for busi-
nesses to signify the origin of their products by marking them.«[14]

Ausschlaggebend für den Originalstatus eines bestimmten Artefakts mit
der Eigenschaft Z, das von möglichen Gegensatzobjekten unterschieden wird,
die nur vermeintlich Z sind, ist also nicht der rechtliche Schutz dieses Artefakts – der kann allenfalls ein Hinweis auf den Originalstatus der geschützten
Objekte sein –, sondern ausschlaggebend ist vielmehr sein originalstatusbegründender Kontext. Wenn es nur potentielle Gegensatzobjekt gibt, ist ein
x, das Z ist, dann ein Original, wenn in seinem originalstatusbegründenden
Kontext ein Konsens darüber besteht, dass die Existenz oder die Entstehung
von y, die nicht Z sind, die Angehörige der Zielgruppe aber für Z halten könnten, wahrscheinlich ist, sodass daraufhin in k eine ausdrückliche Unterscheidung zwischen den x, die tatsächlich Z sind, und den möglichen y, die vermeintlich Z sind, vorgenommen wird, indem x, die Z sind, ein Originalstatus
eingeräumt wird.

---

14  Niebel 2009, 233.

# 9 Bedingungen originalstatusbegründender Eigenschaften

Wie wir in zahlreichen Beispielen gesehen haben, können sehr verschiedene Eigenschaften originalstatusbegründend sein: Extrinsische und intrinsische, die Relation zu einem bestimmten Zeitraum, einem Land, einer Urheberin oder einem Besitzer, um nur einige zu nennen. Wie ich weiter oben schon angedeutet habe, gibt es aber auch Eigenschaften, die offensichtlich nicht originalstatusbegründend sein können. Beispielsweise macht die Eigenschaft, lecker zu sein, einen Kuchen nicht zu einem Original, auch wenn es in einem bestimmten Kontext durchaus relevant sein kann, dass ein Kuchen lecker ist und sich dadurch von einem anderen geschmacklich vielleicht weniger überzeugenden Kuchen unterscheidet.

An dieser Stelle möchte ich mich etwas ausführlicher mit der Frage nach den Bedingungen relevanter Eigenschaften auseinandersetzen. Wenn gilt, dass x genau dann ein Original ist, wenn es ein y, ein k und ein Z gibt, so dass x Z ist und y nicht Z ist und y vermeintlich Z ist und Z in k relevant ist, dann muss Z folgende Bedingungen erfüllen:

*(1) Z muss so definiert sein, dass es möglich ist, eindeutig zwischen einem x, das Z ist, und einem y, das nicht Z ist, zu unterscheiden.*

*(2) Z muss in k relevant sein.*

Um die erste Bedingung zu erfüllen, muss die jeweilige Eigenschaft hinreichend präzise definiert sein. Denn nur, wenn das der Fall ist, kann klar zwischen einem x, das Z ist, und einem y, das vermeintlich Z ist, unterschieden werden. Das heißt, vage Eigenschaften können kaum originalstatusbegründende Eigenschaften sein. Mit der Frage, was das bedeutet, werde ich mich gleich noch genauer befassen.

Zunächst möchte ich aber festhalten, dass auch die zweite Bedingung eine Konsequenz für die Definition einer originalstatusbegründenden Eigenschaft hat. Auch sehr allgemeine Eigenschaften können ja vage scheinen – und viele sind gleichzeitig allgemein *und* vage, beispielsweise die Eigenschaft, ein Spielzeug zu sein, oder die Eigenschaft, ein Nahrungsmittel zu sein, oder jene, eine Farbe zu sein. In manchen Fällen lassen sich aber durchaus präzise Definitionen sehr allgemeiner Eigenschaften aufstellen. Was eine Flöte ist, lässt sich beispielsweise hinreichend präzise definieren,[1] um eine klare Grenze zwischen echten und vermeintlichen Flöten – beispielsweise Attrappen – zu ziehen. Dennoch ist die Eigenschaft, eine Flöte zu sein, sehr allgemein: Es gibt Flöten verschiedener Machart, aus den unterschiedlichsten Materialien, die ganz unterschiedliche Arten und Amplituden von Tönen erzeugen. Taugt eine solche sehr generelle Eigenschaft wie die, eine Flöte zu sein, zur originalstatusbegründenden Eigenschaft? Ich glaube, nein. Und zwar, weil sie die zweite der beiden oben genannten Bedingungen nicht erfüllt: Sie kann in k nicht die Art von Relevanz besitzen, die eine originalstatusbegründende Eigenschaft besitzen muss.

Eine originalstatusbegründende Eigenschaft muss nicht nur eindeutig definiert sein, um eine präzise Unterscheidung zwischen x, die Z sind, und y, die vermeintlich Z sind, zu ermöglichen, sondern diese Unterscheidung muss zudem in k eine bestimmte Relevanz besitzen, um originalstatusbegründend zu sein. Das heißt für die originalstatusbegründende Eigenschaft: Sie muss so definiert sein, dass alle x, die Z sind, weil sie Z sind, auch schon gegenüber allen y, die vermeintlich Z sind, als überlegen gelten können. Aus diesem Umstand, dass alle x, die Z sind, jeweils den y, die vermeintlich Z sind, vorgezogen werden können müssen, ergibt sich eine notwendige Bedingung: Zwischen allen x, die Z sind, muss eine gewisse Homogenität bestehen. Mit anderen Worten: Die Definition einer originalstatusbegründenden Eigenschaft muss eine ausreichend hohe Intension besitzen. Einige Beispiele:

Es ist durchaus möglich, präzise Aussagen darüber zu treffen, ob ein Text mehr als 100 Wörter enthält. Und es ist auch möglich nachzuweisen, dass ein Text mindestens 100 Wörter hat. Zudem könnte es auch Texte geben, die vermeintlich 100 Wörter lang sind. Dennoch ist die Eigenschaft, ein Text von mindestens 100 Wörtern zu sein, wohl in kaum einem Zusammenhang so relevant, dass sie originalstatusbegründend würde. Man könnte sich zwar einen spezifischen Kontext vorstellen, in dem diese Eigenschaft relevant sein könnte, dennoch fehlt der Eigenschaft, ein Text von mindestens 100 Wörtern

---

1 Beispielsweise: Eine Flöte ist ein Artefakt, das die Funktion hat, mittels eines in Schwingung versetzten Luftstroms verschiedene Töne zu erzeugen.

zu sein, ein ganz entscheidendes Moment, das mir eine Voraussetzung dafür zu sein scheint, dass diese Eigenschaft in einem spezifischen Kontext k relevant sein könnte: Homogenität. Alle jene Texte, die mehr als 100 Wörter haben, sind nämlich untereinander viel zu verschieden, um in einem spezifischen Kontext einen Konsens darüber begründen zu können, dass alle Texte mit mindestens 100 Wörtern all jenen mit nur vermeintlich 100 Wörtern vorzuziehen wären.

Die Definition der originalstatusbegründenden Eigenschaft sollte also eine hinreichend große Intension besitzen, um für eine ausreichende Homogenität aller x, die Z sind, zu sorgen, sofern eine solche Homogenität ihrerseits eine Voraussetzung dafür zu sein scheint, dass Z in k zur relevanten Eigenschaft werden kann.

## 9.1 Originalstatusbegründende Eigenschaften müssen präzise definiert sein

Die Notwendigkeit einer präzisen Unterscheidung leuchtet unmittelbar ein: Selbst wenn man beispielsweise der Meinung ist, dass ein farbenfroher Schal einem nicht farbenfrohen vorzuziehen wäre oder ein gesundes Essen einem ungesunden, bleibt es praktisch unmöglich, so genau zwischen »farbenfroh« und »nicht farbenfroh« oder zwischen »gesund« und »ungesund« zu unterscheiden, wie das in originalstatusbegründenden Kontexten notwendig wäre. Statt einer Grenze zwischen jenen Dingen, die eindeutig Z sind, und denen, die zwar vermeintlich Z sind, aber eben auch eindeutig nicht Z sind, gibt es bei vagen Eigenschaften wie »gesund« einen Graubereich, in den all jene Dinge fallen, die weder eindeutig gesund noch eindeutig ungesund sind. Daher können vage Eigenschaften wie »gesund« keine originalstatusbegründende Eigenschaft sein. Kurz: Vage Eigenschaften taugen nicht als originalstatusbegründende Eigenschaften, weil sie die erste der beiden oben genannten Bedingungen nicht erfüllen.

Tatsächlich sind originalstatusbegründende Eigenschaften in aller Regel sehr viel präziser definiert, als Laien ahnen. Beispielsweise würde zwar selbst ein Laie vermuten, dass eine Nürnberger Rostbratwurst nach irgendeinem bestimmten Rezept gefertigt sein muss, um ein Original zu sein. Und weil ich nachgeschlagen habe, weiß ich mittlerweile, dass eine Nürnberger Rostbratwurst nicht nur nach einem bestimmten Rezept, sondern auch im Stadtgebiet von Nürnberg angefertigt sein muss. Tatsächlich ist die Definition aber noch um einiges präziser: Wer zum Beispiel einen Blick in die »Durchführungsverordnung (EU) Nr. 973/2013 der Kommission vom 10. Oktober 2013 zur Genehmigung einer geringfügigen Änderung der Spezifikation« wirft, wird überrascht sein, dass die Definition sogar eines einzelnen Inhaltsstoffes, nämlich »Speck«, ein eigenes Dokument wert ist.[2] Hier wird deutlich, wie ausgeprägt das Bedürfnis ist, möglichst präzise zwischen Originalen und Gegensatzobjekten unterscheiden zu können. Offensichtlich hat die Formulierung »grob entfettetes Schweinefleisch« zu Verwirrung drüber geführt, ob Würste, die keinen Speck enthalten, Nürnberger Bratwürste sein können oder nicht und was genau »Speck« eigentlich bedeuten soll. Damit es wirklich möglich wurde, eindeutig zwischen Originalen und Gegensatzobjekten zu unterscheiden, musste diese Frage geklärt werden. Jetzt steht nicht nur fest, dass eine Nürnberger Bratwurst Speck enthalten muss, sondern auch welchen und wie viel. Ähnlicher Präzisionsbedarf dürfte in allen originalstatusbegründenden Kontexten bestehen, auch wenn solche Definitionen originalstatusbegründender Eigenschaften im Einzelfall vielleicht Betriebsgeheimnis sind, nicht über die interne Kommunikation einer Forschungsinstitution hinausdringen oder gut versteckt in schwer zugänglichen Rechtstexten oder Fachzeitschriften dem Laien verborgen bleiben.

Damit eine hinreichende Präzision möglich ist, müssen notorisch vage Eigenschaften, wie eben beispielsweise »farbenfroh« oder »gesund«, möglichst aus der Definition ausgeschlossen werden. Nun gibt es allerdings auch Eigenschaften, die auf den ersten Blick vage erscheinen können, tatsächlich aber beispielsweise einfach sehr weit (etwa Oberbegriffe wie »Haus« oder »Farbe«) oder relativ sind (beispielsweise Größe oder Alter) oder aber graduierbar

---

2 Dort heißt es unter anderem: »Innerhalb der Fachkreise in Deutschland besteht keine einheitliche Auffassung zu dem Begriffsinhalt ›grob entfettetes Schweinefleisch‹. Zum Teil wird die Auffassung vertreten, dass ›grob entfettetes Schweinefleisch‹ keinen Speck umfasst. Folglich sei die Spezifikation der ›Nürnberger Bratwürste‹/'Nürnberger Rostbratwürste‹ von Anfang an unvollständig gewesen. Begründet wird dies mit einer entsprechenden Definition in den Leitsätzen des Deutschen Lebensmittelbuchs, in welchem die Begriffe ›grob entfettetes Schweinefleisch‹ einerseits und ›Speck‹ andererseits für sich genommen definiert werden. [...] im Hinblick auf die Definition der Zutat ›grob entfettetes Schweinefleisch‹ innerhalb der Rezeptur ist maßgeblich auf die Herstellungsbräuche der ›Nürnberger Bratwürste‹/'Nürnberger Rostbratwürste‹ abzustellen. Hier werden die Zutaten ›Bauch, Bauchspeck, Backen, Backenspeck, Rücken oder Rückenspeck‹ traditionell verwendet. Um Klarheit für alle Verkehrskreise zu schaffen, werden daher die Zutaten ›Speck, insbesondere Bauch, Bauchspeck, Backen, Backenspeck, Rücken und Rückenspeck vom Schwein‹ nun in der Rezeptur einzeln aufgezählt.«

(beispielsweise die Menge bestimmter Inhaltsstoffe). Zu diesen Gruppen von Eigenschaften zählen einige, die traditionell eng mit dem Begriff des Originals verwoben sind, wie Alter oder die an einem restaurierten Artefakt noch vorhandene Menge ursprünglicher Substanz. Zweifellos kann man auch solche Eigenschaften präzise definieren. Ja, man kann sogar eindeutig vage Eigenschaften in gewisser Weise präzise definieren, indem man beispielsweise, statt »farbenfroh« zu verwenden, eine genaue Auflistung verschiedener Farbstoffe anbietet und Grenzwerte festlegt, wie hoch der jeweilige Anteil einer einzelnen Farbe mindestens und höchstens sein soll. Allerdings kann diese Art des Vorgehens nicht gelingen, wenn wir es nicht nur mit einer vagen Eigenschaft, sondern mit einem Geschmacksurteil zu tun haben.

### 9.1.1 Warum Geschmacksurteile keine originalstatusbegründende Eigenschaft sind

Eigenschaften, die wir Dingen aufgrund subjektiver Wahrnehmung zuschreiben, wie beispielsweise »lecker«, »fantastisch« oder »aufregend«, können auf den ersten Blick deswegen keine originalstatusbegründenden Eigenschaften sein, weil sie keine genaue Unterscheidung ermöglichen. Es ist ja ohne Weiteres möglich, dass eine Person den Kuchen lecker findet, die andere aber nicht. Es ist auch möglich, dass ein und dieselbe Person ein und denselben Kuchen in einem Moment lecker findet, in einem anderen nicht. Zudem dürfte schwer zu klären sein, warum genau jemand einen Kuchen lecker findet: Liegt es an seinem Zucker- oder Fettgehalt, an seinem Aussehen oder vielleicht am Hunger oder am Hormonspiegel der Person, die den Kuchen verzehrt? Präzise Aussagen darüber, welcher Kuchen lecker ist und welcher nicht und warum, scheinen also kaum möglich. Allenfalls ließen sich Aussagen der Art machen wie: »Im vergangenen Jahr haben 79 Prozent aller Gäste in Café xy diesen Kuchen auf Nachfrage als lecker bezeichnet«. Allerdings schiene es fragwürdig, auf Grundlage eines solchen Befundes präzise Aussagen darüber treffen zu wollen, welche Kuchen lecker *sind*. Alles, was möglich ist, sind Aussagen darüber, welche Personen welche Kuchen lecker *finden*.

Nun wären präzise Aussagen darüber, welcher Kuchen lecker ist und welcher nicht, natürlich unter der Voraussetzung möglich, dass »lecker« kurzerhand so definiert würde, dass die subjektive Komponente der Bedeutung ausgeklammert würde. Sagen wir, es gäbe eine Expertengruppe, die eine präzise Definition von »leckerer Kuchen« entwickelt. Diese Gruppe legt fest, dass genau jene Gegenstände als leckere Kuchen gelten sollen, die einen Butteranteil von mindestens 20 Prozent und einen Schokoladenanteil von mindestens 15 Prozent besitzen, wobei die Schokolade einen Kakaoanteil von mindestens 60 Prozent enthalten muss. Anhand dieser Definition ließe sich nun sehr präzise zwischen leckeren und nicht leckeren Kuchen unterscheiden. Und all jene Kuchen, die manchen Personen lecker vorkommen, obwohl sie es nach der Experten-Definition nicht sind, wären dann wohl »vermeintlich leckere Kuchen«. Das Problem dieser »Definition« liegt auf der Hand: Sie zieht nicht nur eine Grenze, die einige Dinge, die gemeinhin als »leckerer Kuchen« gelten, explizit ausschließt – das geschieht in tatsächlich originalstatusbegründenden Kontexten auch –, sondern: Sie dürfte diese Grenze argumentativ kaum verteidigen, geschweige denn in der Zielgruppe durchsetzen können. Zu verteidigen wäre zwar vielleicht, dass die Definition solche Kuchen als »vermeintlich lecker« einstuft, die statt echter Butter billige Margarine oder statt hochwertiger Schokolade eine billige Zucker-Fett-Mischung enthalten. Allerdings schließt die Definition auch beispielsweise alle Erdbeerkuchen aus, die keine Schokolade enthalten, ebenso entsprechend Buttercremetorten, Sahne-Biskuitrollen und Streuselkuchen. Und zu allem Übel schließt sie auch Dinge ein, die wohl kaum jemand für einen leckeren Kuchen halten dürfte, nämlich beispielsweise einen Klumpen, der zu gleichen Teilen aus Sägespänen, Butter und Schokolade besteht. Die Definition müsste also sicher geändert werden, um so adäquat auszufallen, dass sie von der Zielgruppe akzeptiert würde.

Allerdings würde auch die Änderung der Definition nichts daran ändern, dass die Frage, was ein »leckerer Kuchen« ist und was nicht, keine Frage für Experten ist, sondern eben ein subjektives Geschmacksurteil. Ähnliches gilt wohl für Urteile über die Schönheit oder Eindrücklichkeit eines Kunstwerkes: Auch eine Expertengruppe wird bezüglich solcher Eigenschaften keine Definitionsmacht erringen können. Sie kann ihr Geschmacksurteil neben andere stellen. Sie kann darauf bestehen, dass andere sich an ihrem Urteil orientieren sollten. Sie kann wahrscheinlich sogar nachweisen, dass ihr Geschmack gebildeter ist und ihre Urteile erfahrener und fundierter sind als die des durchschnittlichen Zeitgenossen. Aber wenn es darum geht, Kriterien für den Originalstatus von Kunstwerken zu finden, dann werden Experten nicht auf ihre oder sonst jemandes Geschmacksurteile rekurrieren, sondern sich darauf beschränken, solche Dinge wie Stil, Alter und Urheberschaft heranzuziehen, diese möglichst präzise zu definieren und Kunstwerke dann anhand solcher Kriterien als Originale einzustufen. Geschmacksurteile taugen dazu nicht, weil ihre subjektive Komponente eine durchsetzungsfähige Definition und eine präzise Unterscheidung der Objekte unmöglich machen.

Nun könnte man sich natürlich eine Expertengruppe denken, die eine Definition von »lecker« schaffen möchte, die dem Element der subjektiven Wahrnehmung Rechnung trägt. Diese Gruppe würde nun in einer empirischen Herangehensweise ermitteln, welche Art von Personen tendenziell welche Art von Kuchen lecker finden. Allerdings böte diese Methode wiederum kein brauchbares Fundament für die Entwicklung einer Definition von »leckerer Kuchen«, die eine nicht nur für die Zielgruppe akzeptable, sondern auch präzise Grenze zwischen leckeren und nicht leckeren Kuchen zieht. Stattdessen müsste sie sich darauf beschränken festzustellen, dass verschiedene Personen verschiedene Kuchen lecker finden – wofür sich zweifellos Gründe finden lassen würden – und dass die Schnittmenge zwischen den verschiedenen Geschmäckern eine bestimmte Größe besitzt. Sie müsste anerkennen, dass Kuchen jenseits der Grenzen dieser Schnittmenge mit ebensolchem Recht als »leckere Kuchen« bezeichnet werden könnten wie diejenigen, die sich innerhalb dieser Grenzen befänden. Die Schnittmenge aller von allen Personen als »leckerer Kuchen« eingestuften Gegenstände würde in diesem Fall – wie in jedem Fall eines subjektiven Geschmacksurteils – also kaum als Grundlage einer Definition taugen, die »lecker« zu einer originalstatusbegründenden Eigenschaft machen könnte.

Ob eine Eigenschaft originalstatusbegründend sein kann oder nicht, hängt also nicht nur davon ab, ob eine hinreichend präzise Definition dieser Eigenschaft möglich ist, sondern auch davon, ob sie auch *sinnvoll* möglich ist, denn natürlich könnte man wohl jede Eigenschaft wie im obigen Kuchen-Beispiel hinreichend präzise »definieren«. Wenn eine solche Definition aber von der Zielgruppe akzeptiert werden soll, sollte sie wohl mindestens »ähnlich« im Sinne der Carnapschen Begriffsexplikation sein.[3] Wenn wir diese Adäquatheitsbedingung – beziehungsweise Akzeptanzbedingung – voraussetzen, können Eigenschaften, die Dingen aufgrund subjektiver Wahrnehmung zugeschrieben werden, kaum originalstatusbegründend sein.

### 9.1.2 Wann graduierbare Eigenschaften originalstatusbegründend sind

Manche Eigenschaften, die auf den ersten Blick vage zu sein scheinen, sind in Wirklichkeit nicht vage, sondern relativ oder graduierbar. Das heißt, sie lassen sich durchaus so präzise definieren, dass sie originalstatusbegründend sein können. So ist zum Beispiel »Neuheit« nicht vage, sondern relativ. Sie

---

3  Vgl. Carnap 1959, 15.

lässt sich also – im Unterscheid zu »farbenfroh« oder »gesund« – durchaus präzise definieren, und zwar indem genau angegeben wird, in welchem »ersten Moment« ein bestimmtes Ding entstanden sein muss, um neu zu sein. Originalität$^U$ von physischen Gegenständen ist eine solche präzise definierte Neuheit, nämlich die Eigenschaft, das erste Vorkommnis eines bestimmten Typenobjekts zu sein.

Eine graduierbare Eigenschaft ist eine Eigenschaft, die ein Ding in einem geringeren oder höheren Maße besitzen kann. Ein Beispiel wäre etwa der Anteil ursprünglicher Substanz, der an einem antiken Fresko noch erhalten ist. Auf den ersten Blick scheinen graduierbare Eigenschaften keine guten Kandidaten für die Begründung eines Originalstatus zu sein. Allerdings sind sie nicht nur in der Praxis gut etablierte originalstatusbegründende Eigenschaften, sondern es lassen sich darüber, wie viel »ursprüngliche Substanz« beispielsweise ein antikes Fresko noch enthält, durchaus präzise Angaben machen – im Gegensatz zu vagen Eigenschaften wie beispielsweise »Bewegtheit«. Eine solche präzise Aussage mag zwar im Einzelfall eine nicht zu unterschätzende *technische* Herausforderung sein, aber es ist zumindest theoretisch *möglich*, solche präzisen Aussagen zu machen. Dagegen wäre es unmöglich, präzise Angaben darüber zu machen, welche Teile eines Kunstwerkes »schön« sind oder zu wie viel Prozent ein Bild »bewegt« ist. Anhand zweier besonders gut etablierter Beispiele graduierbarer Eigenschaften, die so definiert werden können, dass sie als originalstatusbegründende Eigenschaften taugen, will ich veranschaulichen, wie diese für den Originalstatus notwendige Präzisierung der Definition von Z in der Praxis aussehen könnte – oder sollte.

Graduierbare Eigenschaften können in verschieden starker Ausprägung gegeben sein, sodass eine präzise Unterscheidung zwischen einem x, das eine solche graduierbare Eigenschaft Z besitzt, und einem y, das sie nicht besitzt, nur unter der Voraussetzung möglich wird, dass nach einem genauen Wert gefragt wird. Wenn Z für eine graduierbare Eigenschaft steht und man eine präzise Antwort wünscht, sollte man daher nicht fragen: »Ist x ein Z?«, sondern: »Zu welchem Grad ist x ein Z?« oder: »Zu wie viel Prozent ist x ein Z?«. Eine graduierbare Eigenschaft kann also nur dann eine originalstatusbegründende Eigenschaft sein, wenn angegeben wird, *zu welchem Grad genau* ein x diese Eigenschaft besitzen muss, um ein Original zu sein. Ohne eine solche präzise Definition ist im Falle einer graduierbaren Eigenschaft keine eindeutige Unterscheidung möglich. Daher eignen sie sich ohne eine solche präzise Angabe nicht als originalstatusbegründende Eigenschaft: Soll ein Ding nur dann ein Original sein, wenn es zu hundert Prozent Z ist? Wieso sollte aber ein Ding, das zu neunundneunzig Prozent Z ist, kein Original sein? Warum sollte nicht schon ein Prozent genügen?

Dass eine graduierbare Eigenschaft nur dann originalstatusbegründend sein kann, wenn sich genaue Angaben darüber machen lassen, bei welchem Prozentsatz die Grenze zwischen Originalobjekt und Gegensatzobjekt verlaufen soll, bedeutet auch: Diese Grenze sollte dann natürlich vom originalstatusbegründenden Kontext auch gut hergeleitet sein, damit sie von der Zielgruppe akzeptiert werden kann. Wann immer es dagegen keine solchen genauen Angaben gibt – sei es, dass sie nicht möglich oder nicht sinnvoll sind oder dass sie schlicht nicht gemacht werden –, können graduierbare Eigenschaften im Grunde nicht originalstatusbegründend sein. Dennoch ist es nicht unbedingt immer der Fall, dass eine solche präzise Grenze festgelegt wird, wenn eine graduierbare Eigenschaft in einem bestimmten Kontext einen Originalstatus begründen soll. Dabei wäre das immer nötig, um tatsächlich von einem Original sprechen zu können. Ich möchte einige Beispiele nennen.

Zu den klassischen graduierbaren originalstatusbegründenden Eigenschaften ist insbesondere die Eigenhändigkeit zu rechnen.[4] Die Frage, ob eine Künstlerin ein Werk eigenhändig ausgeführt hat oder nicht, kann ja nicht nur entweder positiv oder negativ beantwortet werden, sondern mit geradezu beliebig vielen Abstufungen. Vielleicht hat sie es zur Gänze eigenhändig angefertigt, vielleicht einen Großteil oder die Hälfte oder eine bestimmte Partie, vielleicht hat sie aber auch nur letzte Hand angelegt oder gar nur das Konzept entworfen oder es entsprechend einiger weniger Vorgaben von jemand anderem entwerfen lassen.

Wenn im Bereich der Restaurierung nach der Originalität eines restaurierten Gegenstandes gefragt wird, hängt die Antwort von den noch vorhandenen »Quantitäten ursprünglicher Substanz« ab. Die Frage, ob ein gegebenes Artefakt »noch Original« ist, »entscheidet sich hier oftmals auf der Grundlage der Menge des in ein altes Objekt eingebrachten Fremdmaterials; dabei lässt sich kaum ein prozentualer Wert für die Substanz festlegen, die an einem historischen Objekt noch authentisch sein muß, damit noch von einem Original die Rede sein kann. Dies ist zumeist Ermessenssache.«[5]

---

4 Zur Bestimmung der Eigenhändigkeit im Bereich der kunstgeschichtlichen Individualsicherung vgl. Sauerländer 2003, 142–149.
5 Jöhnk 1999[1], 15.

Es ist vollkommen nachvollziehbar, dass eine Grenzziehung in solchen Fällen als »künstlich« empfunden werden kann. Wenn man solche eigenhändigen Werke oder restaurierten Artefakte aber anhand der Eigenhändigkeit oder der noch vorhandenen Quantitäten ursprünglicher Substanz als Originale einstufen will, muss eine solche Grenze gezogen werden. Denn im Gegensatz zu graduierbaren Eigenschaften wie »Originalsubstanz« ist »Original« selbst nicht graduierbar. Daher können wir über ein antikes Fresko zwar als »original x« sprechen, indem wie sagen: »Es besitzt noch um die dreißig Prozent Originalsubstanz«, aber wir können nicht sagen: »Dieses Fresko ist zu dreißig Prozent ein Original.« Wir können allenfalls sagen: »Weil dieses Fresko noch um die dreißig Prozent Originalsubstanz besitzt, gilt es als Original.«[6]

Wenn die originalstatusbegründende Eigenschaft eine relative oder eine graduierbare Eigenschaft ist, sind die Akteure des jeweiligen originalstatusbegründenden Kontexts also gezwungen, ihren Ermessensspielraum zu nutzen und festzulegen, was genau etwa in diesem Fall »erhaltene Originalsubstanz« bedeuten soll: Wo genau lässt sich die Grenze auf eine vertretbare Art und Weise ziehen? Ein Prozent oder vielleicht ein Zehntel Prozent Originalsubstanz werden wohl eher nicht genügen, um einem bestimmten Gegenstand Originalstatus einzuräumen. Aber müssen es ganze hundert Prozent sein? Um eindeutig sagen zu können, welcher Gegenstand aufgrund seiner erhaltenen Originalsubstanz als Original gelten soll, muss in jedem Fall eine Präzisierung vorgenommen werden, die möglichst überzeugend begründet sein sollte, um innerhalb des originalstatusbegründenden Kontexts einen Konsens und in der Zielgruppe eine Akzeptanz für diese Grenze zu erreichen. Diese könnte im Einzelfall so aussehen, dass nach der Untersuchung einschlägiger Artefakte und der Ermittlung eines gewissen Durchschnittswertes der in diesen Artefakten für gewöhnlich noch vorhandenen Originalsubstanz eine für den Originalstatus erforderliche Mindestmenge erhaltener Originalsubstanz genannt wird, die etwa knapp über dem Durchschnittswert verläuft. Mitunter sollten weitere Kriterien beachtet werden: »So spielt immer eine zentrale Rolle, ob wichtige oder unwichtige Partien eines Werkes ergänzt oder verändert worden sind.«[7]

---

6 Möglich sind auch Aussagen wie: »Die Figuren im Vordergrund des Bildes gelten nach einhelliger Expertenmeinung als original Rubens, während die Details im Hintergrund vermutlich von Schülerhand stammen.«

7 »Wie schwierig letztlich auch diese Frage zu entscheiden ist, zeigt das Beispiel einer Barockkommode, die einem Bremer Restaurator für die Durchführung einer konservatori-

Wenn Z also in einem konkreten Fall für »Eigenhändigkeit« oder »Originalsubstanz« steht, dann können diese graduierbaren Eigenschaften nur unter der Bedingung zur originalstatusbegründenden Eigenschaft werden, dass geklärt wird, ob der Grad, in dem diese Eigenschaft jeweils vorhanden ist, ausreicht, um ein bestimmtes Artefakt als Original einzustufen oder nicht. Diese Klärung wird in aller Regel im originalstatusbegründenden Kontext vorgenommen oder jedenfalls von diesem ausdrücklich übernommen, indem etwa das Urteil renommierter Restauratoren oder Kunsthistorikerinnen herangezogen wird. Das kann beispielsweise bedeuten: Ein antikes Fresko dieser Region/Epoche gilt dann als »im ursprünglichen Zustand erhalten«, wenn seine Originalsubstanz in den zentralen Partien zu mindestens 50 Prozent erhalten ist.

Dass Entscheidungen über solche Mindestwerte mitunter fachlich fragwürdig und heiß umstritten sein können, bedeutet nicht, dass sie nicht legitim wären. Im Gegenteil: Bestreitbare Grenzziehungen sind ein fundamentaler Bestandteil wissenschaftlicher und wissenschaftlich fundierter Arbeit in allen Bereichen, sei es zwischen biologischen Arten, zwischen Begriffen oder zwischen Musikgenres oder eben zwischen Originalen und Gegensatzobjekten. Dass die Frage danach, wo genau solche Grenzen im Einzelnen verlaufen sollen, kaum letztgültig zu klären ist, ist eine Selbstverständlichkeit. Aus der Legitimität solcher Fragen folgt aber nicht, dass grundsätzlich auf solche Grenzziehungen verzichtet werden sollte.

## 9.2 Müssen originalstatusbegründende Eigenschaften nachweisbar sein? Oder: Ist Eigenhändigkeit eine gute originalstatusbegründende Eigenschaft?

Wir haben eben festgestellt, dass Eigenhändigkeit eine graduierbare Eigenschaft ist, die eigentlich einer präzisen Definition bedürfte, um tatsächlich

schen Maßnahme überlassen wurde. Bei der Untersuchung des dreischübigen Möbels zeichnete sich bald ab, daß ursprünglich eine weitere Schublade vorhanden gewesen sein mußte. Diese wurde rekonstruiert, um den historisch-authentischen Eindruck wiederherzustellen. Die Originalsubstanz war nun zwar nicht beeinträchtigt, aber nach der Restaurierung war das zunächst komplett echte Objekt mit einem Mal zu einem Viertel nicht mehr original. Trotz dieser starken Manipulation handelt es sich hier nicht um eine Verfälschung, sondern genau genommen ist ein historisches Fragment vervollständigt worden.« Jöhnk 1999[1], 15.

eine klare Grenzziehung zwischen Originalen und Gegensatzobjekten zu ermöglichen, wie sie in originalstatusbegründenden Kontexten nötig ist. Obwohl man davon ausgehen kann, dass beispielsweise in den Werkstätten be-
rühmter barocker Meister in der Regel die Grundierung und Hintergrund-
partien eines Gemäldes von Lehrlingen und Gesellen übernommen wurden
und der Meister sich die zentralen Vordergrundmotive und die schwierigen
Partien wie Gesichter, Haare, Hände und Kleider vorbehalten hat, scheint es
in der kunstwissenschaftlichen Praxis kaum eine Definition von »Eigenhändigkeit« zu geben, die es erlauben würde, irgendwo eine Grenze zu ziehen: Ist
ein Gemälde, bei dem der Meister nur die allerletzten Details übermalt hat,
eigenhändig? Es scheint, dass die Kunstwissenschaft auf eine solche Frage
keine Antwort hat. Und das, obwohl Eigenhändigkeit eine ihrer zentralen originalstatusbegründenden Eigenschaften ist. Das könnte zwei Gründe haben.

Der Rang von Eigenhändigkeit als originalstatusbegründender Eigenschaft steht vermutlich in einem gewissen Zusammenhang mit dem
genieästhetischen Stereotyp des »genialen Meisterwerkes«. Nehmen wir
einmal an, unter »Eigenhändigkeit« würde die Eigenschaft eines Bildes
verstanden, die »fühlende Hand des Meisters« »spürbar« zu machen und die
Betrachterinnen tiefer zu beeindrucken, als nicht eigenhändig geschaffene
Bilder das können. Unter dieser Voraussetzung erschiene es nun nicht nur
geradezu unmöglich, Eigenhändigkeit präzise zu definieren, denn wer wollte
präzise sagen, in welchen Kunstwerken des Meisters »fühlende Hand« wirklich mitgemalt hat und in welchen nicht? Genügt nicht vielleicht eine einzige
Berührung des Künstlers, um das Bild mit eben jenem »Gefühl« zu adeln,
das die Hand des Meisters durchströmte und das sich auf geheimnisvolle
Weise in der Wahrnehmung seiner Betrachter bemerkbar macht? Oder kann
umgekehrt vielleicht schon ein Pinselstrich aus der uninspirierten Hand des
Schülers die Aura des »Genies« in diesem Werk zunichtemachen, sodass
das »Gefühl« nicht zum Bewunderer des Meisters durchdringen kann? Kurz:
Wenn Eigenhändigkeit genieästhetisch konnotiert ist, lässt sich kaum eine
präzise Definition schaffen.

Allerdings gibt es noch einen Grund: Eigenhändigkeit kann auch dann,
wenn es – analog zu den Mengen erhaltener Originalsubstanz – eine hinreichend präzise Definition von »Eigenhändigkeit« gibt, nicht sicher nachgewiesen werden. Nehmen wir an, ein Team von Kunsthistorikerinnen würde
die genaue Arbeitsteilung in einer bestimmten Meisterwerkstatt untersuchen
und mit der in dieser Epoche üblichen Arbeitsteilung anderer Werkstätten
vergleichen, um einen Grenzwert festzulegen, ab dem ein Werk aus dieser

Werkstatt als eigenhändiges Meisterwerk gelten soll. Man würde eventuell überlieferte Aussagen des Meisters und seiner Schüler und deren künstlerisches Selbstverständnis untersuchen und so weiter. Und dann würde man vielleicht zu dem Schluss kommen, dass auch solche Werke als »eigenhändig« zu betrachten sind, bei denen der Meister selbst nur letzte Hand angelegt hat, weil das beispielsweise in der Entstehungszeit der Bilder als »eigenhändig« aufgefasst wurde. Dagegen würden jene Werke, bei denen er weniger als fünf Prozent des Bildes selbst gemalt hätte, nicht mehr als eigenhändige Meisterwerke gelten. Trotz einer solchen präzisen Definition bliebe Eigenhändigkeit eine schwer nachweisbare Eigenschaft, und zwar aus rein technischen Gründen.

Es ist beispielsweise geradezu unmöglich, verlässliche Indizien für die Eigenhändigkeit von Rembrandt-Gemälden zu finden.[8] Egal, wie genau Rembrandt-Forscherinnen die ihnen vorliegenden Gemälde analysieren, sie werden niemals mit absoluter Sicherheit sagen können, welche Werke wirklich (zu wie viel Prozent) eigenhändig von Rembrandt gemalt wurden, weil sie eben nicht dabei waren und weil es keine absolut verlässlichen Aufzeichnungen hierüber oder Anzeichen dafür gibt. Sie sind daher gezwungen, auf Grundlage bestimmter Indizien zu entscheiden, die für oder gegen eine Eigenhändigkeit sprechen. Sie versuchen beispielsweise, Rembrandts Stil herauszuarbeiten, was angesichts der Tatsache, dass eben niemand genau weiß, welches Gemälde ganz sicher eigenhändig von ihm gemalt wurde, eine ganz eigene Herausforderung darstellt. Sie versuchen zudem, sich an den Möglichkeiten und Gewohnheiten zu orientieren, die Rembrandt gemäß als sicher eingestufter Quellen hatte. Aber auch über diese lassen sich natürlich kaum absolut verlässliche Aussagen machen. So wurde dem *Rembrandt Research Project* unter anderem zum Vorwurf gemacht, von zweifelhaften Annahmen auszugehen, wie jener, Rembrandt habe nur 1631, nicht aber 1632 die Farbe Orange verwendet, weshalb ein bestimmtes Porträt eines Mannes kein eigenhändiger Rembrandt sein könne.[9]

---

8 Vgl. Talley 1989, Van de Wetering und Broekhoff 1996 und Van de Wetering 2008.

9 »That the Group expended so much attention on the use of an orange colour on the eyelid and nose of the Beresteyn *Man* is another example of their preoccupation with irrelevant minutiae. Orange, we are told, was not used by Rembrandt in 1632, but in 1631. Artists, of course, use whatever colours are handy or are needed to achieve a certain effect. Again, the Group has assumed absolute knowledge about something which it is impossible to know with certainty.« Talley 1989, 205.

Nun ist der Umstand alleine, dass beispielsweise die Eigenhändigkeit eines Rembrandt-Gemäldes nicht mit Sicherheit nachweisbar ist, kein Grund dafür, dass Eigenhändigkeit keine originalstatusbegründende Eigenschaft sein könnte. Solange sie eine präzise definierte, in k relevante Eigenschaft ist und es *vermeintlich* eigenhändige Rembrandts gibt oder zumindest in k davon ausgegangen wird, dass es solche vermeintlich eigenhändigen Rembrandts gibt, sind alle Bedingungen dafür erfüllt, dass Eigenhändigkeit eine originalstatusbegründende Eigenschaft von Rembrandt-Gemälden sein kann. Solange Eigenhändigkeit aber nicht nachgewiesen werden kann, gibt es dennoch keine Möglichkeit, in der kunstwissenschaftlichen Praxis sicher zwischen Originalobjekten und Gegensatzobjekten zu unterscheiden, weil eben nicht sicher gesagt werden kann: »x ist ein Original«. Solange Z nicht nachweisbar ist, können daher genau genommen nur Aussagen der Art gemacht werden: »Es spricht einiges dafür, dass es sich bei x um ein Original handelt.« Die Akteure des originalstatusbegründenden Kontexts unterscheiden in einem solchen Fall also genau genommen gar nicht zwischen Originalen und Gegensatzobjekten, sondern lediglich zwischen Gemälden, die bestimmte Eigenschaften besitzen, die darauf hindeuten, dass es sich bei ihnen um Originale handeln könnte, und anderen Gemälden, die solche Eigenschaften nicht besitzen, sodass sie eher keine Originale zu sein scheinen. Kurz: Eigenhändigkeit ist zwar dem Anspruch nach originalstatusbegründende Eigenschaft, *de facto* wird die Frage nach dem Original aber anhand von Indizien beantwortet. Da man ohnehin kaum definitiv sagen kann, ob ein bestimmter Meister sich an einem bestimmten Werk beteiligt hat, erscheint es schon gar nicht sinnvoll, eine präzise Definition von »Eigenhändigkeit« zu schaffen. Man wird nämlich noch viel weniger sicher sagen können, wie hoch seine Beteiligung an einem bestimmten Werk war.

In einem solchen Fall könnte es mitunter vielleicht sinnvoller oder auch ehrlicher sein, auf den Anspruch, eigenhändige Meisterwerke zu identifizieren, zu verzichten und stattdessen diejenigen Kriterien als originalstatusbegründend transparenter zu machen, anhand derer die Entscheidung darüber, welche Gemälde als Originale eingestuft werden, *de facto* gefällt wird. Im Falle des *Rembrandt Research Project* wäre das eine Kombination verschiedener Befunde, darunter Daten dendrochronologischer Untersuchungen, Urteile über die ästhetische Qualität einzelner Partien, Befunde aus Ultraschalluntersuchungen und anderes mehr.[10] Denn als Original wird ein Bild in diesem Zusammenhang dann eingestuft, wenn es ein bestimmtes Alter und eine bestimmte ästhetische Qualität besitzt und in einem bestimmten Stil gemalt ist. Mit anderen Worten: Wenn Kunsthistoriker gültige Aussagen über die Originalität bestimmter Gemälde treffen wollen, müssen sie sich im Grunde entscheiden, ob sie entweder auf Eigenhändigkeit als originalstatusbegründende Eigenschaft *oder* auf scheinbar eindeutige Zuordnungen wie »Der *Mann mit dem Goldhelm* ist kein Original« verzichten. Denn wenn sie tatsächlich Eigenhändigkeit als originalstatusbegründende Eigenschaft betrachten, müssen sie sich genau genommen mit Wahrscheinlichkeitsaussagen begnügen wie: »Es spricht manches dafür, dass der *Mann mit dem Goldhelm* kein Original ist«. Wenn sie zugunsten spektakulärer Urteile wie »Der *Mann mit dem Goldhelm* ist kein Original« auf Eigenhändigkeit verzichten, müssten sie sich dagegen so weit ehrlich machen, dass die Einstufung eines Bildes als Original nicht anhand nachweisbarer eigenhändiger Urheberschaft erfolgt, sondern aufgrund einer Reihe von Eigenschaften, die bestenfalls die eigenhändige Urheberschaft eines Meisters wahrscheinlich machen.

Damit eine Eigenschaft nicht nur theoretisch originalstatusbegründend sein kann, sondern auch der praktischen Unterscheidung von Originalen und Gegensatzobjekten dient, sollte sie also auch nachweisbar sein. Naturgemäß ist Nachweisbarkeit bei intrinsischen Eigenschaften wahrscheinlicher als bei extrinsischen. Beispielsweise ist es mittels chemischer Untersuchungen nachweisbar, welche Zutaten eine Nürnberger Rostbratwurst besitzt oder ob ein Artefakt, das aus Elfenbein oder Edelsteinen zu bestehen scheint, tatsächlich aus diesen Materialien gemacht ist. Aber auch bestimmte extrinsische Eigenschaften lassen sich mit bestimmten Techniken sehr sicher ermitteln. So lässt sich mit Methoden der Altersbestimmung wie beispielsweise der radiometrischen Datierung verhältnismäßig genau feststellen, wie alt bestimmte Ausgrabungsfunde sind. Dagegen können andere extrinsische Eigenschaften wie Urheberschaft oder Besitz in vielen Fällen nicht eindeutig nachgewiesen werden.

---

10 Vgl. Van de Wetering und Broekhoff 1996 und Van de Wetering 2008.

# 10 Fazit

## 10.1 Was die Untersuchung erreicht hat

### 10.1.1 Das Explikat

Im sechsten Kapitel wurde »Original« wie folgt expliziert:

*x ist ein Original im Gegensatz zu y im Hinblick auf Z in Kontext k genau dann, wenn x Z ist und y nicht Z ist und y vermeintlich Z ist und Z in k relevant ist.*

In den Kapiteln sieben bis neun wurden aus diesem Explikat weitere Bedingungen abgeleitet. Zunächst wurde der originalstatusbegründende Kontext folgendermaßen expliziert:

1) k ist eine Gruppe von Akteuren, für die Z relevant ist

Zudem wurde deutlich, dass Z in k eine bestimmte Art von Relevanz zukommen muss. Es erwies sich nämlich als notwendig, dass

2) die Beschäftigung mit Z der (oder ein) Zweck von k ist,
3) k die Definitionsmacht über Z besitzt,
4) in k eine wertende Unterscheidung vorgenommen wird zwischen x, die Z sind, und y, die vermeintlich Z sind.

Das heißt, in der Explikation der spezifischen Relevanz, die originalstatusbegründenden Eigenschaften in originalstatusbegründenden Kontexten zukommt, wurde zum einen explizit, dass die Unterscheidung von x und y in k eine *wertende Unterscheidung* ist. Das ist sie, sofern sie impliziert, dass x, weil es Z ist, y, das vermeintlich Z ist, in k *vorgezogen* wird. Zum anderen wurde die *Zielgruppe* von Z eingeführt, um zu erklären, was es bedeutet, wenn von der Definitionsmacht die Rede ist, die k über Z besitzt. Die Zielgruppe wurde wie folgt bestimmt:

5)  Die Zielgruppe besteht aus denjenigen Personen, die Z kennen und an Z interessiert sind.

Die Bedeutung der Zielgruppe für die Explikation besteht, wie eben angedeutet, darin, dass

6)  k dann im Hinblick auf Z definitionsmächtig ist, wenn die in k aufgestellte Definition von Z von der Zielgruppe akzeptiert wird.

Zudem hängt es zum Teil auch von der Zielgruppe ab, was es bedeutet, dass etwas *vermeintlich Z* ist. Ein Ding ist nämlich genau dann vermeintlich Z, wenn

7)  es in k als hinreichend wahrscheinlich gilt, dass es ein y gibt oder geben könnte, das kein Z ist, dass die Zielgruppe von Z oder ein Teil der Zielgruppe von Z aber für ein Z hält.

Schließlich wurde deutlich, dass Z so definiert sein muss, dass

8)  die Definition von Z eine hinreichend hohe Intension besitzt, um eine ausreichende Homogenität aller x, die Z sind, zu gewährleisten. Die Homogenität aller x, die Z sind, ist dann ausreichend groß, wenn in k alle x, die Z sind, allen y, die vermeintlich Z sind, begründet vorgezogen werden können;

9)  die Definition von Z hinreichend präzise ist, um eindeutig zwischen einem x, das Z ist, und einem y, das nicht Z ist, zu unterscheiden.

## 10.1.2  Gelöste Probleme

Wir haben, ausgehend von dieser Explikation und den aus ihr abgeleiteten weiteren Bedingungen, schon eine ganze Reihe von Problemen lösen können, die in bisherigen Debatten rund um das »Original« nicht oder nur unbefriedigend gelöst werden konnten, sei es, dass sie in aller Regel von vornherein ausgeklammert werden, sei es, dass sie aufgrund der Schwächen bisheriger Originalkonzeptionen nicht zufriedenstellend gelöst werden konnten.

Ich möchte diese durch das Explikat lösbar gewordenen Probleme hier noch einmal zusammenfassend auflisten.

1) Anders als nahezu alle anderen Auseinandersetzungen zum Thema hat sich diese Untersuchung die Frage gestellt, was es bedeutet, ein nicht-künstlerisches Artefakt wie beispielsweise ein historisches Kleidungs-stück, eine Handtasche oder eine Bratwurst als Original zu bezeichnen. Diese Frage wird vermutlich aufgrund der genieästhetischen Beeinflus-sung üblicher Originalauffassungen in philosophischen Debatten kaum gestellt. Wo sie dennoch gestellt wird, wird »Original« in aller Regel als reines Antonym zu »Kopie« oder »Fälschung« aufgefasst. Die Frage, was es bedeutet, ein nichtkünstlerisches Artefakt als Original zu bezeichnen, kann allerdings weder ausgehend von einem genieästhetischen noch ausgehend von einem rein antonymischen Begriff des Originals zufrie-denstellend beantwortet werden. Das wird deutlich, wenn man sich jene Beispiele vergegenwärtigt, in denen Artefakte als Originale bezeichnet werden, die sich weder in irgendeiner Weise besonderer Begabung oder Kreativität ihrer Urheber verdanken, noch unbedingt von Kopien oder Fälschungen unterschieden werden müssen, wie das beispielsweise beim Zweispitz Napoleons, bei der Nürnberger Rostbratwurst oder bei bestimmten Markenprodukten der Fall ist.

2) Bisher vertretene Auffassungen über die Bedeutung von »Original« kön-nen nicht zufriedenstellend erklären, warum beispielsweise eine Werk-stattarbeit oder ein irrtümlicherweise für Z gehaltenes y wie der erwähn-te historistische Elfenbeinbecher[1] Gegensatzobjekte von Originalen sind. Während Verteidiger genieästhetischer Auffassungen dies in aller Regel begründen, indem sie das Gegensatzobjekt dem Original gegenüber für qualitativ unterlegen halten, sehen sich Verfechterinnen antonymischer Positionen gezwungen, diese Fälle weitgehend auszuklammern. Erst das in dieser Untersuchung entwickelte Explikat ermöglicht eine überzeugen-de Begründung: Das y ist nämlich einfach deswegen ein Gegensatzobjekt von x, weil x ein Z ist und y ein vermeintliches Z ist. Hierfür muss y we-der eine Kopie noch eine Fälschung von x sein, es muss kein gefälschtes Z sein, und es muss sich keiner minder wertvollen Inspiration oder Absicht verdanken als x.

---

1 Jöhnk 1999[2].

3) Auch die Frage, warum stilistische Fälschungen Gegensatzobjekte von Originalen sind, stellt für bisher vertretene Auffassungen über die Bedeutung von »Original« eine kaum lösbare Herausforderung dar.[2] Während Verfechter genieästhetischer Auffassungen dafür argumentieren, dass stilistischen Fälschungen die Meisterhaftigkeit eines großen Künstlers abgehe, versuchen Vertreter kopien-antonymischer Konzeptionen, stilistische Fälschungen als stilistische Kopien darzustellen. Beides kann nicht überzeugen, weil es erstens auch meisterhafte Fälschungen geben kann und weil zweitens auch Werke, die den Stil anderer Werke weitgehend nachahmen, als Originale gelten können. Somit konnte bisher nur ein nicht rein kopien-antonymischer Standpunkt wie etwa der Reichers einen Anhaltspunkt dafür liefern, warum stilistische Fälschungen keine Originale sind, nämlich weil sie Fälschungen sind. Allerdings kann die in dieser Untersuchung entwickelte Explikation eine weitaus befriedigendere Erklärung leisten, weil sie in der Lage ist, zu erklären, wann genau und aufgrund genau welcher Eigenschaften eine bestimmte stilistische Fälschung ein Gegensatzobjekt eines bestimmten Originals ist. Denn nicht jede Fälschung ist ein Gegensatzobjekt eines Originals, sondern nur jene, die eine originalstatusbegründende Eigenschaft eines Originals vermeintlich besitzt. Im Falle der Van-Meegeren-Fälschungen ist das die behauptete Urheberschaft flämischer Meister. In anderen Fällen könnte es die Epoche oder sonst ein Merkmal einer Fälschung sein, je nachdem, welche im jeweiligen originalstatusbegründenden Kontext relevante Eigenschaft Z eine solche Fälschung vermeintlich besitzt.

4) Das Explikat ermöglicht erstmals eine befriedigende Antwort auf die Frage, wann ein Musikstück (oder ein anderes »allographisches Werk«) ein Original ist. Weder genieästhetische noch antonymische noch auch authentizistische Positionen (im Sinne Goodmans) können hier eine befriedigende Antwort liefern. Denn Originale von Musikstücken sind klarerweise weder unbedingt »geniale« Werke, noch sind alle nichtkopierten oder nichtgefälschten Stücke oder alle authentischen Vorkommnisse von Musikstücken Originale. Dagegen ermöglicht das in dieser Untersuchung entwickelte Explikat erstmals eine sehr plausible Einschätzung, welche Musikstücke in welchen Zusammenhängen als Originale gelten können,

---

2 Die Frage, warum die Van-Meegeren-Fälschungen, obwohl sie keine Kopien sind, dennoch keine Originale sind, ist eine der meist diskutierten Fragen in den in Kapitel fünf ausschnittsweise dargestellten Debatten.

nämlich alle die, die eine in einem originalstatusbegründenden Kontext relevante Eigenschaft besitzen und sich dadurch von anderen Stücken unterscheiden, die eben diese Eigenschaft nur vermeintlich besitzen. Das sind beispielsweise jene Orgelwerke, die tatsächlich von Bach geschrieben wurden, im Unterschied zu den Orgelwerken, die nur vermeintlich von Bach stammen, tatsächlich aber von einem seiner Schüler komponiert wurden.

5)  Das Explikat kann auf die Frage, warum es von Musikstücken (und anderen »allographischen Werken«) wesentlich seltener Gegensatzobjekte gibt, als das bei Gemälden (und anderen »autographischen Werken«) der Fall ist, eine deutlich überzeugendere Antwort geben als Goodman oder seine Anhängerinnen. Denn ein Gegensatzobjekt eines Musikstückes muss nicht nur mehr Anforderungen erfüllen als ein Gegensatzobjekt eines Gemäldes, sondern auch die Motivation, ein Vorkommnis eines Dinges zu fälschen, von dem es potentiell unendlich viele authentische Vorkommnisse geben kann, dürfte in aller Regel sehr gering sein.

6)  Das Explikat ermöglicht nicht zuletzt eine Kritik am Originalstatus eigenhändiger Meisterwerke, die differenzierter und vielleicht auch zweckmäßiger ist als jene zeitgenössischer Original-Kritiker wie von Gehlen. Denn anhand dieses Explikats kann – und zwar ohne dass die Legitimität des Bedürfnisses, eigenhändige Meisterwerke anderen Werken vorzuziehen, in Frage gestellt werden muss – deutlich gemacht werden, warum genau die Aussage »x ist ein Original« in gewisser Weise problematisch ist, wenn die originalstatusbegründende Eigenschaft Eigenhändigkeit ist, nämlich weil diese empirisch nicht sicher nachweisbar ist. Zwar ist diese Kritik an der Eigenhändigkeit als originalstatusbegründender Eigenschaft nicht neu. Allerdings verdeutlicht das in dieser Untersuchung entwickelte Explikat, was genau dieses Nachweisbarkeitsproblem mit dem Begriff des Originals zu tun hat und inwiefern es auf andere Originale nicht zutrifft.

## 10.2    Zu guter Letzt: Können perfekte Kopien nun genauso gut sein wie Originale oder nicht?

Die Fruchtbarkeit des Explikats soll hier abschließend unter Beweis gestellt werden, indem es für die Beantwortung jener Frage herangezogen wird, die – gemessen an der Anzahl der einschlägigen Debattenbeiträge – die für Philosophen drängendste Frage im Zusammenhang mit dem Original zu sein scheint, nämlich: Können perfekte Kopien ebenso gut sein wie Originale oder nicht?

Je nachdem, welche Auffassung über die Bedeutung von »Original« vertreten wird, fallen die Antworten bisher unterschiedlich aus. Wer eine kopien-antonymischen Auffassung vertritt, neigt dazu, die Frage zu bejahen,[3] teils sogar geradezu leidenschaftlich für eine Aufwertung von Kopien zu kämpfen.[4] Manch eine gesteht Originalen immerhin trotzdem einen gewissen Kultwert zu, sodass der höheren Beliebtheit und dem höheren Preis ersterer immerhin eine gewisse Berechtigung zugestanden wird.[5] Wer dgegen einen mehr oder weniger stark genieästhetisch gefärbte Position vertritt, neigt dazu, die Frage entsprechend deutlich zu verneinen, entweder mit der Begründung, das Original verdanke sich einer höheren Kreativität[6] oder einer höheren Leistung[7] als die Kopie, oder aber, eine Kopie sei überhaupt ein ganz anderes Ding als ein Original, und insofern könne man beides gar nicht miteinander vergleichen, selbst wenn beide äußerlich ununterscheidbar seien.[8]

Die Schwäche bisheriger Antworten scheint mir nicht nur darin zu bestehen, dass sie tendenziell undifferenziert sind (es gibt nur wenige, die zu einer Art Einerseits-Andererseits-Antwort kommen), sondern vor allem darin, dass sie im Vorfeld kaum klären, was genau beispielsweise »wertvoll« bedeuten soll (ist etwa ästhetischer Wert gemeint oder kunsthistorischer Wert oder Kultwert?) oder was eben auch »Original« bedeutet (ist das Original der Gegenbegriff zu »Kopie« oder zu »Fälschung«? Ist ein Original ein authentisches

---

3  So etwa R. Clark 1984, Vermazen 1991 und Reicher 2011.
4  So etwa Kunstwissenschaftler wie Römer 2006, Ullrich 2009; aber auch Philosophen wie beispielsweise Stang 2012 und Jaworski 2013.
5  Beispielsweise Sparshott 1983 und Korsmeyer 2008.
6  Hoaglund 1976, Crowther 1991.
7  Dutton 1979, Kulka 1981, Lessing 1983.
8  Sagoff 1976 und 2014.

Vorkommnis eines Werkes oder das Werk eines bestimmten Urhebers?). Diese Unklarheit und Undifferenziertheit führt dazu, dass die Frage ganz einfach kaum zu beantworten ist. Darüber hinaus bleibt auch ein gutes Stück weit unklar, worin eigentlich der Reiz der Frage liegt, ob Kopien genauso gut sein könnten wie Originale.

Denn je nachdem, was genau man unter »Original« und unter »gut« versteht, erscheint die Frage tatsächlich banal. Dass ein eigenhändiger van Gogh einen höheren Marktwert, einen höheren historischen Wert oder auch einen höheren Kultwert besitzt als eine perfekte Kopie aus einem hochwertigen 3D-Drucker, liegt auf der Hand und lohnt kaum der Diskussion. Dass er einen höheren ästhetischen Wert besitzt als die perfekte Kopie, kann freilich nur dann behauptet werden, wenn »ästhetischer Wert« so verstanden wird, dass er extrinsische Qualitäten wie die Urheberschaft einschließt. Aber auch dann dürfte sich, zumindest in diesem Fall, in dem die Kopie einen maschinellen Urheber hat, die Frage als banal erweisen.

Erst wenn klar ist, was »Original« und was »gut« eigentlich genau bedeuten und wie der Originalstatus eines Gegenstandes und sein Wert zusammenhängen, ist auch klar, worin der Reiz der Frage besteht und welche Erkenntnisse sie im Einzelfall überhaupt liefern kann. In aller Regel scheint in dieser Frage zum einen vorausgesetzt zu werden, dass die gegenüber der Kopie höhere Werthaftigkeit eines x und die Originalität von x zwei verschiedene Eigenschaften von x sind oder zumindest sein könnten, ansonsten wäre die Frage nämlich sinnlos. Wenn »Original« von vornherein »wertvoller als jede seiner Kopien« impliziert, braucht die Frage, ob eine Kopie genauso gut sein könne wie ein Original, gar nicht gestellt zu werden. Dadurch dass die Frage gestellt wird, scheint also klar zu sein, dass »Original« diese Überlegenheit nicht impliziert. Nun scheint aber zum anderen auch vorausgesetzt zu werden, dass es zwischen der Werthaftigkeit von x und der Originalität von x zumindest einen gewissen Zusammenhang gibt, denn ansonsten wäre die Frage ja nicht reizvoll. Es sei denn eben, es wäre vorausgesetzt, dass Originale *per se* ihren Kopien wenigstens in einer bestimmten Hinsicht überlegen wären. Allerdings scheinen sich die meisten Philosophinnen, die sich in der Frage positionieren, diese Komplexität der Fragestellung nicht hinreichend vor Augen zu führen. Das wird in den zitierten Standpunkten deutlich. Dagegen vermag das in der vorliegenden Untersuchung entwickelte Explikat dank seiner Komplexität der Fragestellung tatsächlich gerecht zu werden, sodass es die Frage – mit Rücksicht auf den jeweiligen Einzelfall – in zufriedenstellender Weise beantworten kann.

Wenn wir davon ausgehen, dass ein Original weder ein künstlerisch besonders hochwertiges Kunstwerk zu sein braucht noch auch ein Kunstwerk, das keine Kopie und keine Fälschung eines anderen Werkes ist, sondern dass ein Original schlicht ein Ding x mit einer bestimmten Eigenschaft Z ist, die in einem bestimmten Kontext k so relevant ist, dass es anderen Dingen y, die dieselbe Eigenschaft Z nur vermeintlich besitzen, in eben diesem Kontext k eben deswegen vorgezogen wird, weil es diese Eigenschaft besitzt und sie in diesem Kontext relevant ist, dann fällt die Antwort auf obige Frage nicht nur anders – und vor allem deutlich differenzierter – aus, sondern dann ist, wie ich meine, auch die Wirklichkeitsnähe der Antwort im jeweiligen konkreten Einzelfall deutlich größer. (Um die Lesbarkeit zu erhöhen, schreibe ich im Folgenden anstelle von »x, das ein Z ist«, »x« und anstelle von »y, das vermeintlich Z ist«, »y«.)

Dass k einem x einen Originalstatus einräumt, bedeutet immer auch, dass x für k (und möglicherweise auch für die Zielgruppe) einen höheren Wert hat als y, und zwar weil x Z ist – und y nicht. Hier, in k im Hinblick auf Z – und nur hier – liegt der Zusammenhang zwischen dem Originalstatus und dem Wert von x. Und hier – und nur hier – liegt auch die zwingende Höherwertigkeit von x gegenüber y. Dass x ein Original ist, bedeutet zugleich, dass x in k wertvoller ist als y – und zwar im Hinblick auf Z. Insofern wäre es sinnlos, die Frage zu stellen, ob y in k im Hinblick auf Z genauso gut sein könnte wie x. – Dass x ein Original ist, bedeutet aber logischerweise nicht, dass y nicht im Hinblick auf eine andere Eigenschaft, sagen wir Y, in k einen höheren Wert haben könne als x. Es bedeutet auch nicht, dass y im Hinblick auf Z in einem anderen Kontext als k nicht einen höheren Wert haben könnte als x.

Kurz: Ich glaube, dass wir erst dann, wenn wir davon ausgehen, dass Originalität ein Status ist, der aus der Werthaftigkeit resultiert, die einem Objekt in einem bestimmten Zusammenhang zugeschrieben wird, die Möglichkeit haben, die obige Frage so zu stellen und zu beantworten, dass sie eine gewisse Erkenntnis generiert. Die Frage muss so gestellt werden, dass klar ist, in welchem Kontext, aufgrund welcher Eigenschaft im Gegensatz zu welchem anderen Objekt der betreffende Gegenstand als Original eingestuft wird und aus wessen Perspektive und in welcher Hinsicht und im Vergleich mit welchem anderen Ding »genauso gut« gemeint ist.

Dass ein eigenhändiger Rembrandt für die Forscher des *Rembrandt Research Project* wertvoller ist als eine Werkstattarbeit, geht eben gerade daraus hervor, dass sie ihm einen Originalstatus einräumen. Dennoch können Werkstattarbeiten natürlich eventuell genauso wertvoll – oder gar wertvoller – sein als eigenhändige Rembrandts, nämlich entweder in einem anderen Kontext als dem *Rembrandt Research Project* oder im Blick auf eine andere Eigenschaft der Bilder als auf die der Eigenhändigkeit. Es wäre beispielsweise möglich, dass es Forscherinnen gibt, die eigenhändigen Rembrandts nicht unbedingt einen höheren Wert einräumen als anderen Bildern aus Rembrandts Werkstatt. Allerdings müsste man berücksichtigen, dass diese Forscherinnen die Bilder dann wohl auch nicht anhand der »Eigenhändigkeit« als Originale einstufen würden, sodass man genau die Frage: »Sind Originale wertvoller als beispielsweise Werkstattarbeiten?« hier gar nicht ohne Weiteres stellen kann, sondern allenfalls die Frage: »Sind eigenhändige Rembrandts wertvoller als Werkstattarbeiten?« oder die Frage, welche der Rembrandt zugeschriebenen Bilder nach Meinung dieser Forscherinnen als Original gelten sollten und warum. Ebenso könnte man, indem man sich auf eine andere als die originalstatusbegründende Eigenschaft der Originale bezieht, etwa Mitarbeiter des *Rembrandt Research Project* oder andere Experten fragen, ob eine Werkstattarbeit nicht ebenso *schön* sein könne wie ein Original oder ob eine berühmte Werkstattarbeit nicht vielleicht einen ebenso hohen *finanziellen Wert* besitzen könne wie ein Original. Würden die Forscher daraufhin einen notwendigen Zusammenhang zwischen Eigenhändigkeit und anderen Wertkategorien behaupten, müssten sie diesen zumindest schlüssig begründen.

Die Antwort auf die obige Frage lautet also kurz: Ja, Kopien können genauso gut sein wie Originale – außer im jeweiligen originalstatusbegründenden Kontext im Hinblick auf die jeweilige originalstatusbegründende Eigenschaft.

# Literaturverzeichnis

Aurnhammer, Achim (2006): »Genie«. In: *Enzyklopädie der Neuzeit*, hg. v. Friedrich Jäger. Stuttgart, 456-461.

Bailey, George (2009): »Originality«. In: *A Companion to Aesthetics*, hg. v. Stephen Davies, Kathleen Marie Higgins und Robert Hopkins. Malden M.A., 457-459.

Balsom, Erika (2013): »Original Copies: How Film and Video became Art Objects«. *Cinema Journal* 53, Nr. 1, 97-118.

Bartel, Christopher (2010): »Originality and Value«. *Hermeneia* 10, 66-77.

Becker, Ilka (2011): »Film«. In: *Metzler Lexikon Kunstwissenschaft*, hg. v. Ulrich Pfisterer. Stuttgart, 123-126.

Becker, Ilka (2011): »Fotografie«. In: *Metzler Lexikon Kunstwissenschaft*, hg. v. Ulrich Pfisterer. Stuttgart, 128-131.

Benjamin, Walter (2012): »Das Kunstwerk im Zeitalter seiner technischen Reproduzierbarkeit. Dritte Fassung«. In: *Walter Benjamin Werke und Nachlaß. Kritische Gesamtausgabe*, hg. v. Burkhardt Lindner. Berlin, 96-163.

Blistène, Bernard (2004): »Label Elaine«. In: *Sturtevant. The Brutal Truth*, hg. v. Museum für Moderne Kunst Frankfurt a.M.. Frankfurt a.M., 25-34.

Blunck, Lars (2011): »Wann ist ein Original?«. In: *Original und Fälschung*, hg. v. Julian Nida-Rümelin und Jakob Steinbrenner. Stuttgart, 9-29.

Boehm, Gottfried (2014): »Augenblicksgötter. Das Original: Ein Anfang«. *Marbacher Magazin* 148, 10-22.

Bresslau, Harry (1958): »Handbuch der Urkundenlehre für Deutschland und Italien«. Leipzig.

Brockmeier, Peter (2010): »Innovation und Destruktion in der Genieästhetik«. In: *Wissenschaftliches Erzählen im 18. Jahrhundert*, hg. v. Veit Elm. Berlin, 95-107.

von Brühl, Friederike (2010): »Der Begriff der Echtheit von Kunstwerken im Zivil- und Strafrecht«. In: *Kulturgüterschutz – Kunstrecht – Kulturrecht*, hg. v. Kerstin Odendahl und Peter Johannes Weber. Baden-Baden, 303-312.

Bullinger, Winfried (2006): »Urheberrechtlicher Originalbegriff und digitale Technologien«. *Kunst und Recht. Journal für Kunstrecht, Urheberrecht und Kulturpolitik* 8, Nr. 4, 106-112.

Bundesministerium der Justiz und für Verbraucherschutz. »Gesetz über Urheberrecht und verwandte Schutzrechte (Urheberrechtsgesetz)«. gesetze-im-internet.de. https://www.gesetze-im-internet.de/bundesrecht/urhg/gesamt.pdf (Zugriff am 17. Juni 2019).

Butz, Georg Martin (2012): »Was ist Youser Art?«. *MKblog Leben, Kunst, Lesen und Aneignen im digitalen Zeitalter.* 05. August 2012. www.mkblog.org/2012/08/05/was-ist-youser-art/(Zugriff am 17. Juni 2019).

Carnap, Rudolf (1959): »Induktive Logik und Wahrscheinlichkeit«.

Clark, Leah (2013): »Replication, Quotation, and the ›Original‹ in Quattrocento Collecting Practices«. In: *The Challenge of the Object. Congress Proceedings – Part 1*, hg. v. Ulrich Großmann und Petra Krutisch. Nürnberg, 136-140.

Clark, Roger (1984): »Historical Context and the Aesthetic Evaluation of Forgeries«. *Southern Journal of Philosophy* 22, Nr. 3, 317-321.

Codex Iustinianus. »Domini Nostri Sacratissimi Principis Iustiniani Codex«. *The Latin Library.* www.thelatinlibrary.com/justinian.html (Zugriff am 17. Juni 2019).

Coeckelbergh, Mark, und Wessel Reijers (2015): »Cryptocurrencies as Narrative Technologies«. *SIGCAS Computers & Society* 45, Nr. 3, 172-178.

Crowther, Paul (1991): »Creativity and Originality in Art«. *British Journal of Aesthetics* 31, Nr. 4, 301-309.

Córcoles Olaitz, Edorta (2006): »The Manumission of Slaves in the View of the Formulae Visigothicae«. *Veleia* 23, 339-349.

Da Vinci, Leonardo (2000): *Trattato della Pittura.* hg. v. Ettore Camesasca.

Daniels, Dieter (2003): »Strategien der Interaktivität«. In: *Vom Readymade zum Cyberspace*, hg. v. Dieter Daniels. Hamburg, 58-91.

Danto, Arthur (1974): »The Transfiguration of the Commonplace«. *Journal of Aesthetics and Art Criticism* 33, Nr. 2, 139-148.

Davies, David (2010): »Multiple Instances and Multiple ›Instances‹«. *British Journal of Aesthetics* 50, Nr. 4, 411-426.

Deecke, Thomas (1999): »Nachahmung, Kopie, Zitat, Aneignung, Fälschung in der Gegenwartskunst«. In: *Originale echt falsch*, hg. v. Thomas Deecke. Bremen, 9-38.

— (1999): »Vorwort«. In: *Originale echt falsch*, hg. v. Thomas Deecke. Bremen, 3-6.

Dirmeier, Artur (2012): »Archive und Kanzleiorganisation«. In: *Kanzleisprachenforschung. Ein internationales Handbuch*, hg. v. Albrecht Greule, Jörg Meier und Arne Ziegler. Berlin, 131-148.

Dumouchel, Daniel (1993): »La théorie kantienne du génie dans l'esthétique des Lumières«. *Horizons philosophiques* 4, Nr. 1, 77-89.

Dutton, Denis (1979): »Artistic Crimes: The Problem of Forgery in the Arts«. *British Journal of Aesthetics* 19, Nr. 4, 302-314.

— (1983): »The Forger's Art. Forgery and the Philosophy of Art«. Berkeley.

Elstner, Kerstin (2012): »Schreiber und Kanzlisten«. In: *Kanzleisprachenforschung. Ein internationales Handbuch*, hg. v. Albrecht Greule, Jörg Meier und Arne Ziegler. Berlin, 119-130.

Ernst, Wolfgang (2001): »Der Originalbegriff im Zeitalter virtueller Welten«. In: *Video im Museum. Restaurierung und Erhaltung. Neue Methoden der Präsentation. Der Originalbegriff*, hg. v. Reinhold Mißelbeck und Martin Turck. Köln, 51-79.

Europäische Union (2013): »Durchführungsverordnung (EU) Nr. 973/2013«. *Amtsblatt der Europäischen Union*. 10. Oktober 2013. http://eur-lex.europa.eu/LexUriServ/LexUriServ.do?uri=OJ:L:2013:272:0005:0009:DE:PDF (Zugriff am 17. Juni 2019).

Factum Arte. *Technology*. www.factum-arte.com/ind/1/Technology (Zugriff am 17. Juni 2019).

Fehrmann, Gisela, Erika Linz, Eckhard Schumacher und Brigitte Weingart (2004): »Originalkopie. Praktiken des Sekundären – eine Einleitung«. In: *Originalkopie. Praktiken des Sekundären*, hg. v. Gisela Fehrmann, Erika Linz, Eckhard Schumacher und Brigitte Weingart. Köln, 7-17.

Fokt, Simon (2013): »A Proposal for a Dualistic Ontology of Art«. *Sztuka i Filozofia* 42, 29-47.

Friedländer, Max Jakob (1992): »Artistic Quality. Original and Copy«. *The Burlington Magazine for Connoisseurs* 78, Nr. 458, 143-151.

— (1992): *Von Kunst und Kennerschaft*. Lepizig.

Gadamer, Hans Georg (2010): »Wahrheit und Methode. Grundzüge einer philosophischen Hermeneutik«. Tübingen.

von Gehlen, Dirk (2011): »Mashup. Lob der Kopie«. Berlin.

Gerdes, Adele (2000): »Walter Benjamin und der Reproduktionsaufsatz – eine Einführungsskizze«. *adele-gerdes-de.* www.adele-gerdes.de/gerdes_2000_benjamin.pdf (Zugriff am 17. Juni 2019).

Gerhards, Claudia (2004): »TV Copy Culture – Fernsehunterhaltung und Imitationsprozesse in der Endlosschleife«. In: *Originalkopie. Praktiken des Sekundären*, hg. v. Gisela Fehrmann, Erika Linz, Eckhard Schumacher und Brigitte Weingart. Köln, 108-121.

De Ghellinck, Joseph (1939): »›Originale‹ et ›Originalia‹«. *Archivum Latinitatis Medii Aevii* 14, 95-105.

Gilmour, Pat (2008): »On Originality«. *Print Quarterly* 25, Nr. 1, 36-50.

Giordanetti, Piero (1995): »Das Verhältnis von Genie, Künstler und Wissenschaftler in der Kantischen Philosophie. Entwicklungsgeschichtliche Beobachtungen«. *Kant-Studien* 86, 406-430.

Gisbertz, Olaf (2013): »Genuinely Fake – Fake Genuine? Remarks on the Concept of ›Original‹ in Architecture as a Hermeneutical Problem«. In: *The Challenge of the Object. Congress Proceedings – Part I*, hg. v. G. Ulrich Großmann und Petra Krutisch. Nürnberg, 124-128.

Goodman, Nelson (1975): »The Status of Style«. *Critical Inquiry* 1, Nr. 4, 799-811.

— (1998): »Languages of Art. An Approach to a Theory of Symbols«. Indianapolis.

— (1986): »A Note on Copies«. *The Journal of Aesthetics and Art Criticism* 44, Nr. 3, 291-292.

Gottschlich, Max (2013): »Welche »Natur« gibt der Kunst die Regel? – Zur Präsenz des spekulativen Vernuftbegriffs in Kants Kunstphilosophie«. In: *Kant und die Philosophie in weltbürgerlicher Absicht. Akten des XI. Internationalen Kant-Kongresses*, hg. v. Stefano Bacin, Alfredo Ferrarin, Claudio La Rocca und Margit Ruffing. Berlin, 71-83.

Greule, Albrecht (2012): »Kanzleisprachenforschung. Ein internationales Handbuch«. Berlin.

Grigori, Klaus Michael (2014): »Prävention und Bekämpfung von Marken- und Produktpiraterie. Leitfaden für Analysen, Ermittlungen und Schutzstrategien«. Wiesbaden.

De Groote, Isabelle, et al. (2016): »New genetic and morphological evidence suggests a single hoaxer created ›Piltdwon man««. *Royal Society Open Science.* 2016. http://rsos.royalsocietypublishing.org/content/royopensci/3/8/160328.full.pdf (Zugriff am 17. Juni 2019).

Guyer, Paul (1993): »Kant and the Experience of Freedom«. Cambridge.

Häseler, Jens (2010): »Original/Originalität«. In: *Ästhetische Grundbegriffe*, hg. v. Karl Heinz Barck. Stuttgart, 638-655.

Hageneder, Othmar (2007): »Original, Kopie, Ausfertigung. Beiträge zur Terminologie und Glaubwürdigkeit mittelalterlicher Urkunden«. In: *Vielfalt und Aktualität des Mittelalters. Festschrift für Wolfgang Petke zum 65. Geburtstag*, hg. v. Sabine Arend et al. Bielefeld, 559-573.

Hick, Darren Hudson, und Reinold Schmücker (2016): »The Aesthetics and Ethics of Copying«. London.

Hoaglund, John (1976): »Originality and Aesthetic Value«. *British Journal of Aesthetics* 16, Nr. 1, 46-55.

Hofmann, Hein (1996): »Die Angst vor der Innovation. Das Neue als das Alte in der Lateinischen Spätantike«. *Acta Antiqua Academiae Scientiarum Hungaricae* 37, 259-276.

Holm-Hadulla, Rainer (2007): »Kreativität. Konzept und Lebensstil«. Göttingen.

Hoping, Helmut (2009): »Erbsünde, Erbsündenlehre. II-III«. In: *Lexikon für Theologie und Kirche*, hg. v. Walter Kasper et al. Freiburg i.Br., 744-749.

Irvin, Sherri (2007): »Forgery and the Corruption of Aesthetic Understanding«. *Canadian Journal of Philosophy* 37, Nr. 2, 283-304.

Jöhnk, Carsten (1999): »Notizen zum Wandel des Original-Begriffs in der Kunst«. In: *Wa[h]re Originale. Das Original in der angewandten Kunst*, hg. v. Jörn Christiansen. Bremen, 12-17.

— (1999): »Zylindrischer Elfenbeinbecher«. In: *Wa[h]re Originale. Das Original in der angewandten Kunst*, hg. v. Jörn Christiansen. Bremen, 46.

Jörs, Paul, Wolfgang Kunkel und Leopold Wenger (1987): »Schriftform und Urkundenwesen«. In: *Römisches Recht*. Berlin, 109-111.

Janaway, Christopher (1997): »Two Kinds of Artistic Duplication«. *British Journal of Aesthetics* 37, Nr. 1, 1-14.

Jaworski, Peter Martin (2013): »In Defense of Fakes and Artistic Treason: Why Visually-Indistinguishable Duplicates of Paintings Are Just as Good as the Originals«. *Journal of Value Inquiry* 47, Nr. 4, 391-405.

Künne, Wolfgang (2007): »Abstrakte Gegenstände. Semantik und Ontologie«. Frankfurt a.M..

Kablitz, Andreas (2008): »Die Kunst und ihre prekäre Opposition zur Natur«. In: *Immanuel Kant: Kritik der Urteilskraft – Klassiker Auslegen 33*, hg. v. Otfried Höffe. Berlin, 151-171.

Kant, Immanuel. »Elektronische Edition der Gesammelten Werke Immanuel Kants«. *I. Kant, AA V : Kritik der praktischen Vernunft. Kritik der Urtheilskraft*.

https://korpora.zim.uni-duisburg-essen.de/Kant/aa05/(Zugriff am 17. Juni 2019).

Kennick, William (1985): »Art and Inauthenticity«. *The Journal of Aesthetics and Art Criticism* 44, Nr. 1, 3-12.

Koller, Manfred (2007): »Original – Kopie – Replik – Verfälschung – Fälschung: Zum Spektrum des Originalproblems in der Kunst«. In: *Original und Fälschung im Spannungsfeld von Persönlichkeitsschutz, Urheber-, Marken- und Wettbewerbsrecht*, hg. v. Gerte Reichelt. Wien, 51-60.

Korsmeyer, Carolin (2008): »Aesthetic Deception: On Encounters with the Past«. *The Journal of Aesthetics and Art Criticism* 66, Nr. 2, 117-127.

Krämer, Hans-Joachim (1979): »Zu Konzept und Diagnose der Originalität«. München.

Krauss, Rosalind (1996): »The Originality of the Avant-Garde«. In: *The Originality of the Avant-Garde and Other Modernist Myths*, hg. v. Rosalind Krauss. Cambridge, 151-170.

Krug, Wilhelm Traugott (1833): »Original«. In: *Allgemeines Handwörterbuch der philosophischen Wissenschaften nebst ihrer Literatur und Geschichte.* Leipzig, 134-135.

Kruse, Christiane (2003): »Ein Angriff auf die Herrschaft des Logos. Zum Paragone von Leonardo da Vinci«. In: *Text und Wissen. Technologische und anthropologische Aspekte*, hg. v. Stefan Rieger und Renate Lachmann. Tübingen, 75-90.

Kulenkampff, Jens (2011): »Die ästhetische Bedeutung der Unterscheidung von Original und Fälschung«. In: *Original und Fälschung*, hg. v. Julian Nida-Rümelin und Jakob Steinbrenner. Stuttgart, 31-50.

Kulka, Tomas (1981): »The Artistic and the Aesthetic Value of Art«. *British Journal of Aesthetics* 21, Nr. 4, 336-350.

Löhr, Wolf-Dietrich (2011): »Genie«. In: *Metzler Lexikon Kunstwissenschaft*, hg. v. Ulrich Pfisterer. Stuttgart, 144-150.

Leistner, Matthias, und Gerd Hansen (2008): »Die Begründung des Urheberrechts im digitalen Zeitalter – Versuch einer Zusammenführung von individualistischen und utilitaristischen Rechtfertigungsbemühungen«. *Zeitschrift der Deutschen Vereinigung für gewerblichen Rechtsschutz und Urheberrecht* 110, 479-489.

Lessing, Alfred (1983): »What is Wrong with a Forgery?«. In: *The Forger's Art. Forgery and the Philosophy of Art*, hg. v. Denis Dutton. Berkeley, 58-76.

Levinson, Jerrold (1980): »Autographic and Allographic Art Revisited«. *Philosophical Studies* 38, Nr. 4, 367-383.

Liebsch, Dimitri, und Klaus Sachs-Hombach (2013): »Original«. *GIB – Glossar der Bildphilosophie*. 2013. www.gib.uni-tuebingen.de/netzwerk/glossar/index.php?title=Original (Zugriff am 17. Juni 2019).

Lindner, Burkhardt (2012): »Nachwort. Die Schicksalsstunde der Kunst«. In: *Walter Benjamin Werke und Nachlaß. Kritische Gesamtausgabe*, hg. v. Burkhardt Lindner. Berlin, 671-692.

Majetschak, Stefan (2006): »Genialität. Zur philosophischen Deutung der Kreativität des Künstlers«. In: *Kreativität. XX. Deutscher Kongreß für Philosophie 26.-30. September 2005 an der Technischen Universität Berlin*, hg. v. Günter Abel. Hamburg, 1169-1184.

Mathieu, Oliver (2015): »Beyond Mere Conjectures: Young's Method of Original Composition«. *British Journal of Aesthetics* 55, Nr. 4, 465-479.

Meier, Jörg (2012): »Die Bedeutung der Kanzleien für die Entwicklung der deutschen Sprache«. In: *Kanzleisprachenforschung. Ein internationales Handbuch*, hg. v. Albrecht Greule, Jörg Meier und Arne Ziegler. Berlin, 3-13.

Meiland, Jack (1983): »Originals, Copies and Aesthetic Value«. In: *The Forger's Art*, hg. v. Denis Dutton. Berkeley, 115-130.

Mensger, Ariane (2012): »Déjà-vu. Von Kopien und anderen Originalen«. In: *Déjà-vu? Die Kunst der Wiederholung von Dürer bis Youtube*, hg. v. Ariane Mensger. Karlsruhe, 30-45.

— (2013): »Die Scheidung zwischen Kopie und Original in der frühen kennerschaftlichen Literatur«. In: *The Challenge of the Object. Congress Proceedings – Part 1*, hg. v. Ulrich Großmann und Petra Krutisch. Nürnberg, 115-119.

— (2012): »Original/Kopie/Fälschung«. In: *Lexikon Kunstwissenschaft. Hundert Grundbegriffe*, hg. v. Stefan Jordan und Jürgen Müller. Stuttgart, 254-256.

Nida-Rümelin, Julian, und Jakob Steinbrenner (2011): »Original und Fälschung«. Stuttgart.

Niebel, Rembert (2009): »Worldwide Trademark Management«. In: *Economic Law as an Economic Good. Its Rule Function and its Tool Function in the Competition System*, hg. v. Karl M. Meessen, Marc Bungenberg und Adelheid Puttler. München, 233-242.

Nietzsche, Friedrich (1988): »Menschliches, Allzumenschliches II«. hg. v. Giorgio Colli und Mazzino Montinari. München.

Nystad, Saam (1999): »Der Goldhelm.« *Jahrbuch der Berliner Museen* 41, 245-250.

o.A. (1975): »Original«. In: *Lexikon der Kunst. Architektur, Bildende Kunst, Angewandte Kunst, Industrieformgestaltung, Kunsttheorie*, hg. v. Harald Olbrich. Leipzig.

o.A. (1987): »Originalgrafik«. In: *Lexikon der Kunst. Malerei, Architektur, Bildhau-erkunst*, hg. v. Wolfgang Stadler. Freiburg i.Br., Basel, Wien.

o. A. (2006): »Original«. In: *Der Brockhaus Kunst. Künstler, Epochen, Sachbegriffe*. Mannheim.

Osborne, Harold (1979): »The Concept of Creativity in Art«. *British Journal of Aesthetics* 19, Nr. 3, 224-231.

Owens, Craig (1983): »The Discourse of Others: Feminists and Postmodernism«. In: *The Anti-Aesthetic. Essay on Postmodern Culture*, hg. v. Hal Foster. Port Townsend WA, 57-82.

Pabst, Stephan (2014): »Zerstreute Autorschaft. Anonymität als Autorisierungsfunktion Grimmscher Märchen«. *Fabula* 54, Nr. 1, 135-152.

Peters, Robert (2012): »Die Rolle der Kanzleien beim Schreibsprachenwechsel vom Niederdeutschen zum (Früh-)Neuhochdeutschen«. In: *Kanzleisprachenforschung. Ein internationales Handbuch*, hg. v. Albrecht Greule, Jörg Meier und Arne Ziegler. Berlin, 101-118.

Peukert, Alexander (2018): »Kritik der Ontologie des Immaterialgüterrechts«. Tübingen.

Pillow, Kirk (2003): »Did Goodman's Distinction Survive LeWitt?«. *The Journal of Aesthetica and Art Criticism* 61, Nr. 4, 365-380.

Proulx, Jeremy (2011): »Nature, Judgment and Art: Kant and the Problem of Genius«. *Kant Studies Online*. 31. Januar 2011. www.kantstudiesonline.net (Zugriff am 17. Juni 2019).

Römer, Stefan (2001): »Künstlerische Strategien des Fake. Kritik von Original und Fälschung«. Köln.

— (2006): »Zwischen Kunstwissenschaft und Populismus: Die Rede vom Original und seiner Fälschung«. In: *Fälschungen. Zu Autorschaft und Beweis in Wissenschaft und Künsten*, hg. v. Anne-Kathrin Reulecke. Berlin, 347-363.

Reicher, Maria Elisabeth (2010): »Einführung in die philosophische Ästhetik«. Darmstadt.

— (2011): »Vom wahren Wert des Echten und des Falschen«. In: *Original und Fälschung*, hg. v. Julian Nida-Rümelin und Jakob Steinbrenner. Stuttgart, 51-70.

— (1998): »Zur Metaphysik der Kunst. Eine logisch-ontologische Untersuchung des Werkbegriffs«. Graz.

Roos, Gerd (2012): »Im Labyrinth von Giorgio de Chirico. Kopien und Repliken, Varianten und Variationen von eigener und fremder Hand«. In: *Déjàvu? Die Kunst der Wiederholung von Dürer bis YouTube*, hg. v. Ariane Mensger. Karlsruhe, 108-115.

von Rosen, Philipp (2011): »Fälschung und Original«. In: *Metzler Lexikon Kunstwissenschaft*, hg. v. Ulrich Pfisterer. Stuttgart, 120-123.

Rule, Vera (2001): »Dispatches from the Dust Bowl«. *The Guardian*. 18. August 2001.    https://www.theguardian.com/books/2001/aug/18/historybooks. highereducation (Zugriff am 17. Juni 2019).

Sagoff, Mark (1976): »The Aesthetic Status of Forgeries«. *Journal of Aesthetics and Art Criticism* 35, Nr. 2, 169-180.

— (2014): »Art and Authenticity: A Reply to Jaworski«. *Journal of Value Inquiry* 48, Nr. 3, 503-515.

Sauer, Marina (2007): »Aufstieg und Fall des Originals. Zum Wandel des Original-Begriffes in der Kunst«. In: *Wa[h]re Lügen. Original und Fälschung im Dialog*, hg. v. Galerie Albstadt und Graphikmuseum Pablo Picasso Münster. Stuttgart, 4-17.

Sauerländer, Willibald, Ulrich Schießl und Dethard von Winterfeld (2003): »Gegenstandssicherung«. In: *Kunstgeschichte. Eine Einführung*, hg. v. Hans Belting, Heinrich Dilly und Wolfgang Kemp. Berlin, 51-152.

Saur, Ingeborg (1984): »Original, Originalität«. In: *Historisches Wörterbuch der Philosophie*, hg. v. Joachim Ritter und Karlfried Gründer. Basel, 1373-1378.

Schermaier, Martin (2013): »Wem gehören die Gedanken? Eine kleine Rechtsgeschichte der Kreativität«. In: *Plagiat, Fälschung, Urheberrecht im interdisziplinären Blickfeld*, hg. v. Dietmar Goltschnigg, Charlotte Grollegg-Edler und Patrizia Gruber. Berlin, 27-40.

Schlütter, Andrea (2012): »Der Begriff des Originals im Urheberrecht«. Frankfurt a.M..

Schmücker, Reinold (2009): »The Lord of the Flaws. The Autonomy of the Artist and the Function of Art«. *The Nordic Journal of Aesthetics* 38, 6-17.

— (2011): »Lob der Fälschung«. In: *Original und Fälschung*, hg. v. Julian Nida-Rümelin und Jakob Steinbrenner. Stuttgart, 71-91.

Schmidt, Jochen (1985): »Die Geschichte des Genie-Gedankens in der deutschen Literatur, Philosophie und Politik 1750-1945«. Wien.

Schwartz, Hillel (2004): »One Of a Kind and Originopoly«. In: *Originalkopie. Praktiken des Sekundären*, hg. v. Gisela Fehrmann, Erika Linz, Eckhard Schumacher und Brigitte Weingart. Köln, 310-315.

Sellars, Wilfrid (1985): »Abstract Entities«. *Review of Metaphysics* 16, Nr. 4, 627-671.

Sibley, Frank (1985): »Originality and Value«. *British Journal of Aesthetics* 25, Nr. 2, 169-184.

— (2003): »Why the Mona Lisa May Not be a Painting«. In: *Collected Papers on Philosophical Aesthetics*, hg. v. Frank Sibley. Oxford, 256-272.

Smithsonian Institution. »Stradivarius Violins«. *Smithsonian*. Juni 2007. https://www.si.edu/spotlight/violins/stradivarius (Zugriff am 17. Juni 2019).

Sparshott, Francis (1983): »The Disappointed Art Lover«. In *The Forger's Art. Forgery and the Philosophy of Art*, hg. v. Denis Dutton. Berkeley, 246-263.

Spear, Richard (2004): »What is an Original?«. *Melbourne Art Journal* 7, 15-32.

Stang, Nicholas (2012): »Artworks Are Not Valuable for Their Own Sake«. *The Journal of Aesthetics and Art Criticism* 70, Nr. 3, 271-280.

Steinacker, Harold (1975): »Die antiken Grundlagen der frühmittelalterlichen Privaturkunde«. Hildesheim.

Sundermeier, Theo (2006): »Ritus. I. Religionswissenschaftlich«. In: *Theologische Realenzyklopädie*, hg. v. Gerhard Müller. Berlin, 259-265.

Talley, Mansfield Kirby (1989): »Connoisseurship and the Methodology of the Rembrandt Research Project«. *The International Journal of Museum Management and Curatorship* 8, Nr. 2, 175-214.

Teichert, Dieter (1992): »Immanuel Kant Kritik der Urteilskraft. Ein einführender Kommentar«. Paderborn.

Townsend, Dabney (1997): »An Introduction to Aesthetics«. Hoboken NJ.

Ullrich, Wolfgang (2011): »Gurskyesque: Das Web 2.0, das Ende des Originalitätszwangs und die Rückkehr des nachahmenden Künstlers«. In: *Original und Fälschung*, hg. v. Julian Nida-Rümelin und Jakob Steinbrenner. Stuttgart, 93-113.

— (2009): »Raffinierte Kunst. Übung vor Reproduktionen«. Berlin.

Van de Wetering, Ernst (2008): »Connoisseurship and Rembrandt's Paintings: New Directions in the Rembrandt Research Project, Part II«. *The Burlington Magazine* 50, Nr. 1259, 83-90.

Van de Wetering, Ernst, und Paul Broekhoff (1996): »New Directions in the Rembrandt Research Project, Part I: The 1642 Self-Portrait in the Royal Collection«. *The Burlington Magazine* 138, Nr. 1116, 174-180.

Vermazen, Bruce (1991): »The Aesthetic Value of Originality«. *Midwest Studies in Philosophy* 16, Nr. 1, 266-279.

Vischer, Rüdiger (2007): »Lateinische Wortkunde«. Berlin.

Willems, Marianne (2004): »Wider die Kompensationsthese. Zur Funktion der Genieästhetik der Sturm-und-Drang-Bewegung«. In: *goethezeitportal.de*. 8. April 2004. www.goethezeitportal.de/db/wiss/epoche/willems_genieaesthetik.pdf (Zugriff am 17. Juni 2019).

Windberger-Heidenkummer, Erika (2012): »Onomastik«. In: *Kanzleispra-chenforschung. Ein internationales Handbuch*, hg. v. Albrecht Greule, Jörg Meier und Arne Ziegler. Berlin, 287-308.

Wirth, Uwe (2004): »Original und Kopie im Spannungsfeld von Iteration und Aufpropfung«. In: *Originalkopie. Praktiken des Sekundären*, hg. v. Gisela Fehrmann, Erika Linz, Eckhard Schumacher und Brigitte Weingart. Köln, 18-33.

Wulf, Christoph (2008): »Rituale«. In: *Lehr(er)buch Soziologie. Für die pädagogischen und soziologischen Studiengänge*, hg. v. Herbert Willems. Wiesbaden, 331-349.

— (2015): »Rituale als performative Handlungen und die mimetische Erzeugung des Sozialen«. In: *Körper und Ritual*, hg. v. Robert Gugutzer und Michael Staack. Wiesbaden, 23-32.

Young, Edward (1854): »Conjectures on Original Composition«. In: *Young. The Complete Works, Poetry and Proses*, hg. v. James Nichols. London.

# Philosophie

Andreas Weber
**Sein und Teilen**
Eine Praxis schöpferischer Existenz

2017, 140 S., kart.
14,99 € (DE), 978-3-8376-3527-0
E-Book: 12,99 € (DE), ISBN 978-3-8394-3527-4
EPUB: 12,99€ (DE),  ISBN 978-3-7328-3527-0

Björn Vedder
**Neue Freunde**
Über Freundschaft in Zeiten von Facebook

2017, 200 S., kart.
22,99 € (DE), 978-3-8376-3868-4
E-Book: 20,99 € (DE), ISBN 978-3-8394-3868-8
EPUB: 20,99€ (DE),  ISBN 978-3-7328-3868-4

Harald Lemke
**Szenarien der Ernährungswende**
Gastrosophische Essays zur Transformation
unserer Esskultur

2018, 396 S., kart.
29,99 € (DE), 978-3-8376-4483-8
E-Book: 26,99 € (DE), ISBN 978-3-8394-4483-2
EPUB: 26,99€ (DE),  ISBN 978-3-7328-4483-8

# Philosophie

Jürgen Manemann, Eike Brock
**Philosophie des HipHop**
Performen, was an der Zeit ist

2018, 218 S., kart.
19,99 € (DE), 978-3-8376-4152-3
E-Book: kostenlos erhältlich als Open-Access-Publikation, ISBN
978-3-8394-4152-7

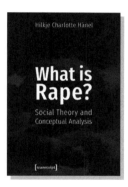

Hilkje Charlotte Hänel
**What is Rape?**
Social Theory and Conceptual Analysis

2018, 282 p., hardcover
99,99 € (DE), 978-3-8376-4434-0
E-Book: 99,99 € (DE), ISBN 978-3-8394-4434-4

Dirk Braunstein
**Wahrheit und Katastrophe**
Texte zu Adorno

2018, 372 S., kart.
39,99 € (DE), 978-3-8376-4269-8
E-Book: 39,99 € (DE), ISBN 978-3-8394-4269-2

**Leseproben, weitere Informationen und Bestellmöglichkeiten
finden Sie unter www.transcript-verlag.de**